언세이프 씽킹

옮긴이 **서은경**

이화여자대학교 영어영문학과를 졸업했으며 뉴욕주립대학교 버펄로 캠퍼스에서 ELI 과정을 마쳤다. 졸업 후 금융회사에서 국제정산, 정보기획, 신사업개발업무를 담당했다. 바른번역의 글밥아카데미 출판번역 과정을 수료하고 번역가로 활동 중이다. 원문 의도를 최대한 살려 정확하고 깔끔하게 번역하는 전문 출판번역가가 되려고 노력하고 있다. 옮긴 책으로는 《갈까마귀 살인사건》, 《입 닥치기의 힘》, 《정말 잘 지내고 있나요?》, 《세컨드 브레인》, 《아이의 진짜 마음도 모르고 혼내고 말았다》, 《미소를 잃어버린 소녀》 등이 있다.

언세이프 씽킹

초판 1쇄 발행 2024년 10월 30일

지은이 조나 삭스 / **옮긴이** 서은경

펴낸이 조기흠
총괄 이수동 / **책임편집** 박소현 / **기획편집** 박의성, 최진, 유지윤, 이지은
마케팅 박태규, 임은희, 김예인, 김선영 / **제작** 박성우, 김정우
디자인 studio forb

펴낸곳 한빛비즈(주) / **주소** 서울시 서대문구 연희로2길 62 4층
전화 02-325-5506 / **팩스** 02-326-1566
등록 2008년 1월 14일 제 25100-2017-000062호

ISBN 979-11-5784-772-3 03320

이 책에 대한 의견이나 오탈자 및 잘못된 내용은 출판사 홈페이지나 아래 이메일로 알려주십시오.
파본은 구매처에서 교환하실 수 있습니다. 책값은 뒤표지에 표시되어 있습니다.

⌂ hanbitbiz.com ✉ hanbitbiz@hanbit.co.kr ❚ facebook.com/hanbitbiz
Ⓝ post.naver.com/hanbit_biz ▶ youtube.com/한빛비즈 ⊙ instagram.com/hanbitbiz

지금 하지 않으면 할 수 없는 일이 있습니다.
책으로 펴내고 싶은 아이디어나 원고를 메일(hanbitbiz@hanbit.co.kr)로 보내주세요.
한빛비즈는 여러분의 소중한 경험과 지식을 기다리고 있습니다.

UNSAFE

언세이프 씽킹

불안을 성공으로 바꾸는 사고법

조나 삭스 지음 | 서은경 옮김

THINKING

HB 한빛비즈
Hanbit Biz, Inc.

추천의 글

"기존 관습에 의문을 제기하고, 현상 유지에 도전하며, 바로 코앞에서 창의적인 해결책을 찾아가는 매혹적인 책."

— 애덤 그랜트

(와튼 스쿨 조직 심리학 교수, 베스트셀러 《히든 포텐셜》《오리지널스》《기브 앤 테이크》 저자)

"이 책은 창의성과 동기 부여, 그리고 '몰입'을 유지하는 신선한 인사이트를 제공한다. 강력한 사례 연구로 가득 찬 이 책은 틀에 박힌 사고에서 벗어나, 날카로운 사고로 나아가게 해준다."

— 다니엘 핑크

(비즈니스 사상가, 베스트셀러 《파는 것이 인간이다》《후회의 재발견》《드라이브》 저자)

"창의성과 생산성을 높이기 위한 실용적이고 진정으로 재미있는 로드맵. 변화하는 세상에 직면한 모든 사람이 반드시 읽어야 할 책."

— 조나 버거

(와튼 스쿨 마케팅학 교수, 베스트셀러 《컨테이저스: 전략적 입소문》《매직 워드》 저자)

"크리에이터만이 쓸 수 있는 크리에이터를 위한 깊은 통찰력이 있다."

— 피터 심스

(퍼릴리아먼트 CEO, 베스트셀러 《리틀 벳》《조직의 성과를 이끌어내는 리더십》(공저) 저자)

"놀랍도록 독창적인 책이다. 저자는 탐험가와 비즈니스 조직의 성공 전략을 산뜻하고 경쾌한 산문으로 자세히 설명한다. 사례 자체가 흥미진진하며 창의적 사고의 고전이 될 것이다."

— 메리 카

(시러큐스 대학교 영문과 교수, 《인생은 어떻게 이야기가 되는가》 저자)

"모든 혁신가는 매우 강인한 스킨십을 가져야 한다. 하지만 군중을 거스르는 위험을 감수하는 것 너머에는 새로운 창조의 기쁨이 있다. 이 책을 읽고 자신의 삶을 되돌아보라. 큰 변화를 가져올 수 있을 것이다."

— 빌 브래들리 (전 미국 상원의원)

"《언세이프 씽킹》은 틀에 박힌 사고에서 벗어나 생산성을 유지하는 방법에 대한 영감을 주는 실용적인 가이드를 제공한다. 스토리텔링의 거장이기도 한 저자는 최신 연구와 접근 가능한 모범 사례를 결합하여 우리 모두가 '불편함'을 더 편안하게 받아들이도록 돕는다."

— 리사 카이 솔로몬

(싱귤래리티 대학교 혁신적 관행 학과장, 《디자인 씽킹, 비즈니스를 혁신하다》 공동 저자)

"저자는 수많은 사람들이 왜 관습적이고 구태의연한 사고에 갇혀 있는지 질문한다. 그리고 그 이유는 두려움과 습관 때문이라고 강력히 주장한다. 용기, 동기 부여, 학습, 유연성, 도덕성, 리더십 등 '안전하지 않은 생각'의 핵심 요소들을 가진 사람들을 인터뷰하며 자신의 주장을 설명한다. 글은 생동감이 넘친다."

— 〈퍼블리셔스 위클리〉

일러두기

이 책의 주요 개념어인 '언세이프 씽킹'은 '안전하지 않은 사고'로 직역했습니다.

원서의 달러는 원화로 표기했습니다.

언세이프 씽킹
Unsafe Thinking

관습을 깨고 혁신적 돌파구를 찾는 능력

차례

← **1부 용기** →

2부 동기 부여

5부 도덕성

프롤로그

너무 이상한 야구팀

기자 회견은 혼란 속에서 끝났다. 축제 분위기에 현란한 춤 공연이 있었고 알록달록한 색종이가 천장에서 떨어졌다. 무대에는 겁먹은 염소와 철창에 갇힌 고슴도치가 있었다.

미국의 마이너리그 야구팀의 새로운 이름을 발표하는 자리였다. 코네티컷주 하트퍼드 시내에 있는 팀이었다. 그들은 약 750억 원을 들인 신축 경기장으로 곧 이전한다. 오랫동안 침체된 지역 사회를 부흥할 이 팀은 이제부턴 야드 고츠Yard Goats(염소)로 불리게 되었다. 헤지혹스Hedgehogs(고슴도치)라는 이름은 아슬아슬하게 2위를 차지했다.

청중은 별로 내키지 않는다는 듯 뜨뜻미지근하게 환호했다. 몇몇은 당혹스러운 얼굴에 아무 말이 없었다.

사람들의 반응은 신속하고 무자비했다. "지금껏 들어본 이름 중에 최악이요!"라며 어떤 팔순 노인이 버럭했다. 노인은 이 야구팀의 열성팬이었다. 야구팀의 예전 이름은 록 캣츠Rock Cats(고양이)였다. 노인은 앞으로 이 팀의 경기를 보지 않겠다고 다짐했다. 엑스(트위터)는 조롱으로 가득했다. 혹자는 팀 이름에 염소가 들어간 것이 이 도시에서 점점 늘어나고 있는 자메이카 이민자들을 모욕하는 거라고 주장했다. 이들 자메이카인은 염소를 키우고 잡아먹곤 했다. 여하간 공모전을 통해 접수된 이름이 약 6,000개였는데 그 이름이 1위를 차지했다. "야드 고츠라고요?" 팬들은 무섭게 따졌다. "생각해낸 게 겨우 그거예요?"

하지만 제이슨 클라인에게 모든 일은 계획대로 움직이고 있었다. 물론 자신의 창작물을 향한 분노와 거부감은 떨떠름했다. 하지만 이런 반응들은 그가 예민한 부분을 건드렸다는 신호였다. 미국의 다른 동네, 텍사스주 엘패소 주민들도 그가 팀 이름을 치와와스Chihuahuas로 지었을 때 노발대발했었다. 펜실베이니아주에서도 주민들이 아이언 피그스Iron Pigs(강철 돼지)와 플라잉 스쿼럴스Flying Squirrels(날다람쥐)라는 팀 이름을 어쩔 수 없이 받아들이며 텍사스 주민들만큼 화를 냈다. 클라인에게 이름을 지어달라고 의뢰한 구단들은 팬들의 압력에 못 이겨 클라인이 준 이름을 포기하고 관계 단절까지도 고려하곤 했다. 하지만 1년도 되지 않아 이 도시들을 비롯해 클라인의 손길이 닿은 수십 개 도시의 야구팀 상품 판매량이 폭발적으로 증가하며 결국 마이너리그 상품 최다 판매 기록을 달성했다. 지역을 넘어 미국 전역에서 사람들은 이 팀의 야구 모자(텍사스주 리하이 팀)를 사들였다. 그들은 치와와스가 경기하는 야구장에서 개 밥그릇에 나초를 담아 먹고, 빈 그릇은 집 선반에 자랑스럽게 장식하기도 했다. 이들 야구팀은 상당히 훌륭한 메이저 팀들도 따라잡을 수 없는 입소문을 냈고 수익을 창출했다.

"불안하다는 느낌이 든다면 그때가 바로 좋은 때입니다"라고 클라인이 말한다. "사람들은 기대하는 것을 금방 잊어버립니다. 머릿속 컴퓨터의 '전에 본 적 있음'이란 폴더로 이동시켜버리죠. 그러면 '게임 끝'입니다."

마이너리그의 많은 팀에게 '게임 끝'은 현실로 나타날 가능성이 컸다. 그들과 경쟁하는 오락거리가 소도시에서도 우후죽순 늘어나고 야구에 대한 사람들의 관심이 약해졌다. 마이너리그 팀 구단주들은 여전히 인기 많은 메이저리그에 본능적으로 눈길을 주고 있었다. 하지만 클라인과 그의 회사인 브랜디오스Brandiose는 그렇게 뻔한 접근법을 취하지 않았다. 클라인은 마이너리그 야구가 가족 단위 주민들을 즐겁게 해준다고 판단했다. 그는 마이너리그 야구를 두고, 이류 스포츠 또는 일류 구경거리라고 강력히 역설했다. 이 주장은 골수팬들의 기분을 상하게 할 수도 있지만, 클라인의 이 관점은 미국 야구 업계에 막대한 영향을 끼쳤다. 새로 취임한 플라잉 스퀴럴스 회장은 팀 이름을 바꾼다고 발표하는 자리에서 이렇게 말했다. "잠시 언론에 한 말씀 드립니다. 사람들은 저희 사업이 야구인지 서커스인지 의문을 제기하더군요. 분명히 말씀드립니다. 우리는 서커스 사업을 하고 있습니다."

이처럼 클라인이 지은 야구팀 이름은 늘 화제를 몰고 다녔다. 사실 그 이름들은 막 지은 듯해도 나름의 의미가 있다. 관점을 조금만

언세이프 씽킹

바꾸면 야드 고츠 또한 지역 특성에 무척 잘 맞는다. 사실 '야드 고츠'는 수십 년 전 철로에서 대형 열차를 끌던 작은 차량을 일컫던 말이다. '고집불통'과 '무례함'을 연상시키는데, 그 두 가지는 주민들이 자신들의 동네를 설명할 때 자주 쓰는 형용사다. 야드 고츠라는 이름을 처음 들으면 아주 잘못 지은 것처럼 들리지만, 곰곰이 생각해보면 너무나도 잘 어울리므로 그 이름은 하트퍼드 시민들만 이해하는 농담이 되었다. 결국 야드 고츠라는 이름은 효과가 있었다.

클라인은 더 안전한 팀이름을 정할 수도 있었다. 이를테면 마크 트웨인Mark Twain이 하트퍼드에서 살았던 역사를 기념하는 이름인 더 허클베리즈the Huckleberries처럼 말이다. 그랬다면 모두를 기분 좋게 했을 것이다. 대중에게 인정받고 환영도 받았을 것이다. 그리고 클라인의 회사는 비슷비슷한 결과물을 수없이 만들어내느라 허덕였을 것이다. 하지만 클라인은 그렇게 하지 않았다. 대신, 안전과 인정을 추구하려는 타고난 편향을 극복했다. 그 결과, 침체의 늪에 빠져들고 있던 업계에 대변혁을 일으켰다.

클라인은 '안전하지 않은 생각'을 하는 사람이다. 그는 마이너리그 야구 업계의 위기 앞에서도 얼어붙지 않았다. 오히려 그 위기를 기회로 봤다. 클라인은 평판이 위험해질 수 있다는 걸 알면서도 용감하고 유쾌하게 문제에 접근했다. 그 과정에서 클라인은 아이언 피그스(강철 돼지), 플라잉 스쿼럴스(날다람쥐), 야드 고츠(마당 염소)라는 특이하면서도 직관적이지 않은 이름들을 만들며 천재성을 발휘했다.

안전을 추구하는 본능

그런데 제이슨 클라인 같은 사람은 매우 드물다. 즉 급변하는 환경에서 대담한 도전을 하고, 성공을 지속하는 경우는 극히 드물다. 대개는 어느 정도 성공을 하면, 타성에 젖어 뻔한 방식만 고수하게 된다. 왜 그럴까? 왜 낯선 도전에 유연하고 민첩하게 접근하는 사람들은 극히 적을까? 우리 대부분은 왜 더 이상 쓸모없는 해결책을 고집할까? 혹은 조금씩 천천히 해결하려고만 할까? 대담하게 나서고 머리를 써야 하는 때에도, 우리는 왜 본능적으로 안전과 안정을 추구하는가?

클라인에 대해 처음 들었던 2013년 당시, 내게 이 질문들은 거의 강박관념에 가까울 정도로 절박하게 다가왔다. 내가 세운 광고회사는 파산 직전이었다. 우리의 문제는 이른바 '창의적인 절차'에 대한 집착이었다. 이 절차는 오히려 창의성을 짓밟았다. 더 큰 문제는, 이 모든 것이 내 잘못이라는 사실이었다.

대학을 졸업한 직후인 1999년, 스물네 살이었던 나는 일반 기업에서는 일을 잘할 수 없겠다는 생각에 프리레인지Free Range라는 광고 캠페인 회사를 설립했다. 나는 정해진 절차와 규칙을 따르길 어려워했고, 관료주의적인 회사에서는 해고될 수밖에 없겠다고 생각했다. 나는 프리레인지 회사에서 창의적인 팀들이 자유롭게 실험하도록 하고, 무척 특이한 아이디어도 받아들일 생각이었다. 초기에 우리가 거둔 성공은 그 생각이 맞았음을 증명했다.

우리는 4분짜리 온라인 애니메이션을 제작했다. 공장식 축산의 문제점을 다룬 내용이었다. 세상 사람들 대부분이 인터넷 동영상을 잘 모르던 시절, 3천만 명이나 되는 사람들이 이 애니메이션(〈미트 릭스〉)을 보고 웃었다. 나아가 그때까지 아무도 언급하지 않았던 문 제를 인지하고 행동하게 했다.

또 다른 작품인 〈물건 이야기〉는 온라인 마케팅의 모든 규칙을 깨고 20분짜리로 제작했다. 쇼핑이 인생의 전부가 아니라는 메시지 였다. 전 세계 수천 개의 교실에서 이 영화가 상영되었고, 누적 시청 자는 이전보다 훨씬 많았다. 이렇게 톡톡 튀는 성공 사례가 쌓이기 시작했다. 그러자 우리의 이름은 인터넷을 통해 세상을 바꾸는 색다 른 방법과 동의어가 되었다. 무척 자랑스러웠다.

하지만 회사 직원이 2명에서 40명으로 늘어나면서 압박감이 커 졌다. 앞으로도 성공해야 하고, 또 성공을 예측해야 한다는 압박감 이었다. 점점 늘어나는 고객들을 위해 나는 심사숙고하여 결정을 내 렸다. 즉, 직원 모두가 따라야 하는 엄격한 절차를 마련하기로 했다. 그리하여 나는 정해진 규칙을 싫어하던 스물네 살에서, 규칙 안에서 안전을 추구하는 서른여덟 살로 변해갔다. 나는 경영 잡지를 구독했 고 컨설턴트를 고용했으며 표준 운영 절차를 도입하여 창의적인 성 공을 거두기 위한 단계별 경로를 상세히 정의했다.

심지어 우리의 스토리텔링 방법론을 소개하는 책도 냈으며, 그 결과 내게 전문적인 조언을 구하는 사람들이 끊임없이 늘어났다. 하 지만 마음 깊은 곳에서는 이러한 지식을 사람들에게 알리는 일이 늘 불편했다. 나는 내가 지금 자신 있게 가르치고 있는 개념을 어쩌 면 아직 배우고 있는 학생일지도 모른다는 생각이 들었다. 그리고 마음속의 의심이 드러날까 봐 두려워서 질문을 받으면 신속하고 단호하게 대답했다.

이렇게 내가 개발한 절차는 회사에 필요하긴 했지만, 동시에 팀을 분열시키기 시작했다. 한때 즐겁게 일하던 사람들은 이젠 우리의 절차를 누가 가장 이해하고 적용했는지를 놓고 옥신각신 다퉜다. 사람들은 답답하다고 불평하기 시작했고, 나는 그 사람들이 예전처럼 최선을 다해 일하지 않는다는 걸 알 수 있었다. 우리의 작업 품질은 정체되고 있었다. 나도 이 상황이 불만스러웠다. 가장 불안했던 것은, 몇 달 동안 공들여 채용했던 젊고 유망한 직원들이 입사한 지얼마 안 되어 갑자기 그만두기 시작했다는 점이었다. 그들 대부분은 창의성을 더 발휘할 자유를 누리고 싶다고 말했다.

불과 몇 년 전만 해도 나는 우리가 작업하는 캠페인이 세상을 바꾸는 데 도움이 된다고 확신했다. 하지만 이제 나는 이 세상보다 훨씬 작은 나 자신조차 바꿀 수 없었다. 나는 우리 사업을 효과적으로 키워나가는 절차를 폐지하는 것이 두려웠지만, 머지않아 우린 무너질 위험에 처하리라는 것도 알 수 있었다.

나는 직감적으로 알았다. 성공으로 향하는 더 안전한 길, 즉 현재 상태의 고수가 사실은 실패의 길이라는 걸 말이다. 하지만 결과물을 내야 한다는 압박이 더해지면서 내 마음은 현재 상태를 유지해야겠다는 쪽으로 끌려갔다. 그 긴장감은 극도로 고통스러웠다. 나 자신을 '창조적인 사람'이라고 정의했던 나는 심각한 문제에서 요령 있게 빠져나오는 데 익숙했었다. 그렇지만 이제는 답을 찾으려 내면을 들여다봐도 아무것도 얻을 수 없었다.

그래서 나는 대담한 혁신가들을 찾기 시작했다. 그들은 내가 존경하는 사람들이며, 아름답고 가치 있는 결과물을 만들어내기 위해 큰 위험을 감수하고 관습에 도전한 사람들이었다. 나는 그 사람들이 창의적인 위험을 감수하는 성향을 단순히 타고났는지, 아니면 안전하지 않은 생각의 비법이 있는지 알고 싶었다. 나는 그들 중에서도 가장 흥미로운 이들의 목록을 만들어 연락하기 시작했다. 그중에는 자신의 통찰력을 기꺼이 공유하려는 사람들이 많았다. 나는 그 사람들이 어떻게 현재 상태에서 벗어났는지 듣고 싶다고 그들에게 부탁했다. 그들은 독특한 아이디어를 추구할 때 불안감을 어떻게 극복했을까? 나는 그럴 때, 위험을 감수하는 것이 불안했지만, 그들도 불안했을까? 그들은 정해진 규칙에 반사적으로 의지하려는 걸 어떻게 끊어냈을까? 그리고 가장 중요한 질문. 안전하지 않은 영역에서 계속 활동할 수 있게 한 기법을 알려줄 수 있는가?

나는 그들과 대화를 100회 이상 나눴다. 제이슨 클라인 말고도, "사람에게 낚시하는 법을 가르쳐라"라는 격언에 도전하여 아프리카 사람들에게 100만 원 이상씩 나눠주는 사업을 하며 통념을 뒤집은 2명의 경제학자도 만났다. 그들의 구상은 동료들과 개발도상국들의 비난을 받았다. 하지만 단호하게 밀고 나간 결과, 그들은 세계 최고의 자선단체 중 하나를 세웠다. 최근 그들은 사업을 확장하며 약 330억 원의 보조금을 받았다. '기브디렉틀리GiveDirectly'라는 이 단체의 설립자들은 체계적이고 엄격한 규칙과 통찰력을 적절히 조합하면 아무도 의심하지 않는 문화적 직관에 도전할 수 있고, 궁극적으로는 이를 뒤집을 수 있다는 걸 내게 알려줬다.

나는 호주의 한 의사도 만났다. 그는 불치병을 치료할 수 있다고 확신하고 일부러 그 병에 감염됐다. 하지만 아무도 그의 말을 믿지 않았다. 배리 마셜Barry Marshall이라는 이 의사는 필사적이지만 이 위험한 행동으로 의료계에서 비웃음을 샀으며, 아내는 그를 집에서 쫓아내려고 했다. 하지만 그 덕분에 그는 마침내 노벨상을 받았다. 나는 가끔은 규칙을 피하거나 심지어 무시하는 것이 성공에 이르는 최선의 길이라는 걸 배웠다.

인터넷 역사상 가장 유명한 실패를 주도했던 펫츠닷컴Pets.com의 전 CEO에게서는 실패를 딛고 다시 일어서는 데 필요한 용기와 추진력을 배웠다. 이제 더욱 현명해지고 원숙해진 줄리 웨인라이트 Julie Wainwright는 펫츠닷컴 전성기를 훨씬 뛰어넘는 성공적인 사업을 조용히 구축하고 있다.

NBA 골든스테이트 워리어스의 감독인 스티브 커Steve Kerr는 실수에 대한 두려움에 주목했다. 그는 성장에 필요한 위험을 감수하려는 의지를 꺾지 않도록 다른 사람들과 그 자신에게 어떻게 코치했는지 알려주었다. 그는 그런대로 잘하는 팀이었던 골든 스테이트 워리어스를 3년 만에 두 번의 NBA 우승으로 이끌었다. 부임 2년 차에는 선수들이 NBA 역사상 최고의 기록을 세우게 했다.

미국의 대형 편의점 체인 CVS의 여성 임원도 만났다. 그녀는 상사들을 설득하여 무려 약 2조 원 규모의 담배 판매 사업을 접도록 했다. 이 사례에서 '안전하지 않은 생각'을 하는 사람들은 보수적인 문화에 영향을 끼치며 극적인 변화를 끌어낸다는 증거를 찾아냈다. 편의점에서 담배 판매 중단은 매우 위험한, 반직관적 조치였다. 하

언세이프 씽킹

지만 이 조치는 재정적, 사회적으로도 큰 성공을 가져왔다.

'안전하지 않은 생각'을 하는 사람들 목록을 만들기 시작했을 때만 해도 나는 대중의 통념에 동의했다. 소위 '반항아'들은 규범에 저항하는 경향을 타고났으며, 애플의 유명한 광고에서 그들을 '미친 사람들'이라고 한 것처럼 우리와는 아예 다르다고 여긴 것이다. 그들은 자신의 직감을 따르고 한계를 쉽게 뛰어넘으며 조롱이나 실패를 두려워하지 않는 듯했다. 그런데 그게 아니었다.

그들은 자신에게 도전하기 위해 끊임없이 불안에 직면하는 방법을 배웠다. 그리고 위험과 비판자들의 날 선 반응이 주는 불편함을 상당 부분 받아들였다. 그들은 대부분 정해진 경로를 여러 번 이탈했다. 또한 그들도 나와 똑같은 함정에 빠진 때가 많았다. 그리고 안전한 길을 택하려는 충동과 여전히 씨름하고 있었다.

나는 혁신가들이 '미친 사람들'이라는 사회적 통념이 얼마나 근거 없는지 알게 되자 희망이 생겼다. 그렇게 나는 '안전하지 않은 생각'을 받아들였다. 그리고 안전하지 않은 생각의 능력을 키우고 숙달하는 일이 가능하다는 걸 깨달았다. 이 책은 그 방법에 대해 내가 직접 들은 이야기와 학문 연구 내용을 함께 담았다.

안전하지 않은 생각을 하라

언세이프 씽킹 Unsafe Thinking:
획기적인 돌파구를 마련하기 위해 일반적인 운영 절차에서 벗어나는 능력. 불안감에 맞서 도전하는 능력. 사람들의 비판을 견뎌내고 지적 위험을 감수하는 능력. 그리고 사회적인 통념, 특히 자기 생각을 반박할 수 있는 능력.

급변하는 세상에서 '안전하지 않은 생각'은 필수적인 기술이다. 하지만 인간 마음의 기본 구조는 자신이 변화하는 걸 원치 않는다. 또한 편견도 작동하므로 안전하지 않은 생각을 자연스럽게 하기는 힘들다. 사실, 우리는 경험과 전문 지식이 많을수록 익숙한 접근법을 고수하려는 경향이 강해진다. 이러한 현상은 심리학자들이 말하는 '언덕 등반 경험적 기법 hill-climbing heuristic'*에 우리가 지나치게 의존하기 때문에 발생한다. 우리 잠재의식 속 이 경험 법칙은 우리가 의사결정을 할 때마다 목표에 즉시 도달하게 하는 다음 단계를 선택해야 한다고 알려준다. 이 말은 우리가 이미 검증된 통상적인 방법을 주로 선택한다는 뜻이다. 그래서 우리는 블록버스터 영화의 속편을 제작한다. 상품성이 이미 검증된 제품을 점진적으로 업그레이드하는 데 대부분의 연구 개발 비용을 쏟아붓는다. 작년에 큰 성공을 거뒀다면, 기금 모금 편지를 올해도 그대로 발송하며, 업계에서 승승장구하는 경쟁사들을 모방한다. 여기서 문제는, 변화하는 환경에서 언덕 등반 경험적 기법에만 의지한다면 결국 평범함으로 이어진다는 사실이다.

그리고 '언덕 등반'은 우리의 유일한 장벽은 아니다. 그것은 진화 과정에서 인간 마음에 뿌리내리고 우리가 안전과 익숙함을 선호하게 하는 수십 가지 버릇 중 하나일 뿐이다. 질문을 더 해야 한다는 점을 인정하지 않고 권위와 확신을 보여주려는 욕구, 집단으로 일할 때 자기도 모르게 순응하는 마음, 사회적 통념을 내면화하는 습관은 우리가 새로운 길을 개척하는 것을 방해하는 경향 중 일부일 뿐이다. 아이러니하게도 안전한 생각을 하도록 끌어당기는 힘은 우리가 새로운 접근법이 가장 필요할 때 가장 강력해진다. 안전한 생각에 빠지면 불확실성이 가져오는 불편함과 실패에 대한 두려움으로 인해 우리는 훨씬 더 다급하게 안전을 추구한다.

그럴 때는 아이러니하게도 안전한 생각이 상당히 위험하다. 개인

---

* 일종의 휴리스틱. 복잡한 과정을 단순화시켜 의사결정하는 직관적 경향. 이 책의 171~172쪽을 참고하세요.

의 삶과 경력, 한때 시장을 선도했던 기업, 사회 전체에 이르는 모든 것이 실패로 이어진다. 의료 관련 설문 조사에 따르면, 의사가 사람들에게 생활 방식을 반드시 바꾸라고 권고해도 환자의 최대 70퍼센트는 기존의 생활 방식을 고집한다. 갤럽은 미국인의 3분의 2 이상이 직장에서 업무에 집중하지 않는다고 발표한다. 그들은 열정을 추구하는 위험을 감수할 바에는 흥미롭지 않고 때로는 비참하게 느껴지는 안전한 직장에 안주했다. 그들이 활용하지 않은 창의성의 잠재력이 너무 크다.

창의력을 망치는 교육

심지어 미국의 교육 시스템은 아이들에게 안전하게 생각하도록 가르치고 있다. 이제는 제대로 기능하지 못한다는 증거가 충분한데도 여전히 시험공부 위주로 돌아간다. 또한 성취 목표를 달성하지 못하면 교사를 해고하고 학교를 폐쇄하는 '시험과 처벌' 규정을 10년 이상 운용한 덕분에 미국 학생들의 기초 과목 실력은 더욱 뒤처지고 있으며, 미래 사회에서 가장 중요하고 경쟁력 있는 기술인 창의성 측정 결과는 급락하고 있다. 그 결과, 안전한 생각만 고집하는 세대를 또 만들어낼 위험에 처했다. 그런데 교육당국은 이 실망스러운 결과에 어떻게 대응하고 있는가? 오히려 표준을 더 많이 만들어내고 시험을 더 자주 치르게 한다.

과학은 우리 자신과 각종 제도를 바꾸는 데 있어 우리가 힘든 싸움에 직면해 있다고 알려준다. 하지만 동시에 희망도 제시한다. 지난 수십 년 동안 창의성 관련 연구는 대변혁을 겪었다. 한때 인간의 창의성은 변하지 않는 고정된 특성으로 여겨졌지만, 최근 연구 결과에 따르면 아니다. 우리는 앞으로 훨씬 더 창의적인 사람이 될 수 있다.

하버드대 심리학자인 테레사 애머빌Teresa Amabile은 초등학생들과 미술용품, 그리고 당시 그녀의 도우미 두 자매와 간단한 실험으로 빛나는 경력을 시작했다.

애머빌은 초등학생을 두 그룹으로 나누어 각각 콜라주 작품을 만들게 했다. 첫 번째 그룹의 아이들은 심사를 받을 것이며, 가장 우수한 작품이 상을 받는다는 말을 들었다. 이와 달리 두 번째 그룹의 아이들은 끝날 무렵이 되어서야 추첨을 통해 수상자가 결정된다는 안내를 받았다. 애머빌은 객관적으로 평가하기 위해 전문 예술가 세 명에게 작품들을 가져갔다. 심사위원들은 두 번째 그룹의 아이들이 만든 작품들이 훨씬 더 창의적이라고 만장일치 결론을 내렸다.

아이들은 더 잘해야겠다는 강박이 없을 때 더 창의적인 작품을 만들어냈다. 이 결과는 애머빌의 연구 방향에 상당히 큰 영향을 끼쳤다. 하지만 애머빌의 멘토들은 그녀에게 연구를 더 진행하지 말라고 조언했다. 그 분야는 남성 중심으로 돌아가는 것으로 악명 높은 실험 심리학 분야였는데 그 분야가 학계 주류에서 멀리 떨어져 있다는 게 그 이유였다. 그녀의 경력만 망칠 뿐이라는 얘기였다. 하지만 다행스럽게도 애머빌은 안전하지 않은 생각을 하는 사람이다. 그녀는 그 연구 분야에 뛰어들었다.

실험을 여러 번 반복한 결과, 보상과 처벌을 예상하는 것은 창의력을 저해한다는 것이 밝혀졌다. 반면에 이러한 예상 없이 내재적 동기 부여로 일하는 사람들은 그 일 자체를 즐기기 때문에 변함없이 창의적이라는 사실을 알아냈다. 동기 부여와 창의성에 관한 이 연구 결과는 널리 영향을 미쳤다. 나아가 개인의 창의성은 향상되거나 저하될 수 있다는 훨씬 더 중요한 교훈이 애머빌에게 남았다. 우리는 태어날 때부터 창의력이 풍부한 예술가이거나 분석력이 뛰어난 회계사가 아니다. 어떤 특정 요인은 우리의 창의력이 변화하게 할 수 있다. 애머빌의 실험처럼 우리도 그 요인을 통제할 수 있다.

애머빌은 연구를 확장하는 동안 창의력을 크게 높이는 네 가지 핵심 요소를 알아냈다. 학계에 널리 알려진 그녀의 '융합 이론 confluence theory'에 따르면 우리가 창의성을 발휘해야 하는 도전에 직면할 때, 새로운 해결책을 찾아낼 수 있는 능력은 크게 다음과 같이 정리할 수 있다.

- 우리는 문제를 해결하기 위해 내재적인 동기를 부여하는가?
- 우리는 해결하려고 노력 중인 문제와 관련된 깊은 지식을 개발했는가? 막다른 길에 끊임없이 다다르지 않으려면 이전에 무엇을 시도했는지, 무엇이 효과가 있었고 또 실패했는지 알아야 한다.
- 우리는 애머빌이 설명한 창의적인 업무 스타일을 통해 문제에 접근하는가? 그건 오래된 습관을 버리고 익숙하지 않은 아이디어를 생각해내며 심지어 규칙도 어기겠다는 의미다.
- 우리가 일하는 사회 환경은 창의력에 도움이 되는가?

위험 완화에 초점을 맞춘 경영진, 지나치게 경직된 절차, 동료들과 서로 경쟁하게 하는 사내 정치는 창의력을 쉽게 억압할 수 있다.

애머빌은 안전주의를 넘는 사고법 향상 로드맵을 제공한다. 그런데 이 로드맵을 내가 겪고 있는 현실에 적용하자, 어려움이 따라왔다.

내재적 동기를 예로 들어보자. 직장 생활에서 우리 대부분은 외부의 압박에서 벗어날 수 없다. 우리는 상사나 거래처, 고객 등 다른 사람들을 기쁘게 해야 하며, 그들의 일정에 맞춰야 한다. 그 과정에서 우리는 적어도 내재적으로 동기가 부여되지 않는 일을 해야 한다. 비록 그 작업이 우리의 열정과 완전히 일치하더라도 마찬가지다. 외부의 압박을 늘 염두에 두면서도 내재적 동기를 최대한 활용할 수 있을까?

깊은 지식의 필요성은 또 어떤가? 나는 이른바 전문가의 전문 지식이 끔찍한 생각의 함정이 될 수 있다는 걸 확신했다. 최근 연구 결과에 따르면, 우리가 어떤 주제에 대해 전문가라고 믿기만 해도 기본적인 사실 오류에 빠지기 더 쉽다. 나는 궁금해졌다. 어떻게 하면 우리는 전문 지식을 쌓고 활용하면서도 그 전문 지식 때문에 우리의 새로운 가능성을 못 보는 일을 막을 수 있을까?

아마도 이 문제는 가장 어려울 것이다. 시간과 생산성 압박에 엄청나게 시달리는 상황에서 우리는 어떻게 하면 낡은 관습을 버릴 수 있을까? 그리고 새로운 아이디어를 마련할 수 있을까? 대부분 조직의 경영 문화와 시스템은 일반적인 통념에 도전할 자유 그리고 위험을 감수할 자유를 억압한다. 문제를 일으킨다면 우리는 직장에서 조롱당하거나 원한을 사고 보복까지 당할 수도 있다. 불안, 그리고 명백한 두려움에 우리는 어떻게 대처할 수 있는가? 그리고 내가 그랬던 것처럼, 여러 팀을 관리하면서 그러한 구속을 없애고 싶은 사람들은 회사를 모두 무너뜨린 후 다시 처음부터 시작할 필요 없이도 어떻게 하면 그렇게 할 수 있을까?

나는 지난 수년간 실패를 거듭한 결과, 안전한 생각에 빠지게 하는 무수한 함정을 피하는 길을 찾았다. 나아가 더욱 개방적이고 창의적이며 혁신적인 운영 방식의 길을 찾았다. 나는 과학적 근거와 내 경험이 바탕이 되었다고 자신 있게 말할 수 있다. 그 과정에서 나는 너무 구조화하지 않도록 주의해야 한다는 점을 배웠지만, 앞으로의 여정을 위한 로드맵을 약간 제공하겠다.

나는 이 책을 여섯 부분으로 구성했다. 각 장은 안전하지 않은 생각의 핵심 구성 요소 그리고 장애물을 극복하는 데 도움이 되는 실천 사례를 다룬다. 내가 지금까지 찾아낸 여러 도구와 행동은 결과가 나타나려면 계획적으로 실행해야 하지만, 나는 그것들이 내 작업의 원동력이었다는 사실을 증명할 수 있다. 그 덕분에 나는 창의력을 되찾았고, 주변 사람들도 창의력을 발휘할 수 있었다.

1부 '용기'에서는 불편함, 두려움이 어떻게 우리에게 안전한 생각만 하게 하는지를 분석한다. 나는 불안에 관한 파괴적이며 근거 없는 믿음을 몇 가지 살펴보고, 현재 상황에 도전하는 데서 오는 불편함을 받아들이고 심지어 환영하는 방법을 제시한다. 기존의 생각 패턴을 깨기로 마음먹으면 많은 길이 열리지만, 용기라는 토대 없이는

그중 어떤 길에도 첫발을 내디딜 수 없다.

2부 '동기 부여'에서는 좌절에 직면하더라도 새롭고 불편한 접근법을 계속하는 데 필요한 에너지를 살펴본다. 그리고 내재적 동기와 외재적 동기를 뛰어넘어 창의적인 추진력을 늘 높은 수준으로 유지하기 위해 이 두 가지 동기의 힘을 활용하는 간단한 방법을 소개한다.

3부 '학습'에서는 창의적인 작업을 성공적으로 수행하려면 전문지식이 필요하지만, 일단 전문가가 되면 학습 능력이 떨어지고 성과가 저하될 때가 많다는 역설적인 현상을 풀어낸다. 초보자의 재치있는 생각과 호기심을 유지하면서 전문 지식의 이점을 얻는 방법도 제시하겠다.

4부 '유연성'에서는 직관의 힘과 한계를 살펴본다. 직관은 사람들 대부분에게 터무니없는 듯하지만, 사실은 숨겨진 천재성을 담은 아이디어를 만들어낼 수 있다.

5부 '도덕성'에서는 '올바른' 일을 하겠다는 굳건한 마음가짐은 때로는 똑같은 일만 하겠다는 위험한 마음가짐이 될 수도 있다는 도전적인 개념을 살펴본다. 우리는 창의성을 강화하는 슬기로운 불복종 사례를 찾아보고, 적으로 보이는 친구들이 우리에게 더 필요한 이유를 살펴볼 것이다.

마지막으로 6부 '리더십'에서는 다른 사람들과의 협력을 중점적으로 다루고, 창의성을 저해하는 사회적 압박을 극복하는 데 중점을 둔다. 당신은 리더일 수도, 아닐 수도 있지만 우리는 안전하지 않은 생각을 하기 위해 팀을 이끄는 기술을 살펴볼 것이다.

나는 예측 가능성과 혁신, 체계와 자유, 안전과 위험 사이의 끝없는 갈등을 탐구하면서 성공은 규칙 또는 그 규칙들을 깨뜨리는 방식에 있지 않다는 사실을 알아냈다. 안전하지 않은 생각을 하는 사람들은 가능한 모든 도구를 사용하면서 획기적으로 발전했다. 합리성과 창의성, 직관과 분석, 내재적 추진력과 외재적 추진력, 전문가와 초보자의 사고방식 모두 인간이 생각할 때 꼭 필요한 요소들이다. 적응력이 무척 뛰어난 사람들은 자연스럽게 그 도구들을 활용하고, 잘 활용하지 않는 도구들은 연마하려고 의도적으로 노력한다.

이렇게 좌뇌와 우뇌를 모두 활용한 방식은 자동으로 이루어지지 않는다. 하지만 자동적이고 단순한 해결방안이 매력적으로 보일지라도 우리가 사는 시대에는 적합하지 않다. 우리는 조상들이 상상도 할 수 없었던 사회, 기술, 생태 문제에 직면하고 있다. 또한, 우리는 훨씬 더 정의로운 공동체를 설계하면서 드디어 처음으로 인류 전반의 질병을 근절하고 빈곤을 퇴치할 기회가 생겼다. 일반적인 접근법에 의존하는 안전한 생각으로는 이러한 도전을 극복하거나 기회를 포착하지 못할 것이다.

나는 당신이 이 책에 담긴, 안전하지 않은 생각을 하는 사람들의 이야기와 과학적인 내용을 활용하여 당신만의 안전하지 않은 생각 잠재력을 발견하길 바란다. 그리고 만약 팀에 소속되어 일하고 있다면, 동료들의 안전하지 않은 생각 잠재력을 발휘하도록 영감을 주길 바란다. 안전하지 않은 생각의 세계로 떠난 나의 여정은 직장에서의 성공뿐만 아니라 더 즐거운 삶으로 향하는 길이었다.

용기

1장

안전함에서 벗어나라

당신은 너무 안전을 추구한다

2015년 나는 텍사스주 오스틴에 갔다. 약 100명의 CEO가 참석한 토론 모임이었다. 주제는 그들의 도전과 획기적인 극복 방안이었다. 그 당시 한참 위기를 겪고 있던 사람에게 직접 들으면 통찰력을 얻으리라는 직감이 들었다. 실제로 발표 연사 중 한 명은 당시 큰 곤경에 처해 있었다. 발표장에는 기대감과 긴장감이 뚜렷이 느껴진다. 다른 발표자들도 힘겨운 고충을 털어놓았지만, 이 남자의 발표가 오늘의 메인 이벤트다.

그는 홀푸드Whole Foods의 창립자이자 공동 CEO인 존 맥키John Mackey다. 웰빙과 평온한 분위기를 내려고 갖가지 식물과 꽃으로 화려하게 꾸민 무대 장식물 앞에 앉아 있지만 그의 얼굴은 어색한 긴장감이 역력했다. 불안한 듯 수군대는 소리가 청중 사이에 퍼졌다.

시가총액 약 20조 원 규모였던 이 식료품 체인회사의 주가는 성장세가 주춤해지면서 지난 6개월간 40퍼센트 이상 급락했다. 시장 분석가들은 홀푸드가 시장에서 설 자리를 잃어가고 있다고 분명히 인식했다. 최근 맥키는 희망퇴직자들에게 보상 프로그램을 제안했으며, 2천 명이 이를 수락하고 회사를 떠났다. 그와 동시에, 한때 찬사를 받았던 홀푸드 브랜드는 돌연 사방에서 맹공격을 받았다. 동물권리 단체인 PETA의 캠페인, 값비싼 상품을 겨냥한 소셜 미디어의 폭발적인 비난, 뉴욕주 소비자 보호 위원회가 제기한 소비자가격 과다 청구 고발이 거의 동시에 터져 나왔다. 언론과 대중의 조롱이 정신없이 쏟아졌다.

맥키는 사람들이 홀푸드에 퍼붓는 공격을 '가짜 뉴스'로 일축한다. 하지만 1980년 홀푸드 매장을 처음 연 그는 이 위기를 개인적인 위기로 받아들이는 게 분명하다. 그는 건강에 좋은 식품을 미국 전역에 공급하겠다는 원래의 꿈, 그리고 성공을 거두자 얼마나 놀랐는지에 관한 이야기부터 시작한다. 그리고 회사의 미래 전망이 갑자기 바뀌는 고통을 이야기한다. "모두가 시끄럽게 소리를 지르며 비난하는데, 새로운 어떤 것이 탄생하려 한다는 사실을 아는 상황에서 열린 마음을 유지하기는 힘듭니다." 맥키는 침울한 목소리로 말한다. 다음으로는 맥키 자신 그리고 공동 CEO인 월터 롭Walter Robb을 언급한다. "1년 후에 우리 두 사람을 확인해보시죠. 완전히 다른 사람으로 바뀌었거나, 어쩌면 이 회사에 없을 수도 있습니다."

언세이프 씽킹

맥키가 그 말을 하자 숨죽인 청중 사이로 간혹 놀라는 소리가 들린다. 자신이 세운 회사에서 쫓겨나는 상황을 공개적으로 언급할 정도로, 위험한 상황이었기 때문이었다. 하지만 나는 맥키가 한 말에 흥미가 갔다. 모두가 시끄럽게 소리를 지르고 비난할 때, 자신이 열린 마음을 유지하기는 힘들다는 대목이었다.

이는 우리 생각을 바꾸는 것의 본질적인 어려움 중 하나를 표현한 것이다. 익숙하지 않은 도전을 맞이할 때, 범위를 확장하여 가능한 해결책을 찾아내도록 마음을 열어야 한다는 걸 우리는 알고 있다. 동시에, 우리가 느끼는 위협은 우리 뇌를 생존 모드로 전환하게 하여, 우리가 익숙한 것에 집착하게 하고 안전을 추구하는 행동을 하도록 만드는 경향이 있다. 이런 현상은 중대한 위협뿐만 아니라, 마감일이 다가오는데 프로젝트에 차질이 생긴다든지, 주요 협력자와의 관계가 틀어지거나 작업 결과물이 예기치 않게 퇴짜를 맞는 등의 일상적인 순간에서도 발생한다.

압박받는 상황에서 새롭고 창의적인 해결방안을 찾기 위해 자신을 개방하려는 맥키와 비슷한 상황을 당신도 겪었을 것이다. 하지만 그건 쉽지 않다. 잠시 시간을 내서 간단한 실험을 해보라. 펜과 종이를 준비하고 '값싼 목걸이'라는 다음 퍼즐을 풀어보자.

処음 상태   목표 상태

A

B

C

D

연결고리가 각각 세 개씩인 체인 A, B, C, D를 연결해서 목걸이
를 만들어야 한다. 체인의 연결고리 하나를 끊으려면 2센트를 내야
하고, 끊어진 연결고리 하나를 붙이려면 3센트를 내야 한다. 당신의
목표는 15센트까지만 써서 이 목걸이를 만드는 것이다. 5분 동안 이
문제를 풀어보자.

연결고리 끊기: 2센트

끊어진 연결고리 붙이기: 3센트

목표: 15센트 지출하기

테스트할 때마다 약 3퍼센트의 사람들만이 이 '값싼 목걸이' 문
제를 해결한다. 이 문제를 풀려고 시도한다면 당신은 아마 다른 사
람들 대부분보다 좀 더 유리한 입장에서 시작할 것이다. 당신은 지
금 여기까지 이 책을 읽었으므로 뻔해 보이는 해결책에 너무 성급
하게 집중하지 말아야겠다고 생각하기 때문이다. 하지만 시간 압박

     언세이프 씽킹

이 있으므로 간단하지만 직관에 어긋나는 해결책을 찾지 못했을 것이다. 각 체인의 끝부분 가운데를 끊어서 서로 연결해보자는 생각이 가장 직접적인 해결책으로 재빨리 떠올랐을 것이다. 그건 옳은 방법인 게 틀림없어 보인다.

그 전략이 틀린 것으로 판명되고 한참 지나도 사람들은 그 전략을 포기할 줄 모르고 시간이 갈수록 집착만 심해진다. 정답을 알고 싶은가? 15센트 이하만 써서 목걸이를 만드는 유일한 방법은 위험을 무릅쓰고 한 걸음 뒤로 물러나는 데서 시작한다. 체인 조각 하나(예를 들어 A 체인 조각)의 연결고리들을 모두 끊어라. 그러면 비용은 6센트다. 6센트는 사라졌지만, 아직 뚜렷한 진전은 없다.

1단계

A 체인 조각의 연결고리들을 모두 끊는다. 비용 = 6센트

이제, 그 연결고리 중 하나를 걸쇠로 해서 B 체인 조각과 C 체인 조각을 연결한다. 3센트를 내고 그 연결고리를 붙이면 지금까지의 비용은 9센트다.

2단계

A 체인 조각의 연결고리 하나를 B와 C 체인 조각에 연결한 뒤
끊어진 부분을 붙인다.

비용 = 3센트 (합계 9센트)

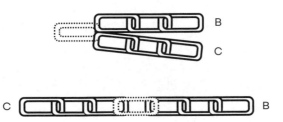

끊어진 연결고리 두 번째 것을 써서 C와 D 체인 조각을 서로 연결한다. 끊어진 부분을 붙인다. 지금까지의 비용은 12센트다.

3단계

아까 끊었던 연결고리를 하나 더 써서, D 체인 조각을 서로 연결된 B와 C 체인 조각에 연결하고 끊어진 부분을 붙인다. 비용 = 3센트 (합계 12센트)

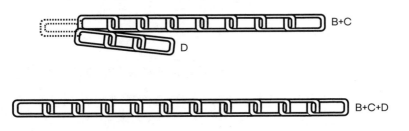

마지막으로 남은 끊어진 연결고리를 써서 긴 체인 조각을 연결하면 15센트로 목걸이를 만들 수 있다.

4단계

마지막으로 남은 끊어진 연결고리를 체인의 왼쪽에 연결한 뒤,

체인의 오른쪽과 연결하고 끊어진 부분을 붙인다.

비용 = 3센트 (합계 15센트)

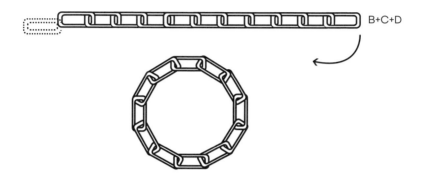

해결책은 본질적으로 복잡하진 않지만, 해결책을 찾는 과정에서 사람들은 대부분 분명히 출발점으로 보이는 데서부터 고리 모양을 반복하여 만들어보며 좌절하는데도 똑같은 접근법을 계속 시도한다. 그러다가 새로운 방법을 시도하지도 못하고 주어진 시간이 끝난다. 또 사람들은 눈에 띄는 진전 없이 9센트부터 먼저 지출하는 반직관적인 단계를 대개 고려하지 않는다. 너무 뻔하지 않고 기발한 접근법을 시도해야만 성공할 수 있다는 힌트를 줘도 사람들은 고개를 끄덕이며 미소만 짓다가 곧바로 여태껏 시도하던 방식으로 되돌아간다. 이 실험을 해보면 우리는 낮은 가능성에도 불구하고 안전한 생각에 집착한다는 사실을 알 수 있다. 이럴 땐 불안과 스트레스는

미미하며, 거의 눈에 띄지 않을 것이다. 하지만 불안과 스트레스 수준이 그렇게 낮은데도 변하지 않으려는 욕구를 극복하기는 대단히 힘들다.

인간은 원래 안전을 추구한다

도대체 무슨 일이 벌어지는 걸까? 우리는 왜 그렇게 쉽게 집착하는가? 익숙하고 안전한 것에 집착하게 만드는 치명적인 힘은 이른바 '안전한 생각의 반복 사이클the safe thinking cycle'이라는 말로 나타낼 수 있다. 이 사이클의 첫 번째 단계인 위협 인식threat awareness은 다양한 방식으로 촉발된다. 값싼 목걸이 문제에서 위협 인식은 문제 해결 시간이 점점 줄어든다는 사실을 깨닫는 데서 시작된다. 현실 세계에서는 판매 실적이 감소했다는 소식을 듣거나, 고객 또는 고객사가 불만을 제기하거나, 상사가 업무 처리 결과물을 혹평할 때 우리는 위협을 인식한다. 훌륭한 신상품을 출시한다는 경쟁사 기사를 읽을 때도 마찬가지다. 역설적인 이야기지만, 성공하더라도 위협을 느낀다. 성공한다면 더 힘든 도전과 높은 위험이 따르는 더 큰 단계로 들어서야 하기 때문이다. 간단히 말하자면, 위협을 인식하지 않고서는 가치 있는 일을 성취하기는커녕 인생을 살아갈 수도 없다.

안전한 생각의 반복 사이클 두 번째 단계에서 위협 인식은 신경 과학자들이 피질 각성cortical arounsal이라 부르는 상태를 급증시켜 각성과 경계 수준, 집중력이 늘어난다. 물론, 피질 각성은 상당히 중요

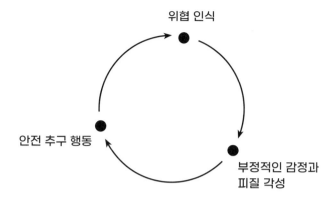

위협 인식

안전 추구 행동

부정적인 감정과
피질 각성

할 때가 많다. 예를 들어 신체적인 위협을 받을 때 신속하고 단호하게 반응하려면 피질 각성이 필요하다. 하지만 창의적인 생각에는 각성 정도가 낮아야 더 좋다. 각성 정도가 낮은 상태에서 뇌는 소화, 세포 복구, 장기 기억 보존 등 다양한 신경 및 생리적 기능에 자원을 배분한다. 모든 인지 시스템이 정상적으로 작동하면 우리는 호기심이 가는 곳으로 자유롭게 주의를 집중할 수 있으며, 그렇게 하면 창의적인 통찰력을 키울 수 있다.

토머스 에디슨Thomas Edison에게는 극도로 낮은 각성 상태에서 창의력을 활용하는 기발한 방법이 있었다. 그는 의자에서 낮잠을 잘 때, 늘 두 팔을 양옆에 힘을 빼서 늘어뜨렸다. 그는 그 상태에서 양손에 금속 공을 하나씩 쥐었다. 바닥에는 금속 냄비를 하나씩 놓았다. 졸음이 오면서 각성 정도가 점점 더 약해지면 의식이 명료한 상태에서는 생각해낼 수 없는 이미지와 아이디어가 떠올랐다. 그대로 잠이 들면 손에 쥐고 있던 공이 냄비로 떨어지면서 잠에서 깼다. 그러면 에디슨은 잠이 깨어 조금 전 떠올랐던 아이디어를 기록했다. 에디슨은 이렇게 몽롱한 상태에서 떠올린 이미지가 위대한 발명품들의 원천이 되었다고 말했다.

우리는 위협에 직면하면 각성 상태를 낮게 유지하지 않는다. 먼 옛날 우리 조상들은 수많은 위협에 재빨리 행동해야 했다. 우리는 진화 과정에서 각성 상태를 높여 위협에 대응하도록 프로그램된 것이다. 이러한 반응은 아프리카 대초원에서 대형 포식동물들을 흔히 접했던 훨씬 오래전으로 거슬러 올라간다. 지금 낮은 각성 상태에서 저녁거리를 마련하려고 주변을 둘러보고 있다고 상상해보라. 긴박한 정도가 낮으므로 주변을 훑어보며 넓은 지역을 천천히 탐색할 수 있다. 하지만 사나운 포식동물이 앞에 불쑥 나타나면 당신의 각성 정도는 치솟는다. 코르티솔이나 아드레날린 같은 스트레스 호르몬이 분비되고 주의력을 쏟는 범위가 좁아진다. 또한, 혈액이 근육과 시각 피질로 바로 흐를 수 있도록 신체는 불필요한 과정을 차단하여 위협에 대응한다. 당신의 두 눈은 그 위험한 짐승에 고정되어 있고, 당신은 즉시 행동해야 한다는 생각에 완전히 몰입된다. 신경과학자들은 피질 각성 수준이 높아지면 미래에 대해 생각하는 능력에 꼭 필요한 뇌의 두 영역 기능이 떨어진다는 사실을 증명했다. 지금 당장 죽을 수도 있는데 누가 내일을 위해 에너지를 소비하겠는가? 우리의 뇌는 싸우거나 도망칠 시간만 있다고 경고한다. 이것이 바로 생명을 위협하는 위험에 직면할 때 살아남으려면 피질 각성이 고도의 적응력을 보여주는 이유다. 하지만 창의력을 발휘해야 하는 도전에 직면할 때, 피질 각성 반응은 우리에게 불리하게 작용한다.

언세이프 씽킹

선택지를 더 다양하게 고려하는 데 방해가 된다.

예를 들어, 빠르게 생겨나는 신기술 때문에 직장에서 새로운 경쟁, 즉 위협이 발생하는 경우를 생각해보라. 우리는 기존의 오래된 운영 방식이 이 새로운 도전에 적합하지 않다고 인식할 수 있다. 심지어 대외적으로 이 화두를 선언할 수도 있으며, 맥키처럼 '마음을 열고' 싶은 욕구를 느낄 수도 있다. 하지만 우리의 뇌는 선택지를 모두 닫고 안전을 추구하라고 소리친다. 이는 위협을 뒤로 미루고 불안감을 낮춰줄 단기적인 해결책이다. 우리는 "지난번에 다른 사람들에게 효과가 있었던 조치를 우리도 해보자" 또는 "이 문제를 더는 감당할 수 없게 되기 전에 빨리 해결하자"와 같은 말을 하게 된다. 지금 닥친 위협을 일단 처리하면 앞으로는 일이 술술 잘 풀릴 것이라며 우리 자신을 달랜다.

불행하게도 우리는 무의식적으로 이 사이클을 반복하고 있다. 새로운 도전에 직면할 때 기존의 행동 방침을 따르면 위협을 더 많이 받게 되고, 그 결과 불안감이 커지고 각성도 잦아진다.

심리학자인 로버트 여키스와 존 도슨은 각성과 성과 사이의 관계를 파악했다. 나아가 그들의 연구는 이 사이클의 부정적인 영향을 입증했다. 현재 널리 받아들여지고 있는 여키스-도슨 법칙에 따르면, 처음 얼마간은 각성과 성과가 함께 늘어난다. 어느 정도의 각성은 우리가 어려운 일을 하도록 자극한다. 하지만 해결하려는 문제가 복잡하거나 낯설어지면 문제가 된다. 즉 억지력보다 창의력이 더 필요하게 되면, 각성과 성과는 각자의 길을 간다. 즉, 특정 지점을 지나면 각성은 증가하지만, 성과는 급락한다. 모두가 시끄럽게 소리를 지르며 비난하면, 열린 마음을 유지하기는 힘들다고 존 맥키가 말한 것, 그는 바로 그 문제에 부닥쳤다고 말하고 있었다.

맥키가 청중에게 홀푸드 회사가 겪는 고통을 말할 때 높은 수준의 각성은 그가 직면한 위협에 도움이 되지 않을 것이다. 회사를 살리려는 도전은 싸우거나 도망가야 하는 신체적인 위협이 아니다. 난관을 극복하도록 홀푸드를 이끌지 못한다면 그는 수치스러울 것이고 후회하며 재산을 잃을 수도 있다. 하지만 그는 굶주리지는 않을 것이며, 확실히 죽지도 않을 것이다. 문제는, 우리의 몸은 사자의 공격에 대응할 때와 같은 메커니즘으로 모든 위협적인 감각에 반응한다는 점이다.

우리 뇌가 봤을 때 이 세상에서 우리가 가진 직업 또는 지위, 혹은 우리를 향한 동료들의 존경심을 위태롭게 하는 위협은 신체적인 위협과 비슷한 게 아니라 아예 같은 것이다. 그 이유는 우리의 머나먼 과거에도 있다. 우리 조상들에게 부족에서 배척당하는 일은 사자를 마주치는 것과 마찬가지로 죽음으로 이어질 수 있는 사건이었다. 심리학자인 마이클 윌리엄스가 사회적으로 배척당했던 사람들을 대상으로 한 연구도 같은 맥락이다. 거의 모든 응답자가 사회적 따돌림 말고 차라리 신체적 학대를 받겠다고 대답했다.

또한, 존 맥키가 자신의 이야기를 사람들에게 털어놓을 때 마음을 열고 선택지를 넓히는 대신, 초점을 좁히고 빨리 행동하려는 강한 충동과 싸워야 하는 이유도 그것으로 설명된다. 맥키의 생명 유지 활동은 그에게 안전한 해안가를 향해 헤엄쳐 가라고 밀어붙이고 있다. 그가 할 수 있는 한 가지 편리한 선택은 회사의 사업 모델과

언세이프 씽킹

운영에 내재한 문제를 해결하지 않고, 홍보 전쟁을 통해 그를 깎아 내리는 사람들을 물리치는 일에 집중하여 위협을 제거하려고 시도 하는 것일 수도 있다. 실제로 그는 발표하는 동안 자신을 비방했던 사람들을 향해 작정한 듯 가끔 욕설을 퍼붓기도 한다. 또는 수십 년 전 회사를 설립했을 때 썼던 전략을 다시 활용할 수도 있다. 맥키와 같은 상황에 처한 리더들은 과거의 성공과 실패에 집착할 때가 많 다. 하지만 맥키는 그렇게 하지 않았다. 새로운 아이디어를 열린 마 음으로 받아들이기 위해 열심히 노력했다.

모임에서 한 시간 남짓의 토론이 끝날 무렵, 맥키는 자신의 본능 적인 충동에 저항하겠다는 결연한 의지를 솔직하게 나타낸다. 그는 "사람들은 안전한 곳으로 도망치고 싶겠지만, 요즘 사업에는 안전이 란 게 없습니다"라고 결론을 내린다.

나는 건물 밖으로 나온다. 텍사스의 저녁은 따뜻하다. 나는 이 위 기가 맥키의 인생에서 결정적인 국면이 아니라는 예감이 든다. 실 제로 그날 밤 다시 맥키를 만날 때, 그는 아주 새로운 종류의 홀푸드 사업 계획을 밝힌다. 그것은 당시 고가 매장이었던 홀푸드에서 식료 품을 살 여유가 없는 고객들 대상의 소규모 체인 마켓이다. 프리미 엄 가격 책정이 그의 수십 년 된 사업 모델의 핵심이었다. 따라서 이 새로운 접근법은 전혀 익숙하게 들리지 않는다. 점진적인 해법도 아 니다.

물론, 맥키의 이야기는 예상대로만 전개되지 않았다. 우리가 이 야기를 나눈 직후 그는 저가 매장 사업을 시작하려 했지만, 특히 행 동주의 투자자들의 성장 압력이 계속되었다. 하지만 2017년 아마존

은 맥키가 리더로 남는다는 조건에 합의하고 홀푸드를 현금 약 18
조 원에 인수했다. 회사 매각 후 맥키는 자신의 전망에 대해 긍정적
인 생각을 내게 들려줬다. "우리는 식료품 소매업을 완전히 바꿀 겁
니다." 나는 이 말을 듣자, 매각 압박이 계속되는데도 기존의 운영
방식에 얽매이지 않고 새로운 가능성을 끊임없이 열어두겠다는 결
연한 의지를 느낄 수 있었다.

언세이프 씽킹

2장

불안을 포용하라

안전한 생각을 그만두는 법

"미친 사람들을 위하여!" 내레이션이 깔리면서 파블로 피카소, 마하
트마 간디처럼 비범한 이들의 얼굴이 화면에 잠깐씩 비친다. 그들은
"부적응자이고 반항아이며 말썽꾼이다" "그들은 규칙을 좋아하지
않고 현재 상황을 존중하지도 않는다." 이어서 "세상을 바꿀 수 있다
고 생각할 만큼 미친 사람들"만이 "세상을 실제로 바꾸는 사람들이
다"라고 강조한다.

　이는 1997년 애플의 〈다르게 생각하라Think Different〉 광고다. 이
광고는 경계를 허무는 기쁨과 보상을 한 편의 시처럼 30초 만에 요
약한다. 창의력은 규칙을 깨려는 성향 그리고 기존 질서에 순응하

라는 사회적 압박을 무시하는 성향을 지니고 태어난 소수 엘리트의 전유물이라는 생각은 직관적으로 옳은 말 같다. 우리 대부분은 불안과 집착에 맞서 힘들게 싸워야 하지만, 이 반항아들은 그 어려움을 모르는 듯하다. 하지만 실제로 관습을 거부하는 양상은 우리 생각과 상당히 다르다.

가령 광고의 '미친 사람들' 중 하나인 마하트마 간디의 삶을 자세히 들여다보면, 순리에 맞서려는 투쟁이 얼마나 비정상적인지 바로 알 수 있다. 심지어 그러한 투쟁에 익숙한 삶을 살아온 사람의 눈에도 마찬가지다. 지금은 위험에 맞서는 용기의 세계적인 상징이지만, 사실 간디는 사회 부적응자에 가까웠다. 과거의 그는 남들에게 평가받는다는 두려움과 대단히 힘겹게 싸웠다. 그는 자서전에 이런 글을 남겼다. "나는 수줍음이 너무 많아서 사람들을 볼 때마다 피해 다녔다. 책과 수업만이 나의 유일한 동반자였다." 심지어 학교를 마치면 집으로 곧장 달려가곤 했는데, "누가 날 놀릴까 봐 무서워서 누구하고도 말을 하기 싫었기 때문이었다."

성인이 되고도 한참 동안 간디는 지독한 수줍음에 시달렸다. 20대 시절 영국에서 법학을 공부하던 간디는 런던 채식주의자 협회에 가입했고 그 단체의 존경받는 리더가 되었다. 하지만 여전히 작은 무대에서도 연설을 도중에 중단하고 동료에게 메모를 전달하여 대신 끝내달라고 할 때가 많았다. 훗날 수십만 명이나 되는 사람들의 행진을 이끌고 대규모 군중 앞에서 감동적인 연설을 한 간디는 불안감이 완전히 사라진 적이 한 번도 없었다고 자서전에서 밝혔다. "전화를 걸 때 주변에 사람들이 여섯 명 이상 있으면 도저히 입

언세이프 씽킹

이 떨어지지 않았다." 그는 이런 말도 남겼다. "낯선 청중을 마주해야 할 때마다 주저했고, 가능한 한 연설을 하지 않으려 했다."

간디는 사회적 상호작용을 결코 마음 편하게 여기지 못했지만, 자신과의 투쟁이 중요하다는 걸 알게 되었다. 그는 불안에 맞서고 대중 앞에 모습을 나타내야 하는 불편한 영역으로 자신을 밀어 넣었다. 그리고 그것이 불의에 맞서기 위해 목숨을 걸게 한 기본 훈련이었다는 말을 자서전에 남겼다. 그는 결코 두려움에서 벗어나지 못했지만, 그 두려움을 재구성하여 장점으로 여기게 되었다. 나이가 들면서 간디는 한때 자신에게 엄청난 수치심을 안겨주었던 수줍음을 자신의 핵심 자산 중 하나라고 말했다. 예를 들어, 간디는 자신이 한 말을 후회한 적이 거의 없었다. 그는 이를 주저하며 천천히 말하는 성향 덕분으로 여겼다. 그것이 바로 자신이 가진 리더십의 핵심이었다고 간디는 회고했다.

우리는 모두 잘 알지 못하는 새로운 길을 떠날 때 불안해한다. 나는 우리가 그 불안에 어떻게 대처하느냐에 따라 커다란 변화를 가져올 수 있음을 깨달았다.

나는 가설을 세웠다. 위협 인식을 피할 수는 없지만, 불안으로 반응하지 않는 법을 배울 수 있으면 안전한 생각만 하는 사이클을 중단시킬 수 있다는, 가설이었다. 이렇게 매우 합리적으로 보이는 직관적인 가설을 세운 뒤 그 사이클에서 벗어날 방법을 찾기 시작했다. 하지만 값싼 목걸이 실험에 참여한 사람들처럼 나도 체인의 엉뚱한 부분을 끊으려 한다는 걸 금세 깨달았다. 불안감을 느끼지 않으려 애쓰는 것 자체가 안전한 생각의 반복 사이클을 더욱 악화시키기 때문이다.

심리학자들은 부정적인 감정을 억누르는 행동을 '경험 회피 experiential avoidance'라고 부른다. 사람들은 이것에 에너지를 엄청나게 소비한다. 하지만 그 노력은 쓸모없을뿐더러 더 해로운 결과로 이어진다. 실제로 경험 회피는 원치 않는 감정을 악화시킨다.

네바다 대학교 리노 캠퍼스의 심리학자 스티븐 헤이즈는 경험 회피가 본질적으로 사람들을 괴롭힌다고 주장한다. 헤이즈에 따르면 인간은 신체 외부의 상황에 대해 합리적인 전략을 써서 세상을 형성한다. 본질적으로 '그게 마음에 들지 않는다면 그걸 없애는 방법을 알아내서 없애십시오'라는 접근법을 취하는 것이다. 그러나 신체 내부는 그 반대라는 사실임이 입증되었다. 그는 "당신은 그걸 갖지 않으려 해도 결국 그것을 갖게 될 것입니다"라는 법칙이 있다는 것이다. 쉽게 말하면, 이 말은 당신이 불안해하고 싶지 않아 할수록, 훨씬 더 불안해질 것이며, 더 갑갑하고 위축된 삶을 살게 될 것이라는 뜻이기도 하다.

이 진실의 실제 사례를 확인하기 위해 마하트마 간디의 인생 이야기로 돌아가보자. 그는 자신에게 관심이 집중되는 걸 불편해했다. 만약 그가 수줍음이 촉발되는 상황을 회피했다고 상상해보라. 그러면 더 위축된 삶을 살았을까? 누가 봐도 그랬을 것이다. 수줍음으로 인한 불안감을 덜 느꼈을까? 아니었을 것이다. 아이러니하게도 헤이즈의 이론에 따르면, 내성적인 사람인 간디는 훨씬 더 큰 고통을 겪었을 것이다.

연구원들은 최근 헤이즈의 주장을 확실히 입증했다. 과학자들은 대학생 70명을 모집하여 그들이 참여할 실험에서 약간의 신체적 고통을 느낄 것이라 안내했다. 그중 절반은 이제 곧 시작될 실험에 관해 생각하지 말라고, 9분 동안 생각 억제를 안내받았다. 나머지 절반은 실험을 미리 생각하면서 자신의 감정을 메모하도록 안내받았다. 이후 그들은 다같이 고통을 겪었다. 얼음물에 1분 동안 팔을 담그라는 지시를 받은 것이다. 생각을 참았던 그룹은 자신의 불안한 생각을 미리 인식한 그룹 사람들보다 고통을 훨씬 더 크게 느꼈다. 불안감을 느끼지 않으려 애쓴 사람들은 불안감을 피하는 데 실패했을 뿐만 아니라, 더 나쁜 경험을 했다. "불안은 나쁘다"라는 단순한 믿음이 불안 장애와 우울증으로 이어진다는 사실을 심리학자들이 증명한 것은 놀라운 일이 아니다.

불안의 본질을 연구하는 사람들은 불안을 피하거나 맞서 싸우려고 하기보다는, 불안의 불편함을 더 편안하게 받아들이는 법을 배워야 한다고 주장한다. 그렇게 하면 투쟁 또는 도피 방식으로 반응하려는 충동이 줄어들고, 어려운 도전에 더욱 창의적으로 대응할 수 있다. 약간의 불편함을 편하게 받아들이면 반복되는 습관을 바꾸고 새로운 가능성을 받아들이는 좋은 기회를 얻을 수 있다.

하지만 어떻게 이러한 인내력을 키울 수 있을까? 불안에 대해 우리가 어떻게 생각하는지를 조정하면 된다. 이것은 심리학의 핵심 연구 결과이자, 인지 이론cognitive theory이라 알려져 있다. 이 이론의 선구자인 심리학자 애런 벡Aaron Beck은 이른바 인지 재구성cognitive restructuring을 통해 사람들은 불안을 관리하는 방법을 배울 수 있고, 점점 심해지는 불안의 악순환에서 벗어날 수 있다고 밝혔다. 인지 재구성은 우리가 느끼는 불안, 우리가 직면한 상황에 대해 부정적이 아닌 긍정적으로 생각하도록 우리 자신을 코칭하는 습관이다. 간디의 삶은 인지 재구성 기술을 배울 때의 힘을 보여준다.

런던에서 깊은 외로움에 빠지고 방향성을 잃은 간디는 수줍어하는 성격 때문에 앞으로의 성공 전망이 어두워졌다. 그러자 별로 내키진 않지만 변호사가 되겠다는 야망을 품고 인도로 귀국했다. 하지만 간디를 괴롭히던 두려움도 머나먼 바다를 건너 인도의 법정에까지 그를 따라갔다.

소액 소송을 전담하는 법원에서 간디가 처음으로 맡은 단돈 10달러짜리 사건은 복잡하지 않았으므로, 간디는 자신의 의뢰인이 승소하리라 확신했다. 하지만 증인을 반대 신문하려고 자리에서 일어섰을 때 간디는 이렇게 회상한다. "심장이 철렁 내려앉았다. 머리가 심하게 어지러웠고, 법정 전체가 빙글빙글 돌아가는 듯했다. 나는 질문을 도저히 생각해낼 수 없었다." 간디는 도움을 구하려고 필사적으로 주변을 둘러봤지만, 마치 악몽의 한 장면처럼 방청객과 판사 모두 웃음을 터뜨렸다. "나는 자리에 털썩 앉았고, 도저히 그 사건을 맡을 수 없다고 대리인에게 말했다."

실패로 인해 휘청거리고 아내와 어린 자녀 둘을 먹여 살려야 하는 데다 괴로움으로 무력해진 간디는 다시 도망쳤고, 이번에는 남아프리카 공화국에서 직장을 구했다. 이젠 모든 게 완벽해 보였다. 그곳은 간디가 창피 당했던 변호사와 판사들이 있는 인도와는 망망대해를 사이에 두고 멀리 떨어져 있었고, 그가 구한 일에는 특별한 기술이 필요하지 않다고 했다. 그가 노력만 한다면 실패할 일은 거의 없었다.

하지만 간디에게는 충격적인 일이 기다리고 있었다. 간디는 남아 프리카 다다 압둘라Dada Abdulla 법률 사무소에 도착하자마자, 회계 업무를 잘 알고 있어야만 처리할 수 있는 복잡한 금융 사건을 담당해야 했다. 간디는 회계 관련 지식이 전혀 없었다. 그는 다시 얼어붙었다. 하지만 그의 전기 작가이자 친구인 에크나트 이스와란은 간디가 그때 그의 머릿속에 어떤 깨달음이 스쳤다고 말한다. 그는 "이전에 간디가 실패에서 도망쳤을 때마다, 어딜 가든 똑같은 상황이 늘 반복되면서 훨씬 더 위협적으로 바뀌는 듯했다"라고 썼다. 간디의 머릿속에서는 안전한 생각이 반복되는 사이클이 별안간 명확해졌고, 그렇게 인식함과 더불어 그 사이클을 깨고 싶은 욕구가 생긴 듯했다.

이번엔 간디는 회계 업무를 배우는 데 전념했다. 그는 사건의 복잡한 세부 사항을 샅샅이 파헤쳤고, 곧 그 분야에서 인정받는 전문가가 되었다. 또한 피고와 원고 양측은 간디를 서로가 원하는 방향으로 사건을 종결하게 한 현자로 여기게 되었다. 마침내 간디는 자신의 힘을 느꼈고, 이른바 '성공의 비결'을 알아냈다.

"간디는 모든 어려움을 기회로 여기기 시작했다." 이스와란이 설명한다. "간디에게 어려움이란 그에게서 지성과 상상력을 더 많이 끌어낼 수 있는 도전이었다."

이 사건 이후로 간디는 어려운 도전을 성장의 기회로 인식하기 시작했다. 그리고 또 한 번의 중요한 사건으로 그는 안전하지 않은 생각을 하는 사상가이자 탁월한 행동가로 발전했다.

고용주의 명을 받아 기차 일등석을 타고 전국을 다니던 간디는 산악 마을인 피터마리츠버그에서 큰 충격적인 사건을 겪었다. 어떤 백인 승객이 체격이 왜소하고 피부가 갈색인 남자가 엉뚱한 객실에 앉아 있다며 불만을 제기했다. 간디의 티켓에는 일등석이라고 적혀 있었지만, 당시 법에 따르면 그는 일등석을 탈 수 없었다. 간디는 항의했지만 강제로 기차에서 쫓겨나 황량한 기차역에서 잠을 자야 했다. 그날 밤은 몹시 추웠고, 간디에게는 외투도 짐도 없었다. 그것들은 이미 떠난 기차에 실려 있었다.

길고 긴 추운 밤 내내 간디는 두려움과 맞서야 했다. 그는 자신을 업신여기는 나라에서 다시 한번 도망칠 수도 있었고, 아니면 반격할 수도 있었다.

간디는 자신의 불편한 감정을 피해 달아났을 때는 너무 많이 실패했지만, 일단 호기심을 품고 가능성을 기대하며 그 감정을 향해 나아갔을 때는 성공했다는 사실을 되새겼다. 간디는 기차역에서의 이 깨달음의 순간을 그의 인생에서 '가장 창의적인 사건'이라고 불렀다. 간디는 그의 고통스러운 감정이 위협이 아니라 더 강해질 기회가 있다는 신호임을 알고, 마음을 가라앉히고 터놓을 수 있는 공간을 그의 마음속에 만들어냈기 때문이다. 간디는 그 사건이 계기가 되어 비폭력 저항의 원칙을 고안해냈다. 사티아그라하satyagraha, 즉 세계에서 가장 힘 있는 사회적 항의 방식 중 하나다. 그 결과 인도의 독립을 쟁취하려는 그의 노력이 승리를 거뒀다.

몇 달 되지 않아 간디는 새로 제정된 억압적인 인종차별법에 항의하여 남아프리카 공화국에 거주하는 인도인들의 행진을 주도했고, 당시 남아프리카 공화국 총리였던 얀 스뮈츠Jan Smuts 장군과 대면했다.

"나는 당신들의 정부와 맞서 싸우겠다고 말하러 왔습니다." 간디는 조용하지만 단호하게 말했다.

"그 말을 하려고 여기까지 왔다는 말입니까?" 스뮈츠 장군은 믿기지 않는다는 듯 물었다. "더 하고 싶은 말이 있습니까?"

"있습니다." 간디가 대답했다. "난 이길 겁니다. 당신의 도움을 받아서."

이 말은 몇 년 전만 해도 소액 소송 재판에서 증인에게 반대신문도 하지 못한 남자가 압도적인 권력과 맞서며 한 말이다. 그의 말에는 거의 불가능에 가까운 대담함뿐만 아니라 진실도 담겨 있다. 그는 승리했고, 결국 스뮈츠의 도움도 받았다.

불편함을 편하게 받아들여라

창의적인 도전에 대해 간디처럼 더 긍정적으로 생각할 수 있는 여지를 만들려면 어떻게 시작해야 할까? 인지 심리학에 따르면, 우리가 자신도 모르게 감정적인 반응을 한다는 사실을 인식하고, 그 감정을 피하지 말고 받아들이도록 자신을 코칭하는 단순한 과정은 매우 효과적일 수 있다. 사실 간디처럼 자신의 불안감을 성장의 지침으로 삼는 방법을 배운 사람은 간디 말고도 많다. 내가 만났던, 안전하지 않은 생각을 하는 수많은 사람은 자신의 오래된 생각 패턴을 의식적으로 중단하고 불편함을 향해 나아가는 데 성공했다.

미카 화이트Micah White도 그런 사람 중 하나다. 그는 정치인과 경찰, 심지어 자신과 정치적 신념을 공유하는 주류 행동가 단체와도 대립한다. 그는 캠퍼스 시위를 시작했고 전쟁 지역에 들어가기도 했다. '월가를 점령하라Occupy Wall Street' 시위를 기억하는가? 화이트는 애드버스터즈에서 일하는 동안 그 모든 일이 시작되도록 도왔다. 그는 시위 명칭을 지었고, 시위가 시작되자 운동가들을 시위 장소로 불러냈다.

화이트는 같은 전략을 두 번 쓰지 않는다는 단순한 철학을 따른다. 그리고 참신성과 돌발 상황이 사람들을 거리로 나오게 하고 언론의 관심을 끌며 경찰을 혼란스럽게 만든다고 믿는다. 물론 화이트 역시 안전한 생각의 반복 사이클의 함정에 빠지지 않으려 애쓴다.

"저는 줄곧 불안해하는 사람이었어요." 화이트는 말했다. 그는 아이디어를 세상에 내놓을 때마다 의심과 불확실성과 씨름했다. "하지만 성공하려면 그런 느낌이 무슨 의미인지 다시 해석해야 했습니다."

화이트는 똑같은 저항 전략을 두 번 쓰지 않겠다고 다짐했으므로, 과거에 자신에게 효과가 있었던 방식을 결코 편하게 여기면 안 된다고 여겼다. 따라서 창의적이고 위험한 아이디어를 끊임없이 생각해내야 했다. 그는 지난 몇 년 동안 자신의 불안을 재구성함으로써 이러한 불안의 원천이 계속되도록 하는 중요한 통찰력을 얻었다. "정말 좋은 아이디어가 떠오르기 직전에 불편함을 느낀다는 걸 깨달았습니다." 그가 말했다. "저는 이 불편한 감정을 긍정적인 신호로

언세이프 씽킹

해석합니다."

그렇게 해석함으로써 화이트는 안전한 생각의 반복 사이클을 차단한다. 우리는 불안을 피할 수 없으며, 일단 불안이 피질 각성을 촉발하면 창의적인 해결책을 찾으려 할 때 생물학적으로 매우 불리하다는 점도 알고 있다. 하지만 약간의 불편함이 성장 가능성을 위한 필수 신호라는 믿음으로 그 불편함을 받아들일 수 있다면, 우리는 각성이 될 때를 알 수 있고, 잠시 (또는 하루 정도) 뒤에 각성 상태가 사라지면 행동을 다시 통제할 수 있다.

화이트는 불안을 바람직한 것으로 재구성했다. 그는 생각을 획일적으로 구분하는 기존의 틀을 이미 벗어났기 때문이다. 그는 불편함을 용감하게 견디는 대신, 창의력을 발휘하게 하는 동력으로 그 불편함을 활용하는 방법을 배웠다. 그렇게 재구성하자 '월가를 점령하라' 저항 운동이 목표를 단 하나도 달성하지 못하고 무너졌을 때 큰 도움이 되었다. 그는 다른 사람들을 비난하거나 현장에서 멀어지는 대신, 다음에 진행할 저항 캠페인을 기획하기 위해 이른바 '생산적인 실패'의 원인과 교훈을 즉시 연구하기 시작했다.

앞으로 소개하는 연구 결과와 기법은 도전적이며 불편함을 유발한다. 그리고 일부 사람들은 이 방법들을 행동 계획이라기보다는 적당히 거리를 두고 배우는 흥미로운 아이디어로 취급하고 싶어 한다. 하지만 불안에 움츠러들지 않고 오히려 불안을 받아들이는 마음가짐과 용기를 바탕으로 우리는 불편함을 극복하고 오래된 생각 패턴을 바꾸는 법을 배울 수 있다. 이제부터 우리는 내면의 전문가에게 도전하고 초보자가 가진 마음의 장점을 되찾는 탐험을 시작하겠다.

용기

● 각성 상태를 낮춰라

위기의 상황에도 새로운 가능성을 검토하고 고정관념을 뛰어넘을 수 있도록 휴식해야 한다. 토머스 에디슨은 잠이 들락 말락 할 때 떠오르는 통찰력을 포착하기 위해 바닥에 금속 냄비를 놓고 의자에 앉아 딱딱한 공을 손에 쥔 다음, 잠이 들어 공을 놓치면 잠을 깨는 방법까지 개발했다.

치열한 싸움 같은 상황에서 잠시 벗어날 방법은 무엇인가? 5분 동안 명상하기? 오랫동안 샤워하기? 잠깐 산책하기? 이 모든 방법은 각성 상태를 낮추고 창의력을 발휘하게 한다고 나타났다.

● 불안은 여정의 일부다

고통을 덜 느끼려고 애쓴 학생들을 기억하는가? 그들은 오히려 고통을 더 많이 느꼈다. 불편함에 대비하려 하거나 불편함을 유발하는 상황을 피하면 불안감이 더욱 커질 것이다. 우리도 간디처럼 어려움을 우리의 지혜와 상상력을 더 깊이 끌어낼 기회로 여김으로써 문제 해결력을 키울 수 있다.

당신을 편안한 영역 너머로 몰아넣는 상황을 추구하라. 그 상황을 겪는 동안 당신의 느낌에 주목하라. 당신의 반응을 주의 깊게 관찰한다면 이러한 경험이 편안하고 익숙한 경험보다 더 가치 있고 심지어 즐거울 수도 있다는 걸 알 것이다.

● 두려움은 동력이다

'월가를 점령하라' 운동의 공동 설립자인 미카 화이트가 말했다. "정말 좋은 아이디어가 떠오르기 직전에 불편함을 느낀다는 걸 깨달았습니다. 저는 이 불편한 감정을 긍정적인 신호로 해석합니다." 느낌을 어떻게 해석하느냐에 따라 모든 것이 달라진다.

두려움이 느껴진다면, 그건 당신이 창의적인 돌파구를 곧 생각해낸다는 신호일 수도 있다고 자신에게 강조하라. 그것은 헛된 희망 사항이 아니라 과학이다.

2부

동기 부여

3장

완벽하게 동기를 부여하라

위험에 맞서는 힘

2000년 11월 8일, 줄리 웨인라이트의 남편은 새벽 4시에 그녀를 깨우더니 이혼을 선언했다. 이제 더는 그녀의 스트레스를 받아주지 못하겠다는 것이었다. 웨인라이트에게 이 일은 불행의 서막에 불과했다. 그녀는 차를 몰고 출근해서 직원 100여 명을 해고하고, 또 그녀가 처음부터 키워냈고 1년 전만 해도 약 4,000억 원의 가치를 자랑했던 회사의 문을 닫는 절차를 시작해야 했다. 웨인라이트의 지분은 약 130억 원에 달했지만, 이제는 완전히 사라졌다. 그녀의 평판처럼, 그리고 이제는 결혼 생활도 마찬가지였다.

그해에 다른 닷컴 회사들도 줄지어 문을 닫았지만, 웨인라이트의 상황은 더욱 나빠지기만 했다. 당시 그녀의 회사는 우후죽순처럼 생겨난 닷컴 회사 중에서도 대표주자였으며, 이제는 닷컴 업계 자체가 붕괴하자 언론사들이 신나게 두들겨댈 샌드백 신세가 될 것이 확실했다. 그렇다. 이 회사는 지난 20개월 동안 약 2,000억 원의 손실을 봤지만, 닷컴 회사들이 무너지던 당시에 그건 그렇게 드문 일은 아니었다. 사람들은 웨인라이트의 불행을 대놓고 고소하게 여겼다. 그 망할 인형 때문이었다. 1999년 그녀의 회사인 펫츠닷컴은 조잡한 양말 강아지 인형을 내세운 슈퍼볼 광고에 수십억 원이나 썼다. 그 짜증 나는 강아지 인형은 실리콘 밸리의 비정통적인 젊은이의 무례한 사업 접근법을 상징했지만, 이제는 엉터리 사기꾼 같은 존재가 되었다. 이후 며칠 동안 웨인라이트는 그녀의 집으로 떼 지어 몰려드는 기자들을 쫓아내려고 경찰에 신고해야 했다.

이토록 정신적 충격이 계속되던 시기, 웨인라이트는 42세였다. 그녀의 어머니가 다발성 경화증으로 뇌가 손상되기 시작한 나이와 같았다. 그녀의 어머니는 20년 동안 고통을 겪다가 죽음을 맞이했다. 웨인라이트는 몸이 성치 않았던 어머니의 삶을 보며, 사업에서 성공하기 위해 매우 열심히 노력했다고 말한다. "난 내가 할 수 있는 한 가장 큰 성공을 거둔 사람이 되고, 또 최대한 충실하게 살기로 마음먹었어요." 하지만 펫츠닷컴이 '실리콘 밸리에서 가장 유명한 웃음거리'인 동시에 '기술 업계의 최대 실패작'이 되면서 웨인라이트는 죽음의 계곡을 향해 미끄러져 갔다.

웨인라이트는 새너제이 〈머큐리 뉴스〉에서 "나는 무기력했고 기쁨을 느낄 수 없었어요. 감정적으로도 완전히 녹초가 되었어요"라고 털어놓았다.

그로부터 17년 후 나는 무척 다른 상황에서 웨인라이트를 만났다. 그녀는 당시 펫츠닷컴보다 훨씬 덜 유명해도 훨씬 더 성공적인 사업을 이끌고 있다. 더 리얼리얼The Real Real이라는 온라인 명품 위탁판매사다. 고객들은 필요하지 않은 드레스, 가방, 신발, 보석류를 이 회사로 보내면 회사는 이를 감정하고 가치를 평가하여 판매한다. 웨인라이트는 자신이 만든 틈새시장을 모든 사람이 잘 알지는 못한다고 말한다.

"얼마 전 누가 내게 '그 온라인 드레스가게는 잘 돌아가요?'라고 묻더군요. 나는 '6,000억 원 규모의 내 온라인 드레스매장을 말씀하시는 건가요?'라고 되물었죠." 웨인라이트는 크게 웃었다. 실제로 이 회사는 지난 1년 동안 약 6,000억 원의 매출을 올렸고, 더 리얼리얼의 기업 가치는 현재 약 2조 원을 넘는다.

나는 일반적인 운영 절차를 벗어나 끊임없이 생각하고 행동하는 데 필요한 동기 부여와 에너지 원천을 조사하기 시작하면서 웨인라이트를 만나게 되었다. 나는 사람들이 여러 단계의 창조적 활동을 끝까지 인내하며 견디게 하고, 그 과정의 일부인 불가피한 실패를 딛고 일어서게 하는 추진력을 찾아낸 실제 사례를 찾고 있었다. 물론 성공한 기업가들은 일반적으로 실패를 받아들이고 다시 일어설 능력이 있다는 건 잘 알려져 있다. 하지만 펫츠닷컴은 아주 엄청난 대실패를 겪었다. 그래서 나는 웨인라이트가 그녀의 굴욕을 너무나 잘 알고 있는 투자자들과 마주하며 어떻게 다시 한번 위험한 창업에 뛰어들어 재기할 수 있었는지 꼭 묻고 싶었다. 그녀의 명성을 되찾으려는 자존심 때문이었을까? 잃어버린 부를 되찾으려는 욕망 때문이었을까? 아니면 비즈니스 게임을 향한, 절대 채워지지 않는 열정?

나는 웨인라이트가 창조라는 즐거움을 경험하는 과정과 그 이상에서 에너지를 끌어낸다는 사실을 알아냈다. 그 과정은 지속 가능한 사업 모델을 만들고, 기업 가치가 높은 회사를 설립하며, 가치 있는 상품들을 유통하여 쓰레기 매립 양을 줄이고, 여성도 기업가로 성공할 수 있다는 점을 증명하는 것이었다. 그녀는 나와의 대화 중에 이러한 동기를 하나씩 떠올릴 때마다 그것이 자신에게 얼마나 중요한지 열정적으로 이야기했다. 웨인라이트는 그 모든 것에 "만족할 수 없습니다"라고 말한다.

펫츠닷컴이 무너지고 1년 동안 웨인라이트는 두문불출했다. 그후 경력을 다시 쌓으려고 서서히 노력했다. 몇 년 지나지 않아 그녀는 온라인 지식 공유 사업을 시작했지만, 그 사업도 금세 망했다. 그역시 엄청난 좌절이었겠지만, 기업공개까지 했던 펫츠닷컴의 붕괴에 비하면 약했다. 그러던 어느 날 웨인라이트는 부유한 친구와 함께 마린 카운티에 있는 고급 부티크 매장에 들렀다. 그 친구는 위탁판매 물품들이 진열된 매장 뒤쪽으로 곧장 걸어갔다. 웨인라이트는 처음엔 혼란스러웠다. 도대체 누가 왜 중고용품을 갖고 싶어 할까? 하지만 웨인라이트는 친구가 푹 빠져버린 물건들을 보자, 오랜 세월에도 변함없이 건재한 이 고급품들이 이 매장에서 가장 아름다운 물건들이라는 사실을 깨달았다. 그녀는 재빨리 머리를 굴렸다. 그 물건들은 왜 매장 뒤쪽에, 눈에 띄지 않는 곳에 있었을까? 그녀는 궁금했다. 사람들은 왜 부끄러운 비밀처럼 그 물건들을 지키고 있는 걸까?"

웨인라이트는 내게 말했다. "난 그때 아주 획기적인 생각을 했어요." 그때 그녀는 깨달았다. 물론, 누구나 중고물품을 이베이에서 사고팔 수는 있다. 하지만 누가 600만 원이나 내고 위조품일지도 모르는 물건을 사겠는가? 실제로 이베이는 진품 여부를 확인하지 않으며 그런 사업을 하고 싶어 하지도 않는다. 온라인 마켓플레이스 틈새에서 웨인라이트는 거부할 수 없는 기회를 발견했다.

웨인라이트는 틈새시장을 찾아내어 사업을 개발하는 데서 오는 즐거움이 창업의 두려움을 이겨냈다고 말한다. 그녀는 창업에 대해 이렇게 말한다. "창업하려면 창의력을 발휘해야 하고 분석을 잘해야 하죠. 창업은 가장 섹시한 일 중 하나라고 생각해요. 정말 재미있어요." 또한, 그녀는 사업을 개발하는 과정에 필요한 끊임없는 학습에서 즐거움을 얻는다고 말한다. 이런 것들은 바로 창의성을 연구하는 심리학자 테레사 애머빌이 창의성의 핵심으로 강조하는 동기이다. 문제를 해결하는 행위 그 자체가 보상이 되는 동기다. 그것들은 창의성에 없어서는 안 될 요소다.

하지만 없던 것을 만들어내고 사업을 개발하는 일을 향한 웨인라이트의 애정은, 그녀의 마음속에서 일보다는 그녀가 성공을 통해 얻을 수 있는 보상과 관련이 더 큰 동기 부여의 원천과 동등한 비중을 차지한다. "1천억 원대 규모의 회사를 상장한 여성은 진짜 거의 없습니다"라고 웨인라이트는 강조한다. "아무것도 없는 상태에서 시작하는 것과 끝까지 책임지고 이끌어가는 일은 완전히 차원이 다른 일이에요." 그녀는 분명히 끝까지 이끌어가고 싶어 한다. 웨인라이트는 펫츠닷컴 시절 자신을 깎아내리던 사람들을 입을 닫게 하려는 의도는 없다고 한다. 하지만 자신의 이름을 남기고 합당한 인정을 받고 싶어 하는 마음은 분명하다. "나는 이 회사가 계속 존재하길 바라고 있어요"라고 그녀가 말한다. 그 이유를 묻자 "이 회사는 그럴 만한 가치가 있기 때문이지요"라는 대답이 돌아온다. 숨은 속뜻을 헤아려보니, 자신은 그럴 만한 가치가 있는 사람이라는 의미 같다. 웨인라이트가 고통스러운 실패의 잿더미에서 다시 일궈낸 결과를 보면, 자신의 가치를 증명하기 전에 그만두는 것을 상상하기 힘들다.

나는 웨인라이트를 만났을 때만 해도 동기 부여에 대한 내 지식은 대중적인 상식 정도였다. 당신도 분명히 들어봤을 것이다. 그 상식에 따르면 우리는 위험을 감수하면서 에너지를 유지한다. 또 실패를 딛고 혼자 힘으로 일어서려면 열정이 있어야 한다. 이 열정은 심리학자들이 말하는 내재적 동기 부여다. 내재적 동기 부여라는 말은 뛰어난 장인, 헌신적인 교사, 신비로운 예술가를 떠올리게 한다. 반면, 외재적 동기 부여 요소로 알려진 돈이나 평판, 영향력에 초점을 맞춘 사람들의 에너지는 상황이 힘들어지면 약해진다. 이 내용이 동기 부여에 관한 일반적인 견해다. 우리는 마치 안전하지 않은 생각을 하는 데 필요한 열정을 내재적 동기 부여에서 찾아야 할 것 같다. 하지만 그 일은 정말 그렇게 간단할까?

물론 이 개념은 아무 근거 없이 나온 게 아니다. 테레사 애머빌은 아이들이 보상을 제안받을 때 어떻게 창의성을 잃는지 보여줌으로써 창의성 연구 학계를 뒤흔들었다. 또 다른 증거도 있다. 런던 정경대는 51개 회사의 성과급 제도를 연구했다. 그 결과, 이러한 보너스 제도가 실제로는 직원들의 업무 효율성을 떨어뜨린다는 사실을 밝혀냈다. 미술가 대상의 연구에 따르면, 고객이 의뢰한 작품은 창의성이 현저히 떨어졌다. 내용을 요약하자면, 내재적 동기는 좋고 외재적 동기는 나쁘다.

연구 결과는 무척 흥미로웠지만, 나는 이 메시지가 현실 세계와 거리가 있다고 생각했다. 우리는 직장을 그만두고 히말라야로 떠나지 않고도 내재적 동기를 부여할 수 있는가? 그리고 웨인라이트처럼 자신이 하는 일을 사랑하면서도 다른 사람들의 인정이나 돈을 갈망하는 이들도 훌륭한 일을 해내지 않는가? 어쨌든, 훌륭한 성과 대부분은 작업실에 틀어박혀 대중에 전혀 관심을 두지 않는 은둔형 예술가들이 만들어내지 않는다. 아이작 뉴턴이나 찰스 다윈과 같은 천재들은 열정으로 추진력을 얻었지만, 동시에 동료와 대중의 칭찬과 비판에도 크게 신경을 썼다. 그와 마찬가지로, 내가 아는 모든 사회적 기업가는 적어도 자신의 일상 업무만큼 세상에 이름을 떨치려는 일에도 열심이다.

우리는 대부분 내재적 동기와 외재적 동기 사이를 왔다 갔다 하지 않을까? 만약 그렇다면, 우리가 '안전하지 않은 생각'을 계속하는 데 필요한 동력의 동기 부여 요소들을 최적의 방식으로 조합할 방법이 있을까?

이에 대해 최신 과학의 연구 결과는 무척 설득력 있는 해답을 제

시한다. 그렇다. 보상에 초점을 맞추면 극도로 치명적인 결과를 초
래할 수 있다. 하지만 내재적 동기와 외재적 동기를 함께 부여하여
활용할 수 있는 현명한 방법이 있다.

진짜 하고 싶은 마음, 내재적 동기

오늘날의 정설은 과거의 이단이었던 경우가 많은데, 특히 동기
부여 지식이 그렇다. 내재적 동기 부여가 표준으로 널리 받아들여지
기 전에는, 사람들은 내재적 동기 부여 자체가 아예 존재하지 않는
다고 생각했다.

때는 1949년이다. 해리 할로우Harry Harlow는 위스콘신 대학교에
서 영장류 행동 연구소를 운영하며 원숭이의 학습을 조사하고 있다.
당시 그는 모든 사람과 마찬가지로 동기 부여에서 행동주의 이론을
지지한다.

행동주의 이론에 따르면 동물의 뇌에는 보상 중추가 있어서 먹
이, 짝짓기 또는 자기방어 등 생존과 성장에 도움이 되는 것들을 얻
으면 기분이 좋아진다. 동물들은 이러한 것들을 최대한 많이 얻고,
또 성공할 때 뇌에서 분비되는 도파민 같은 화학적 보상을 얻기 위
해 행동한다. 뇌가 큰 동물인 인간도 다르지 않다. 우리가 하는 모
든 일은 음식과 섹스, 안전을 위한 것이다. 그렇다면 우리는 왜 일을
하는가? 간단하다. 돈과 명성을 얻기 위해서이며, 이는 식사와 배우
자, 안전으로 이어진다. 당신이 회계사이거나 예술가더라도 마찬가

지다. 우리는 모두 생존 기반 보상을 찾고 있을 뿐이다. 도파민을 약간 얻기 위해 쥐는 미로를 통과하고, 원숭이는 버튼을 누르며, 인간은 슬롯머신을 당기고 음악을 작곡하며 신상품을 제작하고 회사를 여럿 설립한다. 즉, 동기는 한 가지 유형만 있으며 그것은 외재적 동기다.

할로우는 이 모든 것에 의문을 제기할 생각이 전혀 없었다. 그래서 그는 붉은털원숭이 여덟 마리가 들어 있는 우리에 3단계 퍼즐을 넣어줬다. 원숭이들에게 아무것도 주지 않더라도 그 원숭이들은 보상을 얻길 기대하고 퍼즐을 맞추려고 시도하리라 예상한 것이다. 원숭이들은 이 퍼즐을 처음 본다. 따라서 퍼즐을 풀려면 깊이 생각해봐야 한다. 행동주의 이론대로라면, 원숭이가 퍼즐을 맞추려고 정신 에너지를 많이 소비했는데도 아무런 대가를 받지 못한다면, 그 원숭이는 다시 시도하겠다는 동기가 유발되지 않을 것이다.

하지만 예상은 빗나갔다. 원숭이들은 보상이 없음에도, 퍼즐을 맞추려고 애쓰다가 마침내 문제를 해결했다. 그다음으로는 루빅 큐브에 푹 빠진 10대처럼 다시 퍼즐을 맞추고 또 맞추면서 속도와 기술을 계속 향상시켰다. 원숭이들은 퍼즐 맞추기에 숙달되는 과정을 사실 즐기고 있는 듯했다.

깜짝 놀란 할로우는 또 다른 동기가 부여되었을 수도 있다고 궁금해하는데, 그는 이를 처음으로 내재적 동기라 부르기로 한다. 그는 원숭이들이 어려운 문제를 푸는 재미와 도전에 따라 행동하는 것 같다고 가정한다.

원숭이들이 퍼즐을 점점 더 잘 풀게 되자, 할로우는 대표적인 외적 보상(이 경우에는 건포도)을 추가하면 학습을 훨씬 더 향상할 수 있다고 생각한다. 두 가지 동기가 함께 작동할까? 실험 결과, 그 대답이 '아니오'가 되자, 할로우는 몹시 당황한다. 건포도를 보상으로 주자, 원숭이들은 퍼즐을 풀기 더 어려워했다. 실수가 많아지고 흥미를 잃었다. 즐거운 활동을 하는 원숭이에게 상을 주면 원숭이의 참여도는 오히려 떨어졌다.

할로우의 실험은 전 세계 사람들의 동기 부여 지식을 근본부터 뒤흔든 엄청난 사건이었다. 이후 연구원들이 수십 년 동안 할로우의 실험 결과를 검증하기 위해 인간을 대상으로 연구를 진행했다. 그 결과 다음과 같은 결과가 도출되었다. 즉, 가장 기계적이고 단순한 작업을 제외한 작업을 수행할 때, 보상이 제시되면 오히려 사람들은 덜 몰입하고 덜 열심히 일하며 효율성도 떨어지는 것이었다.

이 결과가 발표되자 심리학자들이 태도를 180도 바꿔서 내재적 동기가 존재할 뿐만 아니라 외재적 동기보다 더 강력한 경우가 많다는 개념을 받아들였다. 수십 년이 지난 지금, 우리는 여전히 그 교훈을 잊지 않도록 마음에 새겨야 한다. 관리자들은 성과를 높이려고 팀원들이 외적인 성공 지표를 달성하도록 끊임없이 압력을 가하며, 그 과정에서 팀원들의 추진력과 창의성을 죽일 때가 많다. 그런 태도를 고수하면 최악의 경우에는 창의성을 비뚤어진 방법으로 꽃피우게 만들어 창의성이 절대적으로 필요한 기관들을 위태롭게 한다.

언세이프 씽킹

잘못된 동기 부여

2001년 이후, '아동 낙오 방지법'에 따라 미국 전역의 교육 방식이 개편되었다. 학교는 모든 학생의 학업 성취도를 높이기 위해 표준화된 시험 제도를 계속해서 시행해야 했다. 이 시험은 교사 경력은 물론 전체 학교의 존립 여부까지 결정했다.

조지아주 애틀랜타의 학교들은 이렇게 숫자에 치중하는 조치를 특히 더 적극적으로 수용했고, 곧 이 도시 학생들의 시험 점수가 오르기 시작했다. 하지만 이 지역이 성공 사례로 홍보되던 동안, 교장과 교사들은 성과를 내야 한다는 압박이 더 커졌다. 한 해 동안 학교 학생들의 시험 점수가 올라가면 그다음 해에는 기대치가 훨씬 더 높아졌다. 목표를 달성하지 못한 교장들은 늘 해고 위협에 시달렸고, 그 압박감을 교사들에게 그대로 풀었다. 어떤 교장은 교직원 회의 중에 다른 교사들에게 본보기를 보이겠다고, 학생들의 시험 점수를 올리지 못한 교사에게 테이블 밑으로 들어가라고 강요했다.

건포도 몇 알 때문에 할로우의 실험 대상 원숭이들의 퍼즐을 완성하려는 욕구가 꺾인 것처럼, 외재적 동기가 방향을 틀어 애틀랜타의 교육자들에게 쏟아지자 그들은 아이들의 학습 문제 해결에서 멀어졌다. 2009년 충격적인 사건이 터졌다. 애틀랜타의 56개 학교 중 44개 학교에서 시험 부정행위가 발생한 것이다. 부정행위를 한 건 학생들이 아니라, 교사와 행정가들이었다. 교사들은 조지아주 시험 조정관들의 사무실에 침입해 시험지를 훔쳐 '삭제 담당자들'에게 가져갔고, 이후 학생들의 실수를 들키지 않게 고쳤다. 교사들은 좌석 배치표를 만들어 성적이 낮은 학생들을 성적이 높은 학생들 옆에 앉혔고, 친구들의 시험 답안을 몰래 훔쳐봐도 괜찮다고 넌지시 알려 줬다. 교사들의 기발한 수법은 매우 치밀해서 수백 명에 이르는 공모자들은 5년 넘게 발각되지 않았지만 결국에는 모든 것이 밝혀졌다. 일부 교사들은 철창신세를 졌다.

외재적 목표를 세우고 강화하는 데에는 너무나 매력적인 점이 있으므로 우리는 끊임없이 망각하고 함정에 빠진다. 애틀랜타 부정행위 사건 이후에도 학교 개혁가들은 계속해서 시험을 치르게 했다. 조지아주 교육자 전문 협회의 팀 캘러헌 대변인은 교사들의 자연스러운 내재적 동기가 시스템 때문에 여전히 훼손되고 있다고 경고했다. "우리 선생님들의 최고의 자질, 즉 유머 감각, 담당 과목에 대한 애정, 열정, 학생 개개인에 관한 관심 등은 존중받지 못하거나 가치를 인정받지 못합니다"라고 그는 〈뉴요커〉에 말했다. "그런 자질은 측정할 수 없기 때문입니다."

교사들은 대부분 내재적 동기가 충분히 부여된 상태에서 교직에 들어선다. 애틀랜타 공립학교의 경우, 숫자와 측정 결과로 교사에게 보상하고 회유하며 위협하는 문화는 교사들의 자연스러운 내재적 동기를 뒤엎었다. 그뿐만 아니라 전체 교육 시스템을 거의 무너뜨릴 정도로 절망적이며 반사회적인 행동을 유도했다. 그것은 우리가 좋아하는 어떤 일에 외재적 동기를 지나치게 부여하면 누구에게나 일어날 일을 알려주는 경고다.

언세이프 씽킹

동기 부여에는 힘이 있다

이 사례는 외재적 동기를 비판하는 내용이지만, 외재적 동기에 대해 사람들은 근본적인 무엇인가를 모르고 있다. 그것은 바로 '왜why'다. 물론, 애틀랜타 사례는 가르치는 일에 대한 애정(내재적 동기)을 숫자(외재적 동기)로 대체한 극단적인 버전이었다. 하지만 건포도 얻기도 동기를 부여하고 퍼즐 풀기도 동기를 부여한다면, 이러한 동기 부여 요소들은 '왜' 함께 작용할 수 없을까? 뭔가를 하고 싶은 내재적인 애정을 외부 보상이 무효로 만들어버리는 경우가 '왜' 그렇게 많을까? 학계에서는 오랫동안 확실한 답을 찾지 못했다. 그러던 중 어떤 획기적인 연구가 답을 찾았다. 따라서 줄리 웨인라이트 같은 사람들이 다양한 동기 부여 원천에서 어떻게 효과적으로 에너지를 끌어내는지 훨씬 잘 이해할 기회가 생겼다. 그것은 우리의 동기를 인식하고 의식적으로 통제하는 것으로 요약된다.

그 연구는 '사람들이 외재적 동기의 부정적인 영향을 미리 막을 수도 있지 않을까?' 하고 궁금해한 연구원 세 명이 수행했다. 사람들에게 동기 부여에 대해 미리 약간 가르친다. 그렇게 함으로써 그들이 보상물에 반응하는 방식을 더 잘 통제하도록 한다면 무슨 일이 일어날까? 앞으로 소개하는 초등학생 68명은 이 연구원들을 놀라게 했다.

실험자들은 이 학생들을 두 그룹으로 나눴다. 한 그룹은 짧은 동영상으로 동기 부여에 대해 사전 지식을 주입받은 뒤 진행자와 토론하기로 했다. 다음은 동영상의 내용이다.

열한 살 소년이 어른과 이야기를 나눈다. 그 어른은 소년에게 가장 좋아하는 과목을 묻는다.

"저는 사회 과목을 좋아해요." 토미가 대답한다. "저는 다른 사람들이 세계 각지에서 어떻게 살고 있는지 배우길 좋아해요. 프로젝트도 많이 하고 리포트도 많이 준비해서 재미있기도 하고…… 그러다가 좋은 아이디어가 떠오르면 기분이 좋아요."

토미는 누구나 이해할 수 있는 용어를 써서 내재적 동기를 설명하고 있다. 다음으로, 그 어른은 소년에게 학교 성적과, 부모님의 칭찬 및 보상에 관해 묻는다.

"성적이 잘 나오면 좋고요, 잘 나온 성적표를 보면 엄마 아빠는 항상 용돈을 주세요. 하지만 정말 중요한 건 그게 아니에요. 저는 배우는 걸 무척 좋아해요……. 재미있으니까 열심히 해요."

학생들은 이 동영상 대화를 보고 각자의 소감을 나눈다. 그다음 동영상을 시청하지 않은 그룹에 합류했고, 모든 학생은 창의적인 이야기를 하나씩 지어서 말해달라는 요청을 받았다. 그 학생들의 절반은 이야기하는 대가로 보상을 제시받았지만, 나머지는 그렇지 않았다.

사전에 동영상을 보게 한 것은 효과가 있었는가? 예상한 대로 동영상을 보지 않고 보상을 제시받은 아이들의 이야기는 다소 창의적

언세이프 씽킹

이지 않았다. 외재적 동기가 적극성을 꺾은 것이다. 하지만 동기 부여에 대해 동영상을 보고 배운 아이들은 조금 달랐다. 보상이 악영향을 주지 못했고, 성과도 향상되었다. 가장 창의적인 아이들은 미리 동기부여 영상으로 훈련받고 보상받은 아이들이었다. 물론 그 간단한 동영상은 성인에게는 적합하지 않을 수 있다. 하지만 다양한 동기 부여 유형을 인식하는 효과는 모든 사람에게 해당된다.

이 연구는 외재적 동기의 위험에서 아이들을 보호한다는 목표를 달성했다. 그리고 뜻밖에도 창의력에 대한 아주 큰 교훈을 남겼다. 두 가지 유형의 동기 부여 요인이 왜 함께 작동하지 않는 때가 많은가라는 어려운 질문에 새로운 실마리를 던진 것이다.

우리의 상사들과 사회가 외재적 동기를 부여하는 것처럼 조종당하고 강요당하며 통제받는다는 느낌이 들게끔 보상을 제시받으면 우리도 애틀랜타 교사들처럼 동기를 잃는다고 연구원들은 결론을 내렸다. 즉, 우리는 다른 사람이 하는 게임에서 노리개가 된 듯하다는 생각이 들어 포기하거나 비생산적인 방식으로 행동한다. 하지만 두 가지 유형의 동기 부여와 보상이 우리를 조종한다는 느낌이 들지 않는 방식으로 제시된다면 이야기가 달라진다. 우리는 보상에 어떻게 반응할지 선택할 수 있게 된다. 즉 우리는 그 보상을 통제 도구가 아닌, 재미있고 즐거운 보너스로 여기게 된다. 이때의 외부 보상은 우리의 내재적 동기를 증가시키는 역할만 하는 것이다.

하지만 보상이 창의성을 없앤다는 생각 자체는 관리자와 부모, 코치가 이끄는 사람들의 창의성에 도움이 되지 않는다. 또한 일에 대한 순진한 희망도 부순다. 하지만 우리가 자신의 일에 대한 애정의 기반이 든든하다면 동기 부여를 강화할 수 있다. 돈 또는 존경심, 지위, 자유를 향한 욕구를 올바르게 활용하면 되는 것이다. 애머빌은 '동기 부여 시너지motivational synergy'라는 용어로 내재적 동기와 외재적 동기의 조합을 설명한다. 우리는 우리 자신과 타인을 위해 동기 부여 시너지를 설정할 수 있다. 이것은 에너지와 추진력을 파괴하지 않고 육성한다.

예를 들어, 창의성을 발휘할 시간을 더 많이 주는 방식의 외재적 보상은 창의성의 가치를 긍정한다. 이러한 외재적 보상은 상금과는 다르게 내재적 동기를 강화시킨다. 금융 소프트웨어 대기업인 인튜이트Intuit는 최고의 혁신가들에게 이른바 '비정형 시간Unstructured Time'이라는 보상을 제공한다. 성과를 크게 낸 사람은 열정이 끌리는 어디든 탐구하고 즐길 수 있는 시간을 상당히 많이 받는 것이다. 팀원들 사이 선의의 경쟁 또는 프로젝트 수행의 주된 이유가 되지 않을 만큼의 작은 상금 같은 수단도 동기 부여에 특히 효과를 발휘할 수 있다. 현금 보너스라도 그 보너스를 받는 사람이 보너스 구조를 설계하는 데 도움을 줄 권한을 부여받아 자신이 잘한 일에 대한 자기 보상으로 활용한다면 생산성을 높일 수 있다.

여기서 핵심은 우리가 일을 통해 내재적으로 동기가 부여된다면, 퍼즐을 풀면 건포도를 받는다는 걸 어느 정도 알고 통제할 수 있는 한, 돈이나 존경심, 지위, 자유의 매력을 잘 활용하여 동기 부여 정도를 더 강화할 수 있다는 점이다. 건포도는 맛있지만, 건포도를 받을 때 우리가 실험실의 동물 같다는 생각이 들면 그 매력은 사라진다.

동기 부여의 타이밍

나는 내재적 동기와 외재적 동기를 끊임없이 결합한다는 개념을 알아내서 기분이 좋았지만, 이른바 '오랫동안 힘들게 일해야 하는 문제'에 대해 여전히 더 알고 싶었다. 아무리 중요한 업무라 할지라도 처음부터 끝까지 내재적 동기를 계속 유지할 수는 없다. 문제를 식별하고 아이디어를 브레인스토밍하는 단계는 초기 구축 단계로서 내재적인 즐거움으로 가득하다. 수정하고 완성하고 데이터를 분석하고 장애물을 제거하는 데는 시간이 훨씬 더 많이 필요할 때가 많으며, 즐겁다는 느낌이 들지 않기도 한다. 그렇다면 이러한 창작 단계에서는 어떻게 해야 할까?

천재 코미디언이자 영국 코미디 그룹 몬티 파이썬Monty Python의 공동 창립자인 존 클리즈John Cleese는 프로젝트의 여러 단계에서 동기를 다양하게 부여하는 방법에 대해 설득력 있는 로드맵을 제시한다.

클리즈는 창의적으로 노력할 수 있으려면 '개방 모드open mode'와 '폐쇄 모드closed mode'라는 두 가지 모드로 작업하라고 주장한다.

"개방 모드에 있으면 느긋하고 솔직하며 목적의식이 덜합니다. 이 모드에 있으면 우리는 사색을 즐기고 사람들에게 더 잘 맞추며 시야가 더 넓어질 겁니다. 그 결과, 더 쾌활해집니다." 그는 창의성을 주제로 한 강연에서 이렇게 말한다. "개방 모드에 있으면 우리는 특정 작업을 빨리 끝내야 한다는 압박을 받지 않습니다. 우린 놀 수 있어요. 그래서 창의성이 자연스럽게 나타납니다."

클리즈는 개방 모드를 반기고 가능한 한 오랫동안 그 모드를 마음껏 즐긴다. 하지만 그는 폐쇄 모드에도 중요한 역할이 있다고 말한다. 폐쇄 모드에서는 "우리의 내면은 해야 할 일이 많다고 느끼고 있으며, 그 모든 것을 헤쳐 나가려면 계속 노력해야 합니다……. 폐쇄 모드에 있으면 우리는 약간 조급할 겁니다. 우리 자신한테 그럴 겁니다. 긴장감이 조금 돌고 유머는 별로 없습니다. 폐쇄 모드에서 우리는 목적의식이 매우 강하고 스트레스를 많이 받을 수 있는 데다 바빠서 약간 정신없을 수 있어도 창의적이지는 않습니다." 폐쇄 모드는 창의적인 절차가 힘든 단계에 접어들면 필요할 때가 많다.

연구에 따르면 우리는 문제를 해결하려 하거나 해결방안을 브레인스토밍하는 창의적인 단계, 즉 개방 모드가 필요한 단계에 있을 때는 외적 보상을 제시하여 내적 즐거움을 방해하지 않는 편이 가장 좋다고 한다. 우리는 보너스와 마감일, 치열한 경쟁을 가능한 한 우리 자신과 팀의 의식적인 관심에서 멀어지게 해야 한다.

그렇지만 훨씬 덜 즐거운 폐쇄 모드 단계에서는 외재적 동기 일부는 무척 큰 도움이 될 수 있다. 실행이 늦어지고 창작의 재미가 사라질 때 재미있는 보상이 적절하게 주어지면 개인이나 팀의 열정을 다시 불태울 수 있다.

클리즈의 개방/폐쇄 모드 구분은 우리가 현재 창의적인 절차의 어느 단계에 있는지를 잊지 않게 한다. 또한 탐구와 학습을 만족스럽게 즐길 시간을 우리에게 허용함으로써 외재적 동기를 부여하는 데 도움된다. 우리는 매 순간의 요구에 맞춰 내적/외적 동기 조합을 끊임없이 미세하게 조정할 수 있다. 그렇게 하면 우리가 하는 일을 우리가 통제하게 하고 또 우리를 흥분하게 하는 동기 부여에 의식적으로 주의를 기울이게 된다.

줄리 웨인라이트를 처음 만나 마주 앉았을 때, 그녀는 내게 시간이 30분밖에 없다고 해서 (하지만 우리는 훨씬 더 오랫동안 이야기를 나눴다) 나는 바로 본론으로 들어갔다. "동기 부여에 관해 이야기하고 싶습니다"라고 나는 말문을 열었다. "연구 결과를 찾아봤더니 어떤 일에 애정이 있으면 성공하기가 훨씬 더 쉬워진다고 하더군요."

"그건 헛소리예요." 내가 말을 이어가기도 전에 그녀가 대답했다. "자신이 하는 일에 애정이 있어야 하는 건 맞아요. 그래도 여전히 힘들어요. 매일 힘들죠. 절대 쉬워지지 않아요."

그녀의 말은 내게 강한 인상을 남겼고, 동기 부여 시너지 같은 개념이 다루지 않는 여러 질문으로 이어졌다. 늘 힘든 과정을 거쳐야 우리가 애정, 또 애정에서 파생되는 내적 동기를 유지할 수 있다고 생각한다면 현실적일까? 궁극적으로 우리는 일에 마침내 통달했다고 느끼고 싶어서 노력하지 않는가? 웨인라이트는 자신에게 '장애물을 극복하려는 공격적인 욕구'가 있다고 말하지만, 계속해서 도전해야 한다면 덜 강박적인 사람들은 결국에는 지치지 않을까? 사실, 나는 끊임없는 어려움과 도전의식은 동기 부여를 없애지 않으며, 오히려 동기 부여를 강화하고 '안전하지 않은 생각'을 하게 하는 핵심 요소라는 점을 깨달았다. 반복되는 절망에 빠지지 않고 도전 지대에 계속 머무르는 방법을 다음 장에서 알아보겠다.

4장

원천을 찾아라

도전을 사랑해야 하는 이유

캠 매클리Cam McLeay는 나일강을 향해 소형 보트의 방향을 바꾸며 엔진 회전 속도를 서서히 올린다. '잽 캣'으로 알려진 이 보트는 놀랄 만큼 멋지게 조종할 수 있다. 물은 거의 흐르지 않는다. 엄청나게 키 큰 갈대들이 산들바람에 서로 부드럽게 스치며 서걱거리는 소리만 들린다. 그때 약 6미터 앞 물속에서 악어 한 마리가 돌연 모습을 드러낸다. 악어의 몸길이는 적어도 4.5미터는 되어 보인다. 그 정도 크기의 악어라면 이 보트쯤은 쉽게 뒤집을 수 있다.

보트 방향을 바꿀 시간은 있다. 하지만 매클리가 핸들을 붙잡은 순간, 방향을 트는 도중에 번개처럼 빠른 이 악어가 쫓아오는 모습이 그의 머릿속에 그려진다. 예감이 좋지 않다.

매클리는 처음에 든 생각을 재빨리 억누르고 직진 방향을 유지하며 보트 속도를 최대한 올려 악어를 향해 돌진한다. 그건 이 순간이 오기 전까지는 한 번도 생각하지 못한 행동이다. 보트 엔진에서 굉음이 터지자 놀란 악어는 수면 아래로 모습을 감춘다. 선체 아래쪽에서 회전하던 모터 날개가 악어 몸통에 스치자 보트는 크게 흔들리지만, 다행히 뒤집히지는 않는다.

잠시 뒤 악어는 9미터 정도 떨어진 수면 위로 다시 모습을 나타낸다. 악어는 보트를 공격하려는 듯 잠시 뚫어지게 노려보다가 곧 다른 데로 헤엄쳐 간다.

그날 밤, 매클리는 악어와 마주친 이 사건을 탐험 일지에 기록한다. 미리 준비할 수 없었던 순간이었다. 매클리와 동료 세 명은 나일강의 끝에서 끝으로 이동하면서 그 전체 길이를 최초로 기록하고자 하는 탐험대다. 이 나일강 발원지 탐험은 고대 이집트 시대부터 많은 사람이 시도했으나 누구도 달성하지 못한 위업이었다.

나일강은 매클리 팀의 이동 경로에 갑작스럽게, 또 종종 목숨을 위협하는 도전장을 던지며 팀원들의 의지를 매일 시험한다. 탐험 41일째 되는 날 그들은 40여 미터 높이의 머치슨 폭포에 도착하지만, 폭포수가 너무 사납게 쏟아져 보트로 강을 거슬러 올라가기는커녕 접근조차 하기 힘들다. 폭포 양쪽은 가파른 절벽이어서 육로 이동도 불가능하다.

매클리 팀원들은 이번 탐험에 공기주입식 비행 보트도 가지고 왔는데, 이것은 위에 글라이더 날개가 달렸고 거대한 팬이 뒤에 부착된 소형 보트처럼 생겼다. 팀원들은 최악의 상황이 되면 그들이 타고 온 잽 캣 보트들을 이 비행 보트에 단단히 연결한 뒤, 도저히 지나갈 수 없는 부분을 날아서 통과할 수도 있겠다는 막연한 아이디어를 낸다. 하지만 그들은 미리 연습해볼 시간이 없고, 실패하면 목숨을 잃을 수도 있다. 보트들을 힘들게 연결한 닐 맥그리거라는 정비사는 이 기묘한 장치에 올라탄 뒤, 천둥 같은 소리를 내며 떨어지는 폭포수를 향해 곧장 빠르게 속력을 낸다. 다른 보트들을 임시변통으로 연결한 이 비행 보트는 공중에 멈칫멈칫 떠올라 조금 흔들리다가 이내 하늘 높이 솟구쳐 날아 폭포를 넘어간다. 폭포보다 높이 날았다가 물 위에 내리는 건 뜻밖에도 출발할 때만큼이나 위험하다. 맥그리거는 이제 곧 내려앉을 수심 깊은 곳을 살펴보다가 거기서 잠자고 있는 하마 10여 마리를 발견한다. 하마들은 온순해 보이지만 사실 무척 위험한 동물이다. 맥그리거는 최대한 조심하며 비행 보트를 물 위에 착수시킨다. 그의 심장이 쿵쿵 뛴다.

새로운 도전에 부딪힐 때마다 매클리 팀은 힘차게 대응하며 즉석에서 새로운 이동 방법 수십 가지를 재치 있게 고안하고 실험한다. 실험 중 일부는 성공하고 또 실패하기도 하지만, 팀원들의 굳센 의지는 장애물이 끊임없이 닥쳐도 변함이 없다.

출발지였던 이집트에서 약 6,500킬로미터 떨어진 르완다의 어느 깊은 숲속에서 그들의 탐험이 끝난다. 그곳에서는 돌무더기 틈에서 물이 솟아 나와 가느다란 물줄기가 되어 흐르고 있다. 그들은 나일강의 진짜 발원지를 찾아냈다고 믿으며 승리를 선언한다. 또한, 그들은 강을 따라 가장 길게 이동했다는 세계 기록도 세웠다.

언세이프 씽킹

존 해닝 스피크는 1857년부터 탐험을 시작하여 약 1,600킬로미터를 육로로 이동하는 과정에서 병에 걸리고 반쯤 미친 상태로 빅토리아 호수에 도착한 뒤, 그곳이 나일강의 발원지라고 선언했다. 하지만 그는 빅토리아 호수의 발원지를 찾기 위한 다음 단계를 전혀 밟지 않았으므로 그의 주장은 불완전하다고 믿는 사람이 많다. 하지만 왕립지리학회는 스피크를 위한 기념탑을 세웠다. 그 기념탑은 지금도 런던 켄싱턴 가든에 우뚝 서 있다. '모든 시대를 통틀어 해결해야 할 과제'를 해냈다는 공로를 인정받은 스피크는 전 세계적인 영웅이 되었다. 하지만 탐험을 영광스럽게 여기던 시절은 이미 오래전에 끝났다. 매클리의 나일강 발원지 탐험대는 그들의 노고를 칭찬하는 〈내셔널 지오그래픽〉 기사 한 건을 제외하고는 거의 인정받지 못했다. 길거리 퍼레이드도 거액의 후원 제안도 없었고 기념탑도 세워지지 않았다.

나는 매클리와 많은 이야기를 나누며 그의 팀이 목표를 매우 성공적으로 달성할 수 있었던 이유를 알아내려 애썼다. 또 그들이 찬사를 거의 받지 못했다는 사실을 알고 처음에는 깜짝 놀랐으며 조금 분노하기도 했다. 하지만 매클리에 따르면 그의 팀은 신경 쓰지 않는다. 그들은 돈이나 명성을 바라지 않아서였다. 그들은 탐험 과정 그리고 목숨을 건 위험마저 사랑하므로 그 힘든 여정에 올랐다.

"이런 모험을 할 수 있으니 삶은 살아갈 만한 가치가 있습니다"라고 매클리가 말했다.

사람들은 새롭고 또 결정적으로 중요한 도전에 매일 직면하며 꿈짝 못하게 된다. 또 성공하려는 투지를 잃고 평범한 것에 만족할 때가 너무 많다. 그들은 성공에 필요한 위험을 감수하기보다는 익숙한 것에 안주한다. 왜 그럴까? 목표를 향한 열정적인 헌신, 어떤 수를 써서라도 목표를 달성하려는 의지, 나일강 발원지 탐험에서 보여준 불굴의 모험 정신이 왜 일반적이지 않고 예외 취급을 받는가? 반드시 그래야 하는가?

물론, 매클리가 내놓은 분명한 대답은 그의 팀이 내재적 동기로 가득했다는 사실이었다. 기나긴 강 탐험은 일반 비즈니스보다 내재적 동기가 더 부여되는 성격의 일이다. 내재적 동기는 팀 에너지를 기적처럼 활성화할 수 있다. 하지만 무엇보다 이 모험에 뛰어드는 사람들이 왜 그렇게 즐거워하는지 질문해보자. 우리는 몸속에서 아드레날린이 솟구치게 하는 짜릿한 급류, 이국적인 야생 동물들의 낮은 울음소리, 인간의 손길이 닿지 않은 아름다운 풍경을 떠올리겠지만, 사실 그 여정은 대단히 힘들고 끊임없이 생명을 위협했다. 게다가 끔찍하리만치 불편했고 또 지루한 시간이 오랫동안 이어진 바람에 승리의 기쁨은 오래가지 못했다. 내재적 동기 부여가 여정 그 자체에서 보상을 얻는 것이라고 한다면, 다른 수많은 창의적인 여정은 괴롭고 힘이 드는데 도대체 왜 이 여정은 그렇게 보람이 있었을까?

이 질문에 놀랄 만큼 명쾌한 답은 심리학에서 찾을 수 있다. 심리학은 내재적 동기가 충분히 부여되는 것이 중요할 뿐만 아니라, 내재적 동기 부여가 어디서 비롯되는지도 알려준다. 또한 심리학은 팀 작업에 집중력과 에너지를 어떻게 불어넣고 그 작업을 어떻게 사랑하게 할 수 있는지 알려주는 단서도 제공한다.

언세이프 씽킹

힘든 일을 사랑한다는 것

심리학이 우리에게 알려주는 것을 이해하기 위해, 지금 우리도 나일강 발원지 탐험대의 일원으로서 웅장한 머치슨 폭포를 올려다보고 있다고 상상해보자. 어떤 생각이 떠오르는가? 먼저, 우리는 무척 도전적인 환경을 직시하고 있다는 사실을 인식한다. 배를 타고 이 폭포를 올라갔거나 그렇게 시도한 사람은 아무도 없다. 우리에게는 공기주입식 비행 보트가 있지만, 그것을 다른 보트에 연결해서 폭포 위로 날아오르자는 아이디어는 전혀 테스트하지 않았다. 시도하지 않는다면 탐험은 여기서 끝이다. 우리가 쏟아부었던 막대한 투자금은 사라지고 우리 경력에는 오점이 남는다. 반면, 시도하던 중에 잠깐 실수하면 목숨을 잃을 수도 있다. (사실, 맥그리거는 강 위쪽에서 비행 보트가 추락하는 바람에 거의 죽을 뻔했다.)

우리가 해결해야 하는 도전의 수준은 굉장히 높지만, 우리의 능력 수준도 매우 높다. 우린 수십 년 동안 강 탐험을 해왔다. 맥그리거는 솜씨가 뛰어난 정비사다. 조지 히스코트는 아프리카 야생 동물 전문가로서, 성난 하마들을 무사히 피해가야 할 때 크게 도움이 될 것이다. 우리는 응급 처치 및 생존 훈련도 받았다.

높은 수준의 도전과 높은 수준의 능력. 심리학자인 미하이 칙센트미하이Mihaly Csikszentmihalyi는 이 두 조건이 만날 때 돌입하게 되는 심리 상태를 '몰입flow'이라는 용어로 설명한다. 그는 수십 년 동안 대단히 영향력 있는 연구를 진행하여 바로 이 적정 조합, 더 정확하게 말하면 도전 수준이 능력 수준을 아주 약간 넘어설 때 집중력과 창의성, 결단력을 강화할 토대가 마련된다는 사실을 밝혀냈다. 그리고 여기에 명확한 목표를 추가하고 진행 상황에 대해 피드백을 일관되게 받을 수 있으면 몰입 상태가 계속된다고 설명했다. 몰입에 빠진 사람들은 고된 작업과 노력에도 불구하고 자신이 하는 일을 사랑하며, 기발하고 유용한 해결방안을 만들어낼 가능성이 훨씬 더 크다. 어떤 활동에 몰입하는 사람에게 왜 그 일을 하는지 물어보면 그들은 변함없이 그 일 자체에서 얻는 만족감을 꼽을 것이다. 몰입은 내재적 동기를 부여하는 핵심 원천이다.

몰입이라는 아이디어는 암벽 등반가로서의 칙센트미하이 자신의 경험에서 처음으로 촉발되었다. 도전 수준과 능력 수준이 높은 상태에서 암벽 정상이라는 명확한 목표가 있는 그는 위험을 감수하고 타고난 보수성을 극복하는 데 필요한 결단력과 활력이 넘쳤다. 칙센트미하이는 예술가, 외과 의사, 발명가, CEO처럼 자신과 비슷한 경험을 했던 사람들을 만나면서, 그들에게서 이렇게 활기차게 참여하게 되는 사례를 여러 차례 들었다.

칙센트미하이는 몰입을 이해하기 쉽게 하고 몰입할 가능성을 높이기 위해 간단한 그림을 만들었다. 이 그림은 한편으로는 도전을 충족할 만큼의 능력이 부족한 데서 오는 두려움과 무력감을, 다른 한편으로는 그 도전을 해결할 능력이 너무 큰 데서 오는 지루함과 무관심을 피하게 하는 경로인 '몰입 통로flow channel'를 보여준다.

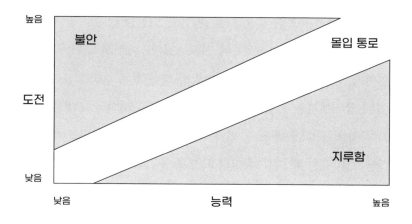

암벽을 등반하면 몰입 수준이 높겠다는 생각이 들 것이다. 그런데 책상에 앉아 있을 때는 어떨까? 책상에서도 몰입할 수 있다. 존 어빙 작가는 수많은 작품을 쓸 수 있었던 비결이 무엇인지 질문을 받자 이렇게 대답했다. "말로 하지 않은 요소는 애정입니다. 제가 열심히 글을 쓸 수 있는 이유는, 글쓰기는 제게 일이 아니기 때문입니다."

어빙은 수십 년 동안 몰입한다는 것이 어떤 것인지 말하고 있다.

오랫동안 의존했던 운영 방식에서 벗어나는 일은 개인과 팀, 회사 모두에게 힘들고 에너지가 많이 소모되는 작업이다. 몰입하고 있으면 에너지와 자신감을 높은 수준으로 유지할 수 있으며, 위험을 감수할 수 있고 또 가치 있게 만들기 위한 애정을 충분히 유지할 수 있다.

몰입은 바람직할 뿐만 아니라 달성할 수도 있다. 극소수의 사람만 몰입하는 것이 아니기 때문이다. 물론, 진지하게 노력해야 할 수도 있다. 명확한 목표를 갖춘 다음, 직면한 도전을 당신의 능력과 비교하라. 도전과 능력을 조정하여 서로 조화를 이루게 하면 훨씬 더 유연하게 생각할 수 있는 상태에 도달할 것이다.

몰입 상태에서는 작업 자체가 크게 중요하지 않더라도 내재적 동기가 분수처럼 뿜어 나올 수 있다. 내재적 동기 부여란 우리가 목적지만을 기대하는 게 아니라 여정 자체를 즐긴다는 의미임을 기억하라. 몰입하면 그 여정은 흥미진진해진다. 하지만 도전 수준이 개인이나 팀의 능력을 초과하기 시작하면 불안감이 생긴다. 어느새 여정은 즐겁지 않게 된다. 당장 결과를 확인하고 싶어 하는 불안한 관리자 때문에 집중 대상이 변하거나 의도적으로 바뀌며, 우리는 도전을 처리하기 위해 외부에서 이유를 찾기 시작한다. 일할 때 몰입에서 멀어지거나 아예 몰입하지 못하므로 몰입은 힘들게 느껴질 때가 많다. 하지만 우리는 다시 몰입하기 위해 직장을 그만두고 강 탐험에 나서면서까지 목숨을 걸 필요는 없다. 우리는 몰입을 찾거나 몰입 상태로 돌아가기만 하면 된다.

그렇다면 우리는 몰입을 어떻게 찾아내는가? 우리가 몰입하고 있는지는 어떻게 알 수 있는가? 몰입에서 벗어나면 어떻게 해야 하는가?

몰입에 이르는 방법

몰입의 조건

우리 자신 그리고 우리가 속한 팀이 몰입하려면 준비하는 데서부터 시작한다. 아래 세 가지 조건이 충족되어야 몰입할 수 있다는 점을 기억하라.

- 우리는 목표가 무엇인지 알고 있다.
- 우리가 성공하고 있다는 것을 알 수 있을 만큼 주변에서 피드백을 충분히 얻을 수 있다.
- 우리의 능력 수준은 도전 수준과 같거나 바로 아래에 있다. 다시 말해서, 우리는 해야 할 일을 처리하는 방법을 알지만, 아주 쉽지는 않다.

창의적인 활동을 하는 동안 우리는 다음 세 가지 질문에 대한 답을 정기적으로 확인함으로써 몰입할 수 있고, 또 몰입을 유지할 수 있다.

나(또는 우리)는 성공이 실제로 어떤 모습인지 알고 있는가?

특히 창의적인 노력에서는 성공이 모호하게 정의되고, 팀원들 간에 그 정의가 명확하게 공유되지 않는 경우가 너무 많다. 몰입 이론에 따르면 우리는 목표가 무엇인지, 목표를 달성해가고 있다는 걸 어떻게 알 수 있는지를 매우 구체적으로 정의해야 한다. 우리는 암벽 정상에 도달한다는 게 무슨 뜻인지 알고 있다. 그런데 우리가 담당하는 프로젝트에도 이와 비슷하게 정의된 최종 목표와 표식이 있어서 우리가 목표 달성에 점점 더 가까워지고 있다고 알려주는가? 몰입하려면 그것들은 당연히 있어야 한다.

우리는 진전하고 있는지 알 수 있도록 정기적으로 피드백을 받을 수 있는가?

잠깐, 당신은 긍정적인 피드백을 받는 것은 인정과 보상을 받겠다고 창의력을 죽이는 것 아니냐고 이의를 제기할 수도 있다. 그건 당신이 피드백을 어떻게 처리하느냐에 따라 달라진다. 상사에게 칭찬받고 싶어서 또는 트위터 팔로워들의 찬사를 받고 싶어서 프로젝트를 맡는다면 우리는 몰입할 가능성이 거의 없다. 하지만 중립적인 호기심(긍정적인 피드백은 우리가 발전하고 있다는 좋은 신호이고, 부정적인 피드백은 우리가 뭔가 배울 좋은 기회다)으로 피드백을 받으면 몰입할 가능성이 커진다. 이런 식으로 피드백을 대하면 그 피드백은 시너지 효과를 내는 외적 동기 부여 요인이 된다. 명확한 피드백을 받기까지 몇 달 또는 몇 년씩 걸리는 프로젝트도 있지만, 대부분은 그렇지 않다. 피드백을 더 많이 자주 받는 방법을 찾아 창의적인 도전에 나서고, 편견 없이 호기심을 품고 창의적인 도전에 착수하라.

우리는 이 도전에 걸맞은 능력이 있는가?

인간은 자신의 능력을 매우 형편없다고 판단한다고 한다. 능력이 부족한 사람은 자신의 능력을 과대평가하는 경향이 있지만, 능력이 뛰어난 사람은 자신을 너무 박하게 평가하는 경향이 있다. 사실, 우

언세이프 씽킹

리는 능력을 실제로 발휘하기 전에는 능력이 있는지 없는지 확실히 모른다. (능력 측정에 대해서는 조금 뒤에 다루겠다) 하지만 우리는 여정에 착수하려면 당연히 장비 점검 같은 작업을 진행해야 한다. 첫 구상부터 실행 및 개선에 이르기까지 프로젝트 단계들을 계획하는 일부터 시작할 수 있다. 그러고 나서 우리 자신과 팀원들은 거의 점검하지 않았던 몇 가지 핵심 질문을 할 수 있다. 우리는 각 단계 또는 작업마다 필요한 특정 능력이 있다고 믿는가? 때로는 그 도전이 우리에게 너무 무리일까? 이러한 부분을 미리 파악할 수 있으면 이에 대비할 계획을 세울 수 있다. 그렇게 힘든 도전이 더해지는 순간에 혼란스럽고 불안한 상태에 빠지지 않으려면 우리에게는 어떤 새로운 기술이나 자원이 필요하겠는가? 추가로 훈련하고 탐구하기 위한 시간을 고정적으로 확보해야 하는가? 아니면 우리 능력과 도전 수준이 균형을 잃지 않도록 이러한 중요 시점에 외부 전문가를 영입해야 하는가? 몰입 상태를 유지하기 위해서 해야 할 작업을 설명하는 단계별 프로젝트 계획인 간단한 몰입 지도flow map는 프로젝트가 창의적이고 위험을 수용할 수 있는 우위를 유지하고, 동기 부여를 떨어뜨리는 지루한 작업이 되지 않게 하는 열쇠가 될 때가 많다.

정기적으로 측정하라

이 세 가지 간단한 질문(우리는 성공이 어떤 모습인지 알고 있는가? 우리는 정기적으로 피드백을 받을 수 있는가? 우리는 필요한 능력이 있는가?)을 하고, 모든 질문에 "네"라고 대답할 수 있도록 조정하면 활기찬 몰입 상태가 가능해진다. 물론, 그것만으로는 충분하지 않다. 다음으로 우리는 언제 몰입하는지, 언제 불안이나 지루함에 빠지는지 관찰하기 시작할 수 있다. 칙센트미하이는 처음 연구를 시작했을 때, 일에 집중하고 애정을 느끼는 공통적인 경험을 한 사람들이 많았어도 그들은 이러한 순간이 언제, 왜 발생하는지 정확히 측정하기 매우 어려워했다는 사실을 알아냈다. 그는 초기에 실시한 연구에서 실험 참가자들에게 호출기를 제공하여 이 문제를 해결했다. 몇 시간마다 호출기가 울리면 실험 참가자들은 자신이 하고 있던 일을 기록했고, 그들이 인지한 집중력과 참여도, 즐거움에 대해 1에서 10까지 중에서 점수를 매겼다. 이 방법은 사람들의 몰입 성향 그리고 몰입을 유발하는 조건을 발견하는 데 매우 효과적이었다.

다행스럽게도 우리는 칙센트미하이의 몰입 인식 유도 계획을 실행하기 위해 우리도 그렇고 팀원들에게 호출기를 들고 다니게 할 필요가 없다. 우리는 간단하게 타이머가 한 시간마다 울리게 설정한 뒤, 타이머가 울리면 집중력과 참여도, 즐거움 측면에서 점수를 매길 수 있다.

우리는 지금 집중력과 유연한 사고가 가장 필요하지만, 몰입한 상태가 아니라면 어떻게 해야 하는가? 그때는 우리가 인식하는 도전 수준과 능력 수준이 불균형을 이뤘을 가능성이 크다. 우리는 불안하거나 지루한 상태에서 계속해서 문제를 해결하려 하지 말고 한 발 물러서서 다시 균형을 잡아야 한다.

능력을 향상하라

우리는 더 많이 성취할수록 더 어려운 도전을 맞닥뜨리게 되며,

그러면 때로는 반드시 멈추고 학습 모드로 돌아가야 한다. 특히 우리가 상당히 숙달된 분야에서 능력을 더 향상하는 일은 버거워 보이지만, 그렇게 할 수 있는 검증된 방법이 있다. 그것은 의도적인 연습deliberate practice이라고 한다.

심리학자들은 기술 습득이 일관된 패턴을 따르는 경향이 있다는 점을 오랫동안 알고 있었다. 예를 들어 외국어처럼 뭔가 새로운 것을 처음 배우려 할 때 우리는 인지 단계cognitive phase에 있다. 이 단계에 있을 때 우리는 초보자이고 실수를 거듭하며 긴장하는 동시에 흥분된 마음으로 도전 과제에 접근한다. 그러다가 진전을 보이고 더 편안해지면서 조금씩 자동화 단계automatic phase로 나아간다. 이제 우리는 심리적인 안전지대에 있으므로 언어를 배울 때면 마치 자동조종장치로 움직이듯 힘들이지 않고 말할 수 있다. 이 단계에 도달한 평범한 제2외국어 사용자들은 별다른 의식적인 생각 없이 외국에서 사람들과 대화를 나누고 바쁘게 하루를 보낼 수 있으므로 자신을 그 외국어에 '유창하다'라고 말할 때가 많을 것이다. 하지만 그들의 억양은 아직 형편없을 수도 있고, 그들의 이해력은 어른보다는 3학년 수준에 더 가까울 수도 있다. '유창하다'라고 하기엔 아직 갈 길이 먼 듯한데 그쯤 되면 실력을 향상하려는 노력을 그만두는 사람들이 많다. 그들은 언론인 조슈아 포어Joshua Foer가 '오케이 고원Okay Plateau'이라고 부르는 단계에 도달한 것이다.

하지만 몇 년 동안 그 언어를 유창하게 말하다가 어느 날 어려운 문서를 번역해달라는 요청을 받는다면 어떻게 해야 할까? 우리는 실력을 빨리 획기적으로 향상해야 한다. 오케이 고원을 초월한 사람들에 관한 연구를 보면, 이러한 사람들은 거의 모두 의도적인 연습에 돌입한다. 아직 잘하지 못하는 부분에 집중함으로써 그들은 빠른 발전이 가능한 인지 단계로 되돌아간다. 훌륭한 음악가들은 잘 연주할 수 있게 된 곡을 온종일 연습하지 않는다. 하지만 어느 정도 잘하는 음악가들은 온종일 연습한다. 그들은 자신을 괴롭히는 곡에 집중하고, 완벽하게 해낼 때까지 연습에 매달린다. 그들은 어쩔 수 없었던 실수를 기록하고 개선 사항을 눈에 띄게 표시한다.

몰입에서 벗어났어도 능력을 더 향상하고 싶다면 우리는 지금 몰두하고 있는 도전에서 매일 잠깐씩 한 발짝 물러난 뒤, 오랫동안 크게 향상하지 않은 특정 부분을 집중적으로 연습해야 한다. 의도적인 연습이란 한 번에 한 시간 정도를 따로 떼어 한 가지 약점에 집중하고(한 시간 이상이면 번아웃을 유발한다고 한다) 이를 개선하는 연습을 반복적으로 수행하는 것이다. 자동화 단계에서 벗어나 인지 상태로 돌아가면 우리의 능력을 빠르게 향상할 수 있다. 실력이 향상되면서 우리가 극복하고자 하는 더 큰 도전으로 돌아갈 수 있으며, 다시 몰입할 가능성이 훨씬 더 커진다.

과제 수준을 낮춰라

또한, 우리가 다루고 있는 작업의 어려운 정도를 낮춰서 능력과 도전의 수준을 맞출 수도 있다. 최근 나는 대중 연설을 준비하고 있는 어떤 유능한 임원을 만나 이야기를 나눴다. 그녀는 자신의 도전 과제를 '아무도 해본 적 없으며 청중의 삶을 변화시킬 강연을 하는 것'으로 정의했기 때문에 어떻게 해야 할지 몰라 막막해하고 있었다. 고귀한 목표였지만 그녀는 엄청난 불안감에 시달리고 있었다. 목표는 야심이 너무 과했고 모호한 데다 측정하기도 어려웠다. 다행히 그녀는 도전 과제의 첫 단계를 '청중이 내 강연을 듣고 유익한 내용을 발견하는 것'으로 재구성하기로 했다. 그녀는 드디어 강연 준비를 시작할 수 있었고, 창의력을 집중할 수 있었다. 도전 수준을 낮춘다는 말은 반드시 야망을 줄인다는 의미가 아니다. 이는 목표를 달성 가능한 부분으로 나눈다는 뜻일 수 있다. 또는 성공에는 꼭 필요하지 않은 목표들을 삭제하는 것일 수도 있다. '아무도 해본 적 없는' 강연은 괜찮은 목표이긴 하지만, 프레젠테이션의 유익함과는 거의 관련이 없다. 또 그런 조건들은 대중 연설가로서의 그녀의 성공과 훨씬 더 관련이 있다.

몰입을 방해하는 알림 소리

몰입은 우리에게 위험을 감수할 능력과 에너지를 주지만, 집중력을 요구한다. 그런데 집중력은 오늘날 점점 더 찾아보기 힘든 특성이다.

1990년 칙센트미하이는 "몰입해본 사람이라면 누구나 몰입이 가져오는 깊은 즐거움에는 그것과 동등한 수준의 절제된 집중력이 필요하다는 사실을 알고 있다"라고 썼다. 그 당시에도 칙센트미하이는 텔레비전과 디지털 엔터테인먼트가 몰입을 유지하는 우리의 능력에 끼치는 영향을 우려했다. 30여 년이 흐른 지금, 우리의 집중력을 앗아가는 요구들은 그가 상상조차 하기 힘들 정도로 늘어났으며 점점 더 매혹적으로 변하고 있다. 기지국에 둘러싸여 와이파이 범위 내에서 일하는 우리보다, 원시 자연에 홀로 남은 매클리와 그의 팀 원들이 유리했던 점이 바로 여기에 있다. 지금 우리는 집중력이 끊임없이 방해받는 세상에 살고 있다. 집중력을 방해하는 것들을 다스리는 일은 필요한 에너지를 유지하기 위한 대단히 중요한 기술이 되었다.

오랫동안 몰입하지 못할 때 우리를 기다리는 건 무엇인지 다시 살펴보자. 그건 불안 또는 지루함이다. 이런 불편한 감정과 조화를 이루기는 힘이 들기 때문에 우리의 마음은 어떻게든 탈출구를 찾을 것이다. 2014년 버지니아 대학교의 한 연구에서는 참가자들에게 15분 동안 말없이 앉아 생각에 잠기도록 했다. 한 가지 방해 요소가 있었다. 심한 정전기 충격이었으며, 고통스럽지만 위험하지는 않았다. 참가자들은 대부분 조용히 생각만 할 바에는 차라리 정전기 충격을 받겠다고 했다. 지루함이 불편하다면 불안은 더욱 바람직하지 않다. 물론, 불안이나 지루함에서 벗어나는 가장 생산적인 방법은 우리의 과제와 능력을 조정하여 다시 몰입하도록 의도적으로 작업하는 것이다. 하지만 그렇게 하려면 집중력과 자기 절제가 필요하다. 더 쉬운 방법은, 좀 더 만족스러운 것에 주의를 집중하는 것이다. 그런 것들은 어디에나 있다.

우리는 평균적으로 하루에 이메일을 15번, 휴대전화를 46번 확인한다. 최근 연구에 따르면 휴대전화를 하루 평균 85번 확인하는 밀레니얼 세대는 55세 이상의 사람들보다 건망증이 더 심하다. 이는 어쩌면 역사상 최초로 젊은 층과 노년층 사이의 역할이 뒤바뀐 현상이다. 산만함을 너무 염려하는 칙센트미하이에게 아이러니하겠지만, 모바일 게임 제작자들은 그의 연구 결과를 바탕으로 스마트폰에서 3분 동안 열심히 몰입하는 게임을 만들었다. 게임을 하는 사람이 새로운 레벨을 달성할수록 도전 수준도 조금씩 높아진다. 나는 이 책을 쓰면서 종종 몰입하기도 했지만 때로는 절망에 빠지기도 했다. 몰입을 조사하다가 그런 게임이 있다는 걸 알고 그 게임을 하고 싶은 유혹에 저항해야 했다. 게임은 무척 재미있고 사람들을 몰입하게 한다. 물론, 목표 달성에는 거의 도움이 되지 않는다.

비즈니스를 방해하는 문제는 얼마나 치명적일까? 최근 조사에 의하면 사람들이 근무 시간 중에 소셜 미디어 사이트에 소비하는 시간이 미국 경제에 미치는 비용은 연간 약 870조 원에 달한다고 한다. 일반적인 직장인은 디지털 미디어의 방해로 인해 회사의 생산성에 연간 약 600만 원 이상의 손실을 입힌다. 미국 노동 인구의 10퍼센트는 사무실 안에서 일보다 소셜 미디어를 더 많이 한다.

좋은 소식은, 집중을 방해받는 위험성을 인식하는 것만으로도 산만함을 극복하는 데 유리하다는 점이다.

몇 년 전, 카네기 멜런 대학교의 연구원인 알레산드로 어퀴스티와 에얄 피어는 산만함이 끼치는 최악의 영향에서 사람들을 보호할 수 있는 간단한 방법이 있는지 연구했다. 그들은 참가자들이 짧은 글을 읽고 나서 내용을 이해했는지 확인하기 위해 몇 가지 질문에 응답하는 실험을 진행했다. 참가자들은 세 그룹으로 나뉘었다. 한 그룹은 글을 읽고 질문에 답하라는 단순한 지시를 받았다. 나머지 두 그룹은 메시지로 언제든지 추가 지침을 받을 수 있다는 말을 들었다. 이 두 그룹은 글을 읽는 동안 문자 메시지를 두 번 받았다. 그러자 결과에 미친 영향은 심각했다. 방해받은 그룹은 틀린 답변이 20퍼센트 더 많았다. 사실, 이 연구를 취재한 〈뉴욕 타임스〉 기자가 강조했듯이, 이러한 방해 요소는 "B 마이너스를 받은 학생(80퍼센트)을 낙제생(62퍼센트)으로 만들기에 충분했다." 하지만 그게 다가 아니다.

두 번째 실험에서 이 두 그룹은 방해받을 수 있다는 안내를 또 받았다. 글을 읽는 동안 한 그룹은 문자를 받았지만, 다른 한 그룹은 문자를 받지 않았다. 놀랍게도, 방해받을 것에 대비했지만 실제로는 방해받지 않은 이 마지막 그룹의 결과는 43퍼센트 향상하여, 전혀 방해받지 않은 그룹의 결과보다 더 좋았다. 연구원들은 이렇게 개선된 원인을 사람들의 경계심이 높아졌기 때문이라고 설명했다. 방해받을 가능성을 인식하고 이를 잘 피하면 방해 요소가 전혀 없을 때 이상으로 집중력을 높일 수 있다는 것이다.

우리는 여기서 무엇을 배울 수 있을까? 바로 몰입 상태가 되려면 '집중력 원뿔cone of focus'을 만드는 게 좋다는 것이다. 집중력 원뿔이란, 정해진 시간 동안 목표에 집중하기로 우리 자신 또는 다른 사람들과 약속하는 특별한 상태다. 이렇게 하려면 앞으로 맞닥뜨리게 될 가장 도움 되지 않는 방해 요소들을 정하고, 그 요소들을 피하기 위한 간단한 전략을 세우면 된다. 예를 들어, "우리는 점심시간에 고객 문자를 많이 받는 편입니다. 일단, 자동 응답을 설정하고 1시가 되면 고객에게 연락하기로 합시다"라고 하는 방법이 있다. 그룹 환

언세이프 씽킹

경에서는 방해 요소 목록을 공유하면 이메일 확인이나 메시지와 같은 디지털 방해 요인을 막을 수 있는 사회적 규범을 즉시 만들 수 있다. 이런 목록은 단순해 보이지만, 성과를 떨어뜨리고 도움이 되지 않는 활동인 임의의 방해 요소들을 그대로 인정함으로써 그 힘을 크게 줄이고 경계심과 주의력 통제를 강화하는 인지 프로그램을 절묘하게 가동할 수 있다.

물론, 디지털 기기들이 끊임없이 방해하는 세상에서 집중력 원뿔 같은 간단한 조치는 만병통치약이 아니다. 몰입해야 하는 사람 중에서는 집중력 원뿔을 찾기 위해 더욱 극단적인 조치가 필요한 사람도 있다. 작가 조너선 프랜즌은 그의 낡아빠진 노트북이 인터넷에 연결되지 못하도록 차단한 방법을 이렇게 설명한다. "이더넷 케이블에 초강력 접착제를 발라 꽂고서 그 조그만 단자 부분을 잘라버립니다." 그 전에 그는 무선 카드를 제거하고, 사전 설치된 게임과 각종 알림을 없애기 위해 컴퓨터 운영 체제도 변경하고, 시각 자극이 전혀 없는 임대 사무실로 노트북 컴퓨터를 가지고 들어갔다.

프랜즌은 위험을 감수할 수 없다. 그가 글을 쓸 때는 엄청난 에너지와 집중력이 필요하다. 그는 일주일에 6~7일, 오전 7시에 시작해서 온종일 글을 쓴다. 그는 글을 쓰면서 대화 부분을 큰 소리로 읽는데, 끝날 때쯤이면 목이 쉴 때가 많을 정도다. 프랜즌의 글쓰기 속도와 집중력은 극단적이지만, 그 덕분에 그는 세계적인 소설가가 되었다.

머리를 식히는 활동

물론, 우리의 머릿속이 산만해지게 놔둬야 할 때가 있다. 외재적 동기와 마찬가지로, 이렇게 머리를 식히는 활동은 무조건 나쁘지만은 않다. 현재 해결하려고 애쓰고 있는 문제를 의식적으로 생각하지 않는 순간, 예를 들어 샤워하고 있거나 달리던 중에 훌륭한 아이디어가 예기치 않게 떠오를 때가 많은 현상에 대해 당신도 잘 알고 있을 것이다. 연구에 따르면 창의적인 문제를 해결하는 가장 효과적인 방법은 제한된 시간 동안 깊이 집중한 다음, 다른 것들에 대해 자유롭게 생각하다가 그래도 창의적인 해결책이 떠오르지 않으면 다시 집중하는 것이다.

펜실베이니아 대학교 상상력 연구소의 책임자인 스콧 배리 카우프만은 "어려운 작업에서 생각을 분리하면 도움이 됩니다"라고 말했다. 하지만 그는 의도적으로 집중력을 이완시키는 기술이 있다고 강력히 권고했다. "아무 생각 없이 하는 활동 말고, 지금까지와는 다른 방법으로 머리를 쓰게 하는 활동을 해야 합니다." 여기저기에 관심이 쏠리게 하더라도 전화벨 소리 또는 우연히 들은 대화, 연속하여 날아오는 이메일처럼 우리 앞에 나타나는 모든 것에 무심코 주목하지 말고, 목표 지향적인 상태를 유지해야 한다고 그는 우리에게 조언한다.

내가 미하이 칙센트미하이에게 그의 몰입 모델에 기분 전환을 하게 하는 여지가 있는지 묻자, 그는 레오나르도 다 빈치Leonardo da Vinci 이야기를 했다. 그는 베네치아의 길거리를 돌아다니며 벗겨져 가는

언세이프 씽킹

안료 패턴을 보면서 그 패턴이 머릿속에서 떠돌아다니게 놔두었고, 그 덕분에 새로운 그림 기법을 생각해냈다고 한다. 칙센트미하이가 말한다. "해결해야 할 문제가 매우 명확하다면, 집중력을 낮추면 도움이 될 수 있습니다. 그러면 관점을 다르게 가질 수 있습니다." 여기서 핵심은 우리는 의식적으로 집중력을 이완하는 것이며, 이렇게 하면 문제에 대해 무의식적으로 숙고하여 도움이 될 수 있다. 이렇게 개방되어 있고 조용한 순간은 끝없이 쏟아지는 디지털 정보의 흐름에 다시 연결되고 싶다는 충동에 쉽게 압도당할 수 있지만, 강박적으로 휴대전화를 확인하는 것과는 다르다. 우리는 이런 순간을 저버린다면 창의력을 위험에 빠뜨리고 만다.

나일강 탐험 30일 차

나일강 발원지 탐험대는 조그만 잽 캣 보트를 타고 무시무시한 수드 습지를 이동하고 있다. 수드 습지는 세계에서 가장 큰 늪지대이며, 남수단에서 나일강은 이곳으로 흘러 들어간다. 우기에는 잉글랜드 크기만큼 물이 불어나기도 한다. 훈련받지 않은 일반인의 눈에 이 늪은 사람 키의 세 배까지 자라는 갈대가 빽빽하게 들어찬 숲처럼 보인다.

탐험대의 GPS는 고장 났고, 늪은 강물의 흐름을 삼켜버렸다. 강물이 흘러오는 방향, 다시 말해 탐험대가 향해야 하는 방향은 식별하기 힘들다. 갈대숲 사이로 길처럼 보이는 물길이 종종 나타난다. 물길마다 여길 안전하게 빠져나가리라는 희망이 보인다. 하지만 몇 킬로미터씩 힘들게 이동하고 나면 대부분 앞이 막혀 있다. 엉뚱한 물길로 향하면 탐험가들의 시간과 귀중한 휘발유가 소모된다. 왼쪽과 오른쪽에는 이름 모를 식물이 머리 위로 우뚝 솟아 있다. 연료는 점점 줄어든다. 게다가 공중에서는 탐험대를 발견할 수도 없다. 구조는 거의 불가능하다.

그들은 불안하다. 하지만 그들은 관찰력도 뛰어나다. 크게 무리를 이룬 부레옥잠이 물 위를 자유롭게 떠다니는 모습이 그들의 눈에 들어온다. 침습성 식물인 부레옥잠은 늪 바닥에 뿌리를 내리지 않고 수면에서 자란다. 팀원들은 부레옥잠이 움직이는 방향에 주목한다. 부레옥잠은 강물의 흐름을 따라 보일 듯 말 듯 희미하게 움직인다. 탐험대는 부레옥잠이 움직이는 방향을 거슬러 배의 방향을 틀어 미로 같은 물길을 빠져나가고, 마침내 그들 앞에는 끝없이 뻗어나가 반짝이는 나일강의 아름다운 모습이 펼쳐진다.

수많은 탐험가들은 훨씬 더 중요한 상황에서 결국 체념하고 평범한 결과에 만족했는데, 캠 매클리 팀은 나일강의 발원지를 찾겠다는 다소 엉뚱한 탐험에서 불가능해 보이는 위기 상황을 몇 번이고 극복할 수 있었던 이유는 무엇이었을까?

운이 좋아서였을까? 장애물을 한두 번 극복했다면 그랬을 수도 있다. 하지만 수십 번이나? 운이 좋아서였을 것 같지는 않다. 실력이 뛰어나서였을까? 이 탐험대원들은 실력이 꽤 괜찮았지만, 감당이 안 되는 사건을 여러 번 겪었다. 이들의 진정한 차별점은 몰입 상태를 유지하는 능력이다. 그들은 목표가 명확했고 진행 상황을 측정할 수 있었다. 게다가 뛰어난 능력 수준을 약간 넘어서는 도전 과제가 있었다. 집중을 방해하는 현대 세계에서 멀리 떨어진 그들은 정신이 계속 맑았으며 집중했다. 그 결과, 그들은 자신이 하는 일에 애정을 느꼈고 장애물에 직면할 때마다 극복할 수 있는 에너지를 찾았다. 우리 중에서 강 탐험가가 되기를 열망하는 사람은 거의 없겠지만, 이 정도의 기쁨은 누구나 누리고 싶을 것이다.

나는 캠 매클리의 유연한 생각과 모험 정신에 깊은 영감을 받았지만, 그의 어떤 면이 마음에 계속 걸렸다. 그는 뭔가 어울리지 않았다. 오랜 시간 햇볕에 그을려 굵게 주름진 그의 얼굴은 중년 후반처럼 보였지만, 목소리는 좋아하는 스포츠에 관해 신이 나서 떠들어대는 십 대처럼 열정적이었다. 성인 남자의 몸에 어린아이의 영혼이 깃든 느낌은 매력적이었지만, 그의 나일강 탐험은 결코 스포츠가 아니었다. 탐험 도중에 반군 병사들이 덤불 속에서 그의 팀원 중 한 명을 죽였고, 다른 한 명은 머리에 총을 맞고도 기적적으로 살아남았다. 그들은 상징적인 의미만 있는 꿈을 추구하며 여섯 번이나 죽음과 맞닥뜨렸다.

매클리는 "탐험은 살아가야 할 이유를 줍니다"라고 말했다. 매클리가 안전하지 않은 생각을 하는 대표적인 사람이라는 건 분명하지만, 그는 우리 모두에게 롤모델일까? 획기적인 일을 해내고 위험을 감수하는 능력은 대부분 그가 열정적인 무엇인가를 찾아낸 결과인가? 또 그것은 자신의 도전 과제에 반드시 깊은 애정을 느끼지 않는 사람들에게는 불가능한가?

나는 칙센트미하이에게 이 질문을 했고, 그는 몰입에 빠져들면 평범한 일에도 동기가 부여되고 창의적인 생각을 펼칠 수 있다고 답했다. 그는 창조의 과정에 푹 빠지면 그것을 '거의' 어디든 적용할 수 있다고 말했다. (그래도 삼각함수 문제를 풀겠다는 동기는 전혀 부여되지 않을 것이라는 말을 덧붙였다.) 나도 그의 말에 동의하긴 하지만 '거의'라는 말이 중요하다. 우리는 집중력과 동기 부여의 기본 원칙을 이해하면 활력을 얻을 수 있다. 또한 도전 과제의 난이도를 조정하고 동기 부여 시너지를 도입하여 항상 깨어 있을 수 있다. 그리고 대단한 인생의 목표가 아니더라도 우리에게 닥친 문제들을 해결할 수 있다. 하지만 한계가 있다. 때때로 우리의 업무는 우리의 심오한 목적과 일치하지 않고 심지어 그 목적에 어긋난다. 이러한 도전은 우리가 안전에서 벗어나게 할 동기를 절대 부여하지 않을 것이며, 몇 년간 좌절과 정신적 고통을 초래할 수 있다.

평생 창의성을 연구하고 그 주제에 관한 논문을 1,800편 이상 발표한 E. 폴 토런스는 우리가 맞닥뜨린 도전에서 열정을 찾고, 그 도전에서 돌아서야 할 때 인정하는 방법에 대해 명쾌한 조언을 내놓는다. 그는 자신의 연구를 다음의 네 가지 간단한 규칙으로 요약했다.

1. 무언가와 사랑에 빠지는 것을 두려워하지 말고, 강렬하고 깊이 있게 추구하라.
2. 당신의 가장 큰 장점을 알고 이해하고 자랑스러워하고 연습하고 개발하고 활용하고 즐겨라.
3. 다른 사람들의 기대에서 벗어나는 법 그리고 다른 사람들이 당신에게 강요하는 게임에서 벗어나는 법을 배워라. 당신의 재능을 잘 활용하는 방식으로 자유롭게 '당신만의 게임'을 하라.

언세이프 씽킹

4. 능력이나 애정이 거의 없는 일을 하겠다고 소중한 에너지를 낭비하지 말라.

다시 말해, 우리는 어떤 일을 하던 창의적인 돌파구를 끌어내는 동기를 부여할 수 있다. 굳이 모든 것을 내려놓고 가장 가까운 강으로 향할 필요가 없다. 반면, 우리가 하는 일에 의미가 없다면 우리는 몰입하는 데 항상 불리할 것이다.

동기 부여

● **활력을 유지하라**

내재적 동기, 즉 당신이 하는 일에 대한 애정을 중심으로 당신 자신과 팀에 집중하라. 창의적 에너지의 가장 깊은 원천은 바로 내재적 동기에서 시작된다. 하지만 조종당한다거나 강제적으로 느껴지지 않는 한, 외적 보상은 당신 그리고 당신이 이끄는 사람들의 창작 활동에 반드시 따르는 힘든 시간을 극복하는 데 도움이 될 수 있다. 우리는 대부분 줄리 웨인라이트처럼 우리가 하는 일에 대한 애정뿐만 아니라, 물질적인 부, 다른 사람들의 인정, 영향력을 얻으려는 욕구로도 동기가 부여된다. 그래도 괜찮다. 그 욕구를 잘 관리한다면.

큰 꿈을 꾸고 상상할 때는 외적 보상을 멀리하라. 실행 방법을 개선한 뒤 실행할 때가 되면 너무 심하지 않은 선의의 경쟁, 과하지 않은 상금, 창의적인 보상은 기적 같은 효과를 불러올 수 있다.

- **몰입하라**

우리가 달성코자 하는 목표를 알고, 우리의 실력이 과제 수준과 같거나 그보다 약간 낮으며, 피드백을 정기적으로 받을 때 몰입한다는 점을 기억하라. 이렇게 하면 강 탐험 말고 사무실에서 일하더라도 내재적 동기 부여의 원천을 끊임없이 찾아낼 것이다.

어떻게 하면 성공의 지표가 명확하고 신중하게 측정되도록 할 수 있는가? 과제 수준이 높아지면서 능력도 계속 성장하게 하려고 의도적인 연습(자신이 약한 부분을 개선하는 데 집중)을 정기적으로 하는가? 상황이 힘들어지면 다시 몰입할 수 있을 때까지 과제 수준을 낮추겠는가?

- **머리를 식혀라**

늘 미친 듯이 집중한다고 해서 획기적인 돌파구를 만들어낼 수는 없다. 하지만 아무 생각 없는 기분 전환은 가장 강력한 창의성 저해 요소다. 레오나르도 다빈치처럼 마음 편히 집중하면서 베네치아 거리를 걸어 다닌다면 놀라운 일을 해낼 수 있는데, 그건 온라인 단어 게임에 지나치게 빠져 있는 것과는 다르다.

중간에 방해받을 가능성을 알고 있었지만 이를 피해간 사람들의 성과가 향상되었다는 연구를 떠올려보라. 어떻게 하면 집중력을 떨어뜨리는 요소에 더 주의할 수 있고, 당신을 보호하기 위해 '집중력 원뿔'을 만들어낼 수 있는가? 또 어떻게 하면 하루 30분씩이라도 디지털 기기 없이 마음이 자유롭고 산만해지게 할 수 있는가?

3부
_____

학습

5장

탐험가로 산다는 것

전문가의 함정에 빠지지 말라

당신은 시험장에 들어선다. 같은 반 친구들의 조용히 웅성거리는 소리가 들린다. 당신은 책상 앞에 앉아 시험지를 뒤집어 본다. 당신은 첫 번째 문제를 보고 멈칫한다. "독일이 체코슬로바키아를 침공하기 전 영국 고위 관리들의 '고슴도치 같은 특성'은 무엇이었는가?" 당신은 시험지를 더 자세히 보려고 몸을 앞으로 굽힌다. 저런 관용어가 있었던가? 무슨 문제가 이래? 당신은 두 번째 문제로 넘어간다. 인도네시아 전통음악 연주단, 자바 가믈란을 구성하는 다양한 타악기 종류를 설명하라는 문제다. 당신은 10년 전에 가믈란 연주회에 갔던 때를 어렴풋이 떠올린다. 하지만 이런 내용도 수업 시간에 배웠던가? 세 번째 문제는 한 번도 본 적이 없는 그림 문자로 적혀 있다. 무슨 일이지? 당신은 깜박 잊고 시험공부를 하지 않은 것이다. 사실, 당신은 지난 6주 동안 수업에 한 번도 가지 않았다. 당신은 몹시 당황하기 시작한다. 그러다가 잠에서 깬다.

준비 없이 시험을 치르는 꿈은 다양한 문화권의 사람들이 가장 흔하게 꾸는 악몽 중 하나이다. 준비되지 않은 상태에서 위험한 상황에 놓이는 일은 누구에게나 끔찍하고 두렵다. 꿈 연구가인 토니 자드라Tony Zadra의 말에 따르면, 사실 이런 악몽은 준비가 제대로 되지 않은 상태에서 인생을 살아가는 사람들뿐만 아니라, 교육을 많이 받고 성공한 사람들에게도 특히 흔하다고 한다. 너무 많은 사람이 이런 꿈을 자주 꾸기 때문에 연구원들은 이 꿈의 배경을 밝히려고 노력해왔다. 이 악몽은 성가신 골칫거리에 불과하다고 해도 왜 그렇게 흔할까? 꿈 연구가인 데이비드 폰타나David Fontana는 이러한 시험 관련 악몽은 우리의 마음이 보내는 경고일 수도 있다고 생각한다. 즉, 인생의 도전에 대처할 수 있는 전문 지식을 충분히 쌓는 데 투자하지 않으면 어떤 일이 벌어질지 미리 맛보게 하는 것이다. 그는 이런 꿈이 "꿈을 꾸는 사람이 알고 싶어 하지 않았던 단점을 직시하도록 합니다"라고 설명한다.

수년 동안 나는 시험 관련 악몽을 꽤 자주 꿨던 수많은 불행한 사람 중 하나였다. 하지만 그 꿈이 가져온 심각한 경고에도 불구하고 나는 그 경험에서 어떤 즐거운 측면을 늘 발견했다. 꿈 자체는 끔찍했지만, 잠에서 깨자마자 나는 오래전에 학교를 졸업했고 내가 하는 일에 대해 거의 다 알고 있는 직장에 다닌다는 사실을 기억해냈다.

그럴 때마다 나는 달콤한 안도감을 느꼈다.

우리는 알지 못하는 것에 관한 두려움, 또는 모르는 것에 노출될 때의 두려움이 워낙에 뿌리 깊다. 그래서 온 인류가 그런 악몽을 꾸는 것이다. 동시에 우리 자신의 전문 지식을 떠올리며 엄청난 위안을 얻기도 한다.

공중부양 자동차 또는 세그웨이가 교통수단을 장악하리라 단호하게 예측하거나, 흡연이 우리에게 좋다고 권하거나, 2007년 주택 시장 붕괴를 예측하지 못하거나, 2016년 대선에서 힐러리 클린턴이 승리한다고 자신 있게 예측한 전문가들이 사실은 얼마나 바보 같았는지 지적하는 일은 즐겁다. 하지만 우리는 꼭 필요할 때 전문 지식이 없으면 당연히 두려워진다. 게다가 우리는 전문 지식이 필요할 때가 많다. 먼저 전문가가 되지 않고서 어떤 분야에서 가치 있는 무엇인가를 창조해내기는 극히 어렵다. 유전체 염기서열 분석이나 비행기 수리와 같은 고도의 기술적인 노력이 필요한 경우에는 분명히 그렇다. 하지만 연구자들은 예술가와 기업가, 발명가도 마찬가지라고 강조한다.

테레사 애머빌은 그녀가 만든 창의성 모델에서 전문 지식을 가장 중요시하며, 효과적인 창조의 네 가지 핵심 요소 중 하나로 이른바 '영역 관련 기술domain-relevant skills'을 꼽는다. 노벨상 수상 심리학자이자 인공지능의 선구자인 허버트 사이먼Herbert Simon은 우리가 연구와 수습 기간을 통해야만 배울 수 있는 지식, 기술, 일반적인 문제 해결 패턴이 우리의 '가능한 방랑의 네트워크'를 분명히 나타낸다고 했다. 사이먼의 시적인 이미지는 전문 지식이라는 나침반 없이는 미지의 세계를 효과적으로 탐험할 수 없다는 사실을 보여준다. 사이먼이 보기에 새로운 것을 발명하는 일은 이미 알려진 것을 먼저 잘 이해한 다음 해체하고 재결합하는 것에서 시작된다.

창의성의 전제 조건으로 전문 지식이 강조되자 처음에는 약간 힘이 빠졌다. 나는 순진한 신인이 현장의 법칙에 구애받지 않고 새로운 통찰력으로 세상을 뒤흔든다는 개념을 오랫동안 믿고 싶었다. 그것이 창의적인 성공을 향한 길이라면, 결국 우리는 모두 공부를 많이 하지도, 노력을 많이 쏟아붓지 않아도 될 것이다. 유감스럽게도 그렇게 겉핥기로 아는 척하는 사람들이 더 유능하다는 증거는 거의 없다.

그렇다면, 전문 지식이 그토록 필수 불가결하다면 전문가들은 왜 종종 우리를 잘못된 길로 인도하는가? 전문가들은 새로운 증거 앞에서 자기 생각을 바꾸는 게 왜 그렇게 느린가? 그리고 상대적으로 초보자인 사람이 왜 때로는 전문가를 이기는가? 이 질문들에 대한 답은 무척 중요하다. 창조 과정 전반에 걸쳐 우리는 우리 자신의 전문 지식에 의존할지 또는 의문을 제기할지, 알고 있는 내용을 심화할지 또는 완전히 새로운 아이디어를 추구할지, 전문가의 눈으로 세상을 볼지 또는 초보자의 눈으로 볼지 끊임없이 결정해야 하기 때문이다. 나는 이 질문들에 대한 답을 찾아봤으며, 단 하나의 정답은 없다는 것을 알았다. 하지만 우리는 정답에 얽매이지 않고 전문 지식을 쌓는 데 도움이 되도록 많이 배울 수 있다.

초보자의 좋은 점

크르틴 니띠야난담Krtin Nithiyanandam은 구글 검색과 자기 주도 학습, 대여한 장비를 활용해서 자신이 이룩한 성과를 믿기 힘들었다. 당시 그는 겨우 15세, 10학년이었다, 그리고 뭔가 놓친 게 없다면, 그는 다른 진단 시스템보다 10년 빨리 알츠하이머병의 발병을 진단하는 방법을 발명한 것 같았다. 의학 연구 경험이 전혀 없었던 니띠야난담은 웹 서핑을 하면서 아이디어를 얻었다.

"저는 스쿼시를 많이 쳐요"라고 니띠야난담이 내게 말했다. "그러다가 엉덩이뼈가 크게 부러졌어요. 시간이 많이 남아서 과학을 더 많이 탐구하게 되었죠." 니띠야난담은 과학이 지닌 매력에 늘 끌렸다. 최첨단 기술의 복잡한 수술을 받지 않았더라면 그는 어린 시절 결국 청각 장애인이 되었을 것이다. 그는 지금도 아주 조그만 임플란트를 삽입하여 소리를 듣는다. 어린 그에게 과학은 자비로운 마법을 부리는 듯했다. 청소년이 된 그에게 과학은 호기심 많은 사람을 위한 놀이터 같았다.

니띠야난담은 처음엔 수백만 명의 사람들을 괴롭히는 질병을 찾아낸 다음, 그 병을 고칠 수 있는지 알아보려고 연구를 조금 해볼 생각을 했다. 안 될 게 뭐가 있겠는가? 니띠야난담은 알츠하이머병을 선택했고, 얼마 뒤 빈틈없기로 악명 높은 혈액-뇌장벽blood-brain barrier을 통과할 수 있는 항체에서 아이디어를 얻었다. 만약 이 항체에 형광 입자를 부착하고, 알츠하이머병의 초기 발병을 유발한다고 알려진 단백질에 그 입자가 달라붙게 한다면 어떨까? (그는 알츠하이머병의 원인에 대해서도 구글에서 배웠다) 어쩌면 이를 통해 뇌에 있는 위험한 단백질 지도를 만들어, 증상이 없는 환자에게서 그 단백질의 위치와 빈도를 알아낼 수도 있었다.

"제가 다니는 학교에는 그 프로젝트를 진행하는 데 필요한 실험실이 없어요"라고 그가 말했다. "그리고 열다섯 살 학생이 값비싼 장비와 화학물질을 쓰는 건 좋은 생각이 아니라고 생각하는 사람들도 많았어요. 안 된다는 말을 많이 들었죠."

하지만 니띠야난담은 '안 된다'라는 말에 아무런 영향을 받지 않았고, 낙관적이고 활력이 넘쳤다. 다음으로 그는 과학 분야 아이들을 지원하는 지역 자선단체들에 연락했다. 그의 아이디어는 성공 가능성이 상당히 큰 것으로 판명되어 그는 연구기금으로 약 2억 원을 모금했다. 케임브리지 대학교는 그에게 학교 장비 일부를 쓰도록 했다.

첫 번째 테스트는 매우 희망적이었다. 니띠야난담이 바라던 대로 그의 작은 트로이 목마들은 혈액-뇌장벽을 통과하여 알츠하이머병을 유발하는 단백질에 부착되어 반짝이는 신호를 보냈다. 뇌 속의 해로운 단백질 지도가 만들어지기 시작했다. 그의 아이디어는 효과가 있었다!

하지만 이후 프로젝트 진행은 나빠졌다. 며칠 동안 빛을 발하던 단백질 지도는 점점 엷어지더니 완전히 사라졌다. 그는 이유를 전혀 몰랐다.

"조금 짜증이 났어요." 니띠야난담은 자신의 프로젝트가 연기처럼 사라질 수도 있는 상황을 지켜보며 당시의 심정을 솔직히 말한다. 하지만 그는 명예와 경력을 지켜야 할 교수가 아니었으므로 크게 당황하지는 않았다.

니띠야난담은 작업을 계속하면서 형광 입자를 부착한 항체들을 더 많이 만들었고, 반짝이는 빛이 사라지는 모습을 자세히 관찰했다. 그러던 어느 날 그는 무슨 일이 일어나고 있는지 알아냈다. 자신의 창조물 중 하나가 폭탄처럼 작동하는 것을 발견했다. 그것은 자신이 붙어 있던 해로운 단백질을 파괴하고 있었다. 그의 창조물은 실패한 것이 아니었다. 사실, 그것들은 질병의 원인을 공격하고 있었다. 니띠야난담은 탐지 시스템뿐만 아니라 매우 유망한 치료법도 발명한 것이다. 니띠야난담은 그 업적으로 2015년 미국 과학 혁신가 상을 받았다.

니띠야난담은 연구원들의 과거 작업을 일부 개선한 것이지, 새로운 것을 발명하지는 않았다고 말한다. 다른 과학자들은 항체, 형광 입자, 독성 단백질을 발견했다. 그들은 치료제를 개발하려고 노력했지만, 초기 결과는 기대에 미치지 못했고, 그 상태에서 포기했다.

니띠야난담은 "저의 돌파구는 새로운 것에서 나오지 않았어요"라고 내게 말했다. "한 가지 작동 방식에 다른 가능성도 있다는 점을 잊지 말아야 해요."

니띠야난담은 매우 방대한 과학 지식이 오픈 소스로 공개되고 온라인에서 이용할 수 있기 전인 2000년 초반에 이 프로젝트를 시도했다면 실패했으리라 강조한다. 그는 다른 과학자들이 개발한 엄청난 양의 전문 지식을 활용했다. 다만 그는 자신이 시도하는 접근법이 실패할 것 같다는 정보를 얻지 못했을 뿐이었다.

초보자의 장점은 과학 분야에 잘 알려져 있으며, 특정 패턴도 있다. 과학 분야 혁신가는 18세까지 기본 교육을 받고, 약 30세까지는 전문 분야의 구체적인 내용을 배울 것이다. 다음으로는 몇 년 동안 일하다가 드디어 획기적인 발견을 한다. 최근 노벨상 수상자들을 대상으로 한 설문 조사 결과, 수상자들이 노벨상을 받을 만한 업적을 이룬 연령대가 30대에 집중되어 있었다. 평균 연령은 36세였다. 과학 분야에서 고작 몇 년만 일했을 뿐인데? 설문 기획자들은 다음과 같이 생각한다. "가장 중요한 개념 작업은 일반적으로 기존 패러다임에서 급격하게 벗어나는 것과 관련 있으며, 이렇게 급격한 이탈을 확인하고 인식하는 능력은 패러다임에 처음 노출된 초기, 그러니까 그 패러다임에 완전히 동화하기 전에 가장 뛰어날 수 있습니다."

이 사실을 고려하면 니띠야난담의 이야기는 신빙성이 더 커진다. 그는 구글 그리고 예리한 두뇌 덕분에 20여 년이 걸리는 교육 단계를 몇 달로 단축했다. 니띠야난담은 "처음에는 아이디어가 믿을 수 없을 정도로 빈약했고 말도 안 되게 단순했어요"라고 말한다. 거기서부터 그는 전문 연구원들의 도움을 받아 세부 사항을 개선해나갔다. 그는 자신의 아이디어가 작동하지 않을 것이라는 기존의 (잘못된) 지식에 얽매이지 않고, 자신이 알아야 할 모든 것을 얻었다. 그는 다른 젊은 노벨상 수상자들처럼 상대적으로 초보자였지만, 겉으로만 아는 척하는 사람과는 거리가 멀었다. 그는 자신의 관심 분야의 핵심 지식을 흡수하기 위해 안 해본 일이 없었지만, 그의 새로운 관점을 잃을 만큼 그 지식에 너무 빠져들지는 않았다. 그는 자신이 하는 일을 충분히 알 만큼 전문가가 되었으나 잘못된 통념에 노출

언세이프 씽킹

되지 않을 만큼 아웃사이더였다. 그는 만약 그런 통념에 빠져들었더라면 자신의 연구는 끝났을 것이라고 인정한다.

하지만 초보자와 비교해서 전문가가 직면하는 유일한 단점은 나쁜 정보에 노출되는 것뿐일까? 또는, 좋은 정보를 축적하는 데도 위험이 있을까? 그렇다. 위험이 있다고 밝혀졌다.

라이스 대학교 연구원인 에릭 데인Erik Dane은 전문가들이 필연적으로 맞서 싸워야 하는 함정에 대해 '고착화entrenchment'라는 용어를 쓴다. 전문 지식을 쌓다가 특정 수준을 넘어서면, 더 많이 배우고 자신감을 쌓으며 권위를 얻을수록 주변 환경의 신호와 가능성에 덜 민감해질 위험이 있다. 그렇다, 자신의 분야에 대해 전문가 수준의 이해도를 구축해야 급진적이고 유용한 아이디어를 도출할 수 있다고 데인은 내게 말했다. 하지만 그는 U자를 거꾸로 그려서 전문 지식과 급진적인 창의성 사이의 관계를 설명한다.

어떤 분야를 충분히 이해할 만큼 지식을 쌓으면 우리는 거꾸로 그린 U자 정상에 도달할 수 있다고 데인은 주장한다. 이 정상에서

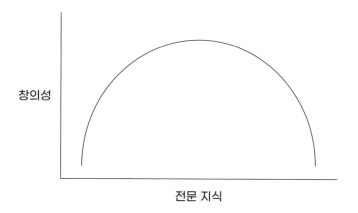

우리는 새롭고 중요한 통찰력을 가장 잘 제시할 수 있다. (니떠야난 담이 알츠하이머 치료법을 발견했을 때 그는 이 정상에 있었을 가능성이 크다.)

불행하게도 이 최고점에 도달한 후, 다른 쪽 끝으로 미끄러져 고정관념에 갇히는 전문가들이 많다. 그들은 생각이 굳어버릴 뿐만 아니라, 무심코 자신의 권력을 이용해 해당 학문 분야를 경직되게 만들어버릴 때가 많다. 심리학 분야를 개척하고 자신의 주장을 정설로 발전시킨 지그문트 프로이트Sigmund Freud는 《문명 속의 불만》에서 "이 책에 요약한 여러 개념을 처음엔 잠정적으로 제시했지만, 시간이 흐르면서 나는 그 개념에 단단히 사로잡혀 더는 다르게 생각할 수 없다"라고 썼는데, 그는 아마 이때 거꾸로 그린 U자 아래로 미끄러져 생각이 고착화한 상태였을 것이다.

많이 알면 안 보인다

전문가들은 문제를 더 효과적으로 처리할 뿐만 아니라, 자신의 전문 지식 분야 내에서 초보자와는 다르게 세상을 바라본다. 체스 그랜드마스터와 초보자가 체스판 위의 말들을 어떻게 바라보는지 생각해보라. 초보자는 말의 위치를 읽고 몇 수 앞을 내다보면서, 규칙에 어긋나는 수와 명백히 어리석은 수를 두지 않을 것이다. 하지만 그 나머지 가능성은 어떻게 될까? 그건 큰 의미 없이 많은 정보를 제공한다. 모든 가능성을 고려하려면 그야말로 몇 주가 걸릴 수

언세이프 씽킹

도 있다.

의사결정 연구자인 게리 클라인Gary Klein은 그랜드마스터가 체스판을 완전히 다르게 본다고 말한다. 초보자에게는 불필요한 정보가 눈에 들어오지만, 마스터는 패턴과 의미를 본다. 사실, 그랜드마스터들은 체스판을 흘끗 보기만 해도 각 말의 정확한 위치를 기억할 수 있다. (흥미롭게도 각 말이 무의미하게 배열되어 있으면 초보자보다 더 잘 기억하지 못한다) 체스판을 읽는 그랜드마스터는 의식하지 못하는 패턴을 기반으로 차선의 가능성 수천 가지를 떨쳐버릴 수 있다. 이를 통해 그랜드마스터는 최고의 수만을 고려하여 집중할 수 있지만, 초보자는 수많은 차선의 가능성 때문에 당황하여 쉽게 실수하게 된다. 그러면 그 초보자에게는 승산이 없다.

우리의 전문 지식 분야에서 우리 두뇌는 그랜드마스터의 두뇌와 매우 유사하게 작동한다. 우리가 축적하는 지식은 대체로 머릿속에 훌륭하게 정리되어 있다. 그렇지 않으면 풍부한 지식은 오히려 저주가 될 것이다. 1950년대 이후의 연구에 따르면 비정형 정보를 많이 보유한 사람은 지식을 찾아내고 기억하는 속도가 더 느리다고 나타났다. 정보가 너무 많으면 정신 활동을 엉망으로 만드는 경향이 있다. 하지만 전문가들은 이 문제를 해결한다. 사실, 그들은 무척 빠르고 효율적인 경향이 있다. 그들의 두뇌가 각각의 정보를 복잡하고 상호 연관된 네트워크로 깔끔하게 분류해놓았기 때문이다. 이러한 네트워크는 도서관과 같다고 상상해도 된다. 도서관에는 책이 수만 권 있으며, 책마다 수백 또는 수천 가지 아이디어가 담겨 있다. 아무렇게나 쌓인 아이디어는 쓸모가 없다. 하지만 도서관에 들어가면 종종 몇 분 안에(심지어 컴퓨터를 활용한 검색이 가능하기 전이었어도) 원하는 정확한 정보를 검색할 수 있다. 책마다 정확한 시스템에 따라 분류되고 보관되기 때문이다. 전문가의 두뇌 네트워크는 연상 원칙과 매우 유사하게 작동한다.

네트워크의 기반과 규칙이 일단 정해지면 네트워크에 새로운 정보를 추가하는 일은 어렵지 않다. 로맨스, 미스터리, 과학, 민간 설화, 요리책 등 모든 것을 위한 공간이 준비되어 있다. 우리는 네트워크를 더 많이 활용할수록 네트워크와 카테고리에 익숙해진다.

문제는, 저장된 정보 처리 능력이 향상되는 동시에 사고방식도 더욱 경직된다는 점이다. 클라인은 전문 지식이 있으면 기존 게임은 매우 효율적으로 잘할 수 있지만, 게임이 바뀌는 걸 깨닫는 속도가 느려지고 그런 변화에 대응할 능력이 떨어질 수 있다고 지적한다. 예를 들어, 브리지 게임을 전문적으로 하는 사람들은 누가 리드할지와 같은 중요한 규칙이 갑자기 변경될 때 이에 적응하는 데 초보자보다 어려움을 더 많이 겪는다. 빠르고 효율적으로 작동하는 데 익숙한 전문가의 두뇌는 빠른 처리 능력을 발휘할 수 있도록 새로운 정보를 기존 상자에 끼워 맞추려고 한다. "아, 그건 오래된 문제의 새로운 버전일 뿐이야"라고 우리의 전문가 두뇌는 말한다. 하지만 새로운 버전이 아닌 경우가 너무 많다. 결국, 급격하게 변하는 세계에서 우리가 직면하는 문제들은 절대 변하지 않는 규칙이 있는 2차원 체스판과 공통점이 거의 없다.

그렇다. 우리는 전문 지식을 개발하면서 머릿속으로 배치하고 목록을 작성하여 엄청난 속도로 정보를 분류함으로써 시간 낭비를 줄일 수 있다. 하지만 함정도 많다. 이는 우리가 패턴을 과도하게 인식하게 하고 패턴을 적용해서는 안 될 때 적용하게 만들 수 있다. 이것이 전문가의 머릿속에 좋은 정보가 가득하더라도 끔찍한 판단을 내리게 되는 이유다.

1983년, 필립 테틀록Philip Tetlock은 전문가가 얼마나 정확한지 알아보고 싶었다. 그래서 전문적인 일에 종사하는 사람들 284명을 선정했다. 테틀록은 매년 그들에게 가까운 미래에 전 세계에서 혁명, 전쟁, 정치 운동처럼 다양한 대규모 변화가 일어날 가능성을 예측해 달라고 요청했다. 2003년 테틀록이 연구를 마무리했을 때까지 8만 2,361건의 예측이 수집되었고, 맞거나 틀렸는지 모두 입증되었다. 그 과정에서 테틀록은 전문가들에 대한 데이터를 상당히 많이 축적했다.

전문가들의 예측 결과는 어땠는가? 끔찍했다. 테틀록이 그들의 눈을 가리고 예측 판을 향해 다트를 던져 예측하게 했으면 오히려 훨씬 더 예측을 잘했을 것이다. 전체적으로 그들의 연구와 추론, 분석은 모두 도움이 되지 않았다. 오히려 그들이 옳게 예측할 가능성을 낮췄다.

어떻게 그럴 수 있을까? 우연보다 나쁜 결과를 내려면 일부러 틀려야 하는 것 같다. 테틀록은 그의 연구 결과를 전문가들의 과도한 패턴 인식으로 설명했다. 인간 심리의 이러한 허점을 설명하기 위해 테틀록은 수십 년 전 예일 대학교에서 쥐가 단순한 미로를 통과하는 실험을 관찰했던 일을 떠올린다. 그때 쥐는 오른쪽으로 갈 것인지 왼쪽으로 갈 것인지 단 하나만 결정하면 되었고, 먹이를 찾아 미로를 몇 번이고 통과했다. 먹이는 겉으로 보기에는 무작위로 여기저기 놓였지만, 실제로는 알고리즘에 따라 60퍼센트의 확률로 왼쪽에 놓였다. 실험 대상은 쥐뿐만이 아니었다. 학생들도 참여하여 음식의 위치를 직접 예측하도록 했다. 처음에는 쥐와 그 학생들 모두 약 50퍼센트의 확률로 맞췄는데, 이는 음식의 위치가 조작된다는 사실을 모른다면 우연히 기대할 수 있는 결과와 정확히 일치한다. 하지만 시간이 지나면서 결과는 달라지기 시작했다. 얼마 되지 않아서 쥐는 거의 항상 왼쪽으로 이동하여 약 60퍼센트의 성공률을 보였다. 그건 쥐가 학습한 결과였다. 반면에 이 아이비리그 학생들은 학습하지 않았고, 계속해서 거의 50퍼센트의 확률로 틀렸다. 쥐는 그 학생들을 상당한 차이로 이겼다.

테틀록은 그 이유를 알 것 같았다. 그 학생들은 자신들이 중요한 기본 패턴을 알아내고 있다고 믿었다. 다시 말해 큰 성취를 이룬 지식인으로서 연구원들의 숨겨진 트릭을 알아낼 수 있다는 생각에서 벗어날 수 없었다. 테틀록은 이렇게 설명한다. "우리는 무작위적인 순서에서 일정한 순서를 찾아내길 고집합니다. '왼쪽으로 두 번, 오른쪽으로 한 번씩 번갈아 나아가면 음식이 나타나는데, 세 번째 주기 이후에는 음식이 오른쪽에 나타난다'라는 식으로요"라고 테틀록은 설명한다. 학생들은 반대되는 증거를 무시하면서 이론을 만들었고 그 이론을 뒷받침하는 증거를 지나치게 중요시했다. 인간이 늘 그러하듯이 그들은 의미를 파악하는 자신의 능력과 지능에 관한 이야기를 만들고 있었다. 그러나 그들이 파악한 의미는 잘못되었으므로 쥐가 그들을 이겼다.

언세이프 씽킹

자, 이제는 패턴을 찾아 집중적으로 힘을 쏟아부으려는 이러한 욕구를 현실 세계로 가져간다고 상상해보라. 테틀록이 연구한 어떤 전문가 그룹은 군사 개입 예측과 관련하여 패턴 인식 오류를 범했다. 이 군사 전문가들은 미국의 베트남 전쟁 개입 경험을 바탕으로 군사 개입은 늘 엉망진창으로 끝난다는 생각에 힘을 쏟아부었다. 테틀록은 "그 목록에는 니카라과, 아이티, 보스니아, 콜롬비아, 아프가니스탄, 이라크(모두 미국의 새로운 베트남), 아프가니스탄(소련의 베트남), 체첸(러시아의 베트남), 카슈미르(인도의 베트남), 레바논(이스라엘의 베트남), 앙골라(쿠바의 베트남), 바스크 지역(스페인의 베트남), 에리트레아(에티오피아의 베트남), 북아일랜드(영국의 베트남), 캄푸치아(베트남의 베트남)가 있었다"라고 썼다.

테틀록은 일부 전문가의 머릿속 지식 네트워크가 예측 실패를 유발하고 그 전문가들은 이러한 예측의 실패를 우연이라고 해명하리라는 사실을 알아냈다. 나아가 자신의 실패를 변명할 때, 그들은 자신만의 관점에 더욱 갇힐 때가 많다. 그리고 그것이 바로 그들이 계속하여 우연보다 더 나쁜 결과를 냈던 이유다.

우리 머릿속의 전문 지식 네트워크는 점점 더 정보를 더 많이 얻을 뿐만 아니라 그 연결도 훨씬 더 복잡해진다. 이러한 지식 네트워크가 더욱 정교해질수록 더욱 유용해진다. 하지만 네트워크의 설계를 깨뜨리는 새로운 정보를 접하면 어떻게 될까? 지식 네트워크가 없다면 우리는 엉뚱한 길로 가고 있었음을 알려주는 신호를 빨리 받아들여서 네트워크를 쉽게 재설계한다. 만약 네트워크가 상당히 개발되었고 오랫동안 시간과 노력을 많이 들였다면 그렇게 하긴 쉽지 않다. 네트워크를 변경하려면 서로 얽힌 것을 엄청나게 많이 풀어야 한다. 그렇다면 이 네트워크에 맞지 않는 새로운 정보는 어떻게 될까? 그 정보에 맞지 않는 상자에 강제로 들어가게 된다. 아니면 그저 무시되고 지식 네트워크는 더욱 경직된다. 그런 일은 우리 모두에게 일어난다. 인간이라면 누구나 그렇다.

전문가에서 탐험가로

우리는 전문 지식이 필요하다. 그러나 전문 지식을 얻는 과정에서 우리는 반드시 전문가의 함정을 만난다. 그렇다면 우리는 에릭 데인이 그린 거꾸로 U자 형태의 그래프 끝으로 미끄러져 내려갈 운명인가? 꼭 그렇지는 않다. 우리가 할 수 있는 가장 효과적인 방법의 하나는, 우리가 잘 모르는 초보자인 상황에 우리 자신이 놓이게 하는 것이라고 데인은 말한다. 더 많이 나가서 탐험하라. 이는 과도하게 개발된 머릿속 지식 네트워크의 경직성을 없애는 핵심이다.

최근 증거에 따르면, 익숙하지 않은 곳에서 시간을 보내면 누구든지 창의력을 크게 향상할 수 있다. 예를 들어, 최근의 한 실험은 던커Duncker의 '양초 문제'로 알려진 매우 오래된 창의성 문제를 새롭게 해석했다. 지금은 고전이 된 이 문제에서 참가자들은 성냥갑 하나와 압정 한 상자만 써서 양초를 벽에 붙이는 방법을 찾아내야 한다. 이 문제는 지식의 고정관념을 혼란에 빠뜨리는 과제 중 하나다. 우리의 뇌는 압정을 고정 장치로, 성냥은 왁스를 녹이는 도구로 보며, 압정을 담은 상자는 이 과제 해결과 관련 없다고 여긴다. 하지만 이 문제를 해결하는 열쇠는 바로 이 압정 상자다. 압정 상자를 비운 뒤 녹인 왁스로 양초 바닥을 상자에 붙인 다음, 양초가 붙어 있는 상자의 한 면을 압정으로 벽에 고정해야 한다.

이 실험의 2007년 버전에서 연구원들은 실험 참가자들을 두 그룹, 즉 해외에서 오랫동안 살다 온 그룹과 그렇지 않은 그룹으로 나누었다. 그 차이는 인상적이었다. 다문화 경험이 있는 사람들의 60퍼센트는 문제를 해결했다. 그렇지 않은 사람들은 42퍼센트에 불과했다.

이렇게 큰 결과 차이를 어떻게 설명할 수 있을까? 해외 생활은 세상이 어떻게 돌아가는지에 대한 우리의 고착화된 사고 모델에 중요한 도전이 된다. 낯선 문화권에 도착하면 새로운 정보는 모두 기존의 패턴에 따라 분류할 수 없다. 익숙한 물건은 생각지도 못했던 새로운 의미와 용도가 있다. 이상해 보이는 아이디어는 전혀 예측할 수 없었던 방식으로 널리 활용되기도 한다. 익숙한 일상이 방해받는다. 당신에게는 두 가지 선택지가 있다. 당신은 이 모든 정보를 기존 지식 네트워크에 맞추려고 노력함으로써 전문가로서의 사고방식을 유지하여 그 과정에서 현실을 크게 왜곡하거나, 지식 네트워크를 느슨하게 만들어 그 네트워크가 이 세상의 한 모델일 뿐이라는 점을 인정하는 것이다. 파리에 사는 동안 가장 창의적인 작품을 냈던 미국 작가인 거트루드 스타인Gertrude Stein은 자신의 편안한 영역에서 벗어나는 것이 창의성의 전제 조건이라는 유명한 말을 남겼다. "작가들은 자신이 속한 나라와 실제로 사는 나라, 이렇게 두 개의 나라가 있어야 합니다."

다른 나라로 이주가 현실적이지 않더라도, 자신의 편안한 영역을 벗어나서 어떤 일에 몰입하면 새로운 정보를 한 가지 방식으로만 처리하려는 집착이 느슨해지고 내면의 전문가를 억제할 수 있다. 전문가들을 연구하는 전문가인 테틀록은 그의 예측 변수들을 통해 이것이 사실이라는 점을 알아냈다. 그는 자신이 선정한 전문가들을 '한 가지에 대해 많이 아는' 고슴도치와 '많은 것들을 조금씩 아는' 여우, 이렇게 두 종으로 나눴다. 많은 영역, 특히 자신이 전문가가 아닌 영역에도 호기심을 보였던 여우가 내놓은 예측은 훨씬 더 신뢰할 수 있었다. (물론 우리가 전문가들에게 바라는 수준보다 오류가 여전히 훨씬 더 많긴 했다.)

우리의 전문 영역에서 벗어나는 일은 위험하다. 이 시도가 궁극적인 성과를 거둘 것인지, 즉 기존 정보를 결합한 그 합보다 더 큰 것을 만들어낼 수 있을지는 알기 어렵다. 동시에 이러한 위험은 동료와 경쟁자들이 미지의 영역으로 모험을 떠나지 못하게 하지만, 동시에 발명의 기회가 왜 큰지 알게 해준다. 건축가 믹 피어스Mick Pearce는 미지의 영역으로 발을 내딛음으로써 세계에서 가장 지속 가능한 건물 중 하나를 만들어낼 수 있었다.

피어스는 책상에 앉아 있기보다는 흰개미들의 매력에 빠져 시간을 보내길 좋아했다. 아마추어이긴 했어도 그건 특이한 취미 같았다. 피어스가 관찰한 이 조그만 생명체들은 중앙 계획이나 통제가 없는 데다 뇌도 무척 작았어도 높은 건축물을 여럿 세웠는데, 그 몸집에 비례해서 보면 그것들은 세계에서 가장 높은 건축물이다. 흰개

언세이프 씽킹

미들을 사람 크기로 확대한다면 흰개미들이 만든 흙더미 집은 높이가 거의 1.6킬로미터에 달할 것이다. 피어스는 인간 건축가들은 몰라도 흰개미들은 알고 있는 게 무엇인지 궁금해졌다.

호기심에 푹 빠져 아마추어 곤충학자가 된 피어스는 수직으로 집을 짓는 것보다 훨씬 더 복잡한 흰개미들의 재능을 발견했다. 그가 연구한 흰개미들은 섭씨 30도에서만 자라는 특정 곰팡이를 먹고 살았다. 흙더미 집 바깥 사막의 일교차는 매일 최대 40도까지 이르지만, 흰개미들은 일정하고 완벽한 온도에서 곰팡이를 키운다.

비결은 바로 적절한 환기다. 흰개미 무리는 아래쪽 통풍구에서 위쪽 통풍구로 공기를 전달하는 통로를 만든다. 온종일 기온이 변하면서 흰개미들은 공기 흐름을 최적화하기 위해 이 통로들을 여닫는다. 이 전체적인 시스템에는 외부 에너지원이 필요하지 않았다.

피어스는 이 흰개미들의 전략을 인간에게도 활용할 수 있겠다고 확신했고, 1996년에 그 기회를 얻었다. 짐바브웨의 수도 하라레에 사무실 건물을 설계해달라는 요청을 받은 그는 흰개미 연구 결과를 활용하기로 했다.

그가 설계한 건물은 서로 복잡하게 연결된 환기 시스템, 그늘을 만들어내는 돌출부, 특별한 용도가 있는 창유리가 특징이며 모두 흰개미에게 영감을 받았다. 이는 엄청난 효과가 있었다. 피어스가 설계한 이스트게이트 센터에 필요한 에너지는 주변에 지어진 유리 블록 건물 대비 10퍼센트 미만이며, 건물주는 에어컨 시스템 설치비용 약 47억 원을 처음부터 절약했다. 앞으로 수십 년 동안 에너지 사용 및 유지 관리에 필요한 막대한 비용 절감 효과는 말할 것도 없었다.

피어스는 자신의 작업에 대해 "제가 설계하는 건물들은 자연을 모방하는 방법인 생체모방biomimicry을 적용해서 나온 기묘한 조합입니다"라고 말한다. 자신의 전문 분야를 벗어나는 그의 방황은 독특하고 기이해 보이지만, 그의 솔루션은 자연과 마찬가지로 우아하고 효율적이어서 효과가 있다. 이 말은 그의 솔루션이 주류 혁신보다 궁극적으로 덜 위험하다는 뜻이다. 그는 이스트게이트 센터 건물 설계의 성공에 대해 "이 건물은 원시적이고 단순한 아이디어에 기반했습니다"라고 말한다.

창의적인 천재에 관한 연구를 찾아보면 이질적인 분야들을 하나로 묶었을 때의 힘이 오랫동안 강조되어왔다. 알베르트 아인슈타인은 아마추어로서 클래식 음악을 열정적으로 연주하여 과학 분야에 필요한 창의적인 통찰력을 불러일으켰다. 오프라 윈프리는 토크쇼 진행자에서부터 문학, 영화, 영성에 이르는 그녀의 제국에 개인적인 열정을 끊임없이 추가함으로써 많은 이들이 세계에서 가장 영향력 있는 여성으로 평가하는 인물로 성장했다.

우리는 전문가로서 보내는 시간을 줄이고 탐험가로서 보내는 시간을 늘리면 지나치게 경직된 지식 네트워크가 느슨해지며, 사상가이자 창조자로서 개인적인 우위를 확보할 수 있다. 그런데 그렇게 하면 개인 차원에서만 효과가 있는 것은 아니다. 제2차 세계대전 중 미 해군이 그랬듯이 여러 전문가로 구성된 팀에 탐험가를 한 명 만나게 하면 깜짝 놀랄 만한 결과를 즉시 얻을 수 있다.

언세이프 씽킹

아브라함 왈드의 동료들은 왈드가 무슨 일을 하든 그를 천재로 여겼다. 1902년 당시 오스트리아-헝가리 제국에서 태어난 그는 어려서부터 수학자로서 엄청난 잠재력을 보였다. 하지만 20세기 초는 유럽계 유대인이 학계에서 자리를 잡기에는 끔찍한 시기였다. 오스트리아에 들어선 나치 정권에게 교수직을 거부당하고 마침내 생명의 위협을 느낀 왈드는 미국으로 이민을 갔고, 얼마 안 있어 재능을 인정받았다. 그는 곧 통계 분석, 기하학, 경제 이론에서 일반인들에게 다소 난해한 새로운 사상을 개척했다. 하지만 그는 전혀 알지 못하는 분야인 비행기 분야에서 가장 큰 공헌을 했다.

1940년대 초, 연합군은 적군의 포격으로 폭격기들을 상당히 많이 잃고 있었다. 비행기를 제작하고 조종사를 훈련하는 역량이 무척 뛰어났는데도 연합군은 폭격기가 매일 여러 대 격추당하면서 그 장점을 살리지 못하고 있었다. 그래서 미 해군은 이 문제를 해결할 새로운 방안을 찾기 위해 외부인들의 도움을 받기로 했다.

그들은 맨해튼의 컬럼비아 대학교에서 한 블록 떨어진 곳에 있던 통계 연구 그룹을 찾았다. 전쟁 수행 목적의 조직 활동에 통계학자들을 참여시킨 것이다. 이 그룹 사람들은 자신의 전문 영역에서 인정받았지만, 추상적이고 이론적인 분야에서 일했다. 그들은 현기증이 날 만큼 빠르게 계산용 자를 휘두를 수 있을지언정 소총 사격에는 어려움을 겪었을 것이다. 미 해군은 해군 내 전문가들이 어려워하는 문제 해결에 이들 외부인이 도움이 되겠다고 생각했다. 그 그룹에서 가장 뛰어난 사람으로 여겨진 왈드도 견해를 제시해달라는 요청을 받았다.

왈드가 문제를 검토하는 팀에 합류했을 때, 이미 주로 논의되고 있던 안건은 단순하고 분명했다. 해군 분석 센터는 기지로 귀환하는 폭격기의 손상 정도를 연구한 결과, 날개와 앞부분, 꼬리 날개 주변에 총알구멍이 집중되는 현상을 알아냈다. 그들은 총탄이 박히기 쉬운 부분에 강철판을 더 씌우면 군인과 폭격기들이 기지로 더 많이 돌아오리라고 판단했다.

왈드는 이 논리의 결함을 금방 알아냈다. 당신도 알겠는가? 잠시 생각해보라. 이는 직관적으로 바로 알아낼 수 없으며, 왈드가 없었더라면 미 해군은 밑도 끝도 없이 시간과 돈만 낭비하고 수많은 생명을 잃었을 것이다.

왈드는 간단한 질문 한 가지를 던졌다. "기지로 돌아오지 못한 폭격기들은 고려하지 않을 겁니까?" 앞부분, 꼬리 날개, 양 날개에 총을 맞은 폭격기들은 그래도 잘 작동하여 기지로 돌아와 데이터를 공유했을 것이다. 해군 장교들은 기지로 돌아가는 폭격기들이 모든 폭격기의 무작위 표본이고, 총알도 자연스럽게 그 위치에 집중된다고 잘못 가정하고 있었다. 자신이 비행기 전문가라고 생각하지 않는 누군가가 정확한 문제를 제시한 것이다.

왈드는 그 세 부분을 제외한 다른 모든 부분, 예를 들어 조종석 주변에 강철판을 추가로 부착하라고 판단했다. 왈드의 해결방안은 성공을 거두었고 무수히 많은 생명을 구했으며, 연합군의 공군력은 결정적으로 유리해졌다.

왈드는 정교하게 연마된 수학적 사고력을 갖췄지만, 군대 또는 항공 관련 경험은 전혀 없었다. 그렇다면 그는 전문가였을까? 아니면 초보자였을까? 해군은 왈드를 탐험가로 활용하여 그의 전문 영역 밖에서 그의 전문 지식을 활용하는 현명한 판단을 내렸다. 왈드는 일상의 편안한 업무에서 기꺼이 물러나 미지의 영역으로 발을 내디뎠으며, 그렇게 함으로써 엄청나게 획기적인 돌파구를 마련했다.

우리의 전문 영역 밖에서 탐구하는 것이 우리의 사고 패턴을 깨뜨리는 강력한 도구라면, 그건 왜 더 자연스럽게 이루어지지 않는가? 자신의 영역에 편안히 머무르면서 자기도 모르는 사이에 생각이 더욱 고정되고 경직되는 사람들은 왜 그렇게 많은 걸까? 사고 패턴을 깨지 못하고 노벨상을 받지 못하는 전문가들은 왜 더 많을까? 데인의 거꾸로 U자 그래프는 왜 일반적인 규칙이 되었을까? 나는 그 주요 원인은 우리 인간이 저항하기 힘든 두 가지 욕구, 즉 자아 애착과 조급함 때문임을 알았다. 다음 장에서 곧 알게 되겠지만, 이 두 가지를 제어하는 방법을 배우면 우리를 얽매는 '안전한 생각'에서 벗어날 수 있다.

6장

자아 그리고 조급함

쉽고 빠른 길을 조심하라

2007년 비니트 나야르는 인도에 본사를 둔 글로벌 IT 서비스 회사인 HCL 테크놀로지스의 CEO로 선임되었다. 나야르는 공식 석상에 처음으로 이제 곧 나설 예정이다. 새로운 상사가 무슨 말을 할지 4천 명의 직원이 수군거리며 궁금해하는 동안 나야르가 무대에 올라선다. 직원들은 깜짝 놀란다. 나야르가 한 말 때문이 아니었다.

불확실한 시기의 새로운 수장이 된 만큼 긴장감과 기대감이 강당을 가득 채운다. 최근 빠르게 성장하여 약 5만 5,000명의 직원을 둔 이 회사는 중요한 도전 과제를 눈앞에 두고 있다. 저비용 IT 외주 업체였던 HCL은 거대 글로벌 기업으로 탈바꿈하는 과정에서 성장통을 점점 더 심하게 겪고 있다. 이는 세계에서 가장 까다로운 고객사들을 확보하기 위해 IBM 같은 거대 기업들과 경쟁해야 한다는 뜻이다. HCL이 준비되었다고 생각하는 사람은 거의 없다. 수익은 꾸준히 늘어나고 있지만, 경쟁사 수익은 훨씬 더 빠르게 증가하고 있다. 나중에 나야르는 자신이 마치 불타는 건물 창가에 서서 기도하거나 저 아래 미지의 세상으로 뛰어내리는 두 가지 선택지만 있는 상황에 몰린 듯했다고 비유한다.

나야르는 강당을 바라보며 미소 짓는다. 그런데 갑자기 발리우드 음악이 강당에 울려 퍼진다. 나야르는 흥겨운 음악 소리에 맞춰 고개를 끄덕이며 통통한 중년 아저씨인 자신의 몸을 어색하게 흔든다. 그는 춤을 추고 있다!

나야르는 무대 아래로 내려와 흔들흔들 춤을 추며 통로를 지나간다. 처음엔 잔뜩 긴장했던 직원들은 이젠 신이 나서 머리 위로 손뼉을 치며 호응한다. 이제는 나야르가 사람들을 통로로 끌어내어 함께 춤을 추자 직원들은 떠나갈 듯 환성을 지른다. 그는 강당 여기저기를 돌아다니며 들썩들썩 춤을 추고, 직원들은 그의 뒤를 따라 몰려다닌다. 땀에 흠뻑 젖은 그가 숨을 헐떡이며 무대로 돌아오자 직원들은 환호성을 터뜨린다.

나야르는 무대에서 또 다른 곡에 맞춰 신나게 춤을 춰서 더 큰 환호를 받은 후 몸과 마음을 진정시킨다. 이제 그는 회사의 경영 구조를 완전히 뒤바꿔 현장 직원들에게 자율성을 더 많이 부여하겠다는 비전을 제시하기 시작한다. 그는 자신이 계획의 뼈대를 세웠지만, 직원들이 대담하게 목소리를 내고 그 계획에 이의를 제기하길 희망하며, 직원들의 의견이 중요하다고 목소리를 높인다.

나야르는 나중에 이렇게 회상했다. "땀에 푹 젖은 채 춤을 잘 못 춘다는 사실을 만천하에 공개한 남자가 하는 말은 연단에 선 황제가 하는 말과는 무척 다르게 들렸습니다." 그의 엉뚱한 계책은 효과가 있었다. 2시간에 걸쳐 열띤 토론이 이어졌다.

그날 나야르는 직원들만을 위해 춤을 추지 않았다. 자신에게도 심리적인 계교를 쓰고 있었다. 회사 이사회는 나야르에게 변화를 주도할 전권을 부여했었다. 하지만 그는 무엇을 해야 할지 정확히 알고 있다고 생각하기 두려웠다. 그는 모든 아이디어를 공유하고, 진심으로 또 유연한 마음으로 그 아이디어들을 경청할 방법을 찾고 싶었다. 그래서 익살스러운 춤을 추며 자신을 낮춰서 외부 아이디어들을 잘 받아들이도록 자신의 마음을 준비했다. 춤을 추고 나자 그는 자신이 얼마나 불완전한 사람인지 이미 보여주었으므로 그가 지켜야 할 권위자의 이미지가 약해졌다는 생각이 들었다.

그해 나야르는 전 세계를 돌아다니며 HCL 회의에 참석할 때마다 우스꽝스러운 춤을 25번이나 췄다. 직원들은 부서와 직급을 가리지 않고 변화 추진 방법에 대한 풍부한 통찰을 내놓았다. 3년이 지나자 회사 수익은 세 배로 늘었다. HCL은 시장의 선두주자들을 제치고 주요 계약을 따냈으며, 8조 원 규모의 강자로 우뚝 섰다. 나야르는 회사의 이러한 변화 과정을 되돌아보며, 자신이 주도한 혁신의 성공은 익살맞은 춤을 춰 자신을 낮춤으로써 회사와 자신에게 불어넣은 마음가짐 덕분이라고 공을 돌린다.

똑똑하다고 생각하면 바보가 된다

전문가가 되면 기분이 좋다. 그건 성취를 이뤘으며 지성을 갖췄고 열심히 노력했다는 증거다. 사람들은 우리를 대단히 존경하고, 우리는 필요한 존재라는 느낌이 든다. 하지만 그러다 보면 과도한 패턴 인식과 마찬가지로 우리는 무의식적으로 고착화의 길에 들어설 수 있다. 우리가 알고 있다고 생각하는 것과 우리 자신을 동일시하면 우리의 정체성과 자아는 우리가 구축한 머릿속 지식 네트워크에 애착을 갖게 된다. 그래서 우리는 축적된 지식에 반대되는 새로운 정보 또는 우리 견해에 이의를 제기하는 사람들의 도전에서 우리의 전문 지식을 방어하게 된다. 이 길의 종점은 폐쇄적인 사고방식과 지나친 자신감이다. 전문 지식을 많이 쌓을수록, 어떤 분야의 전문가로 인정받을수록 이런 가능성이 더 커진다.

필립 테틀록이 선정한 전문가들의 형편없는 미래 예측을 기억하는가? 그의 데이터를 더 자세히 살펴보면 전문가들이 내놓은 결과가 모두 동일한 수준이 아니라는 사실을 알 수 있다. 특히 언론에 자주 인용되고 의견을 낼 때마다 고액의 수수료를 받으며 대중에게 잘 알려진 '슈퍼 전문가'들은 분명히 달랐다. 그들의 미래 예측은 비참할 정도로 훨씬 더 형편없었다.

"대중 앞에서 연설하고 미디어에서 눈에 띄는 역할을 맡으면 우리가 가진 최악의 면이 드러나는 것 같아요"라고 테틀록은 연구 결과를 설명하면서 내게 말했다. "사람들을 실망하게 하고 싶지 않아서 서둘러 답을 내는 거죠." 사람들에게 칭찬받는 전문가는 자신이 다른 사람들보다 이 세상을 더 정확하게 보고 있으며, 자신의 주장과 반대되는 증거를 고려해서 얻을 수 있는 게 거의 없다고 믿게 된다. 이 말을 듣자 나는 무대에서 내 스토리텔링 이론에 대해 강의할 때 내 방식에 반하는 질문들을 자신 있게 받아쳤던 지난 시절이 떠올랐다. 테틀록은 자아를 강화하는 요인들이 과신을 부추겨 실수할 가능성을 높인다고 말한다. 나아가 그런 실수에서 배우거나 심지어 실수를 알아차리는 능력마저 떨어뜨린다고 경고한다.

당신은 자신의 전문 지식 때문에 실수를 저지른 적이 있는가? CNN 방송에 출연하거나 〈월스트리트 저널〉에 인물 소개가 멋지게 실리는 정도여야 그런 실수를 할까? 아니면 성취 수준과 관계없이 일어날 수 있을까? 답을 알고 싶으면 이 문제를 풀어보라.

먼저, 당신은 개인 금융 분야를 얼마나 잘 알고 있다고 생각하는가? 1점부터 7점까지 중에서 점수를 매겨라.

다음으로는, 아래 용어들을 얼마나 잘 알고 있는지 다시 1점에서 7점까지 중에서 평가하라.

과세 구간

고정금리 저당 대출

주택자산

사전 평가 주식

종신보험

비과세 개인연금 적금

연간 크레딧

언세이프 씽킹

이자율

인플레이션

비공개 기업투자 펀드

권리확정

퇴직연금

고정 요율 공제

리볼빙 크레딧

2015년 코넬 대학교와 툴레인 대학교 연구원들은 이 테스트를 100명의 참가자에게 실시했고, 참가자들은 집에서 컴퓨터로 테스트에 응시했다. 참가자들은 이 용어 중에서 세 가지(연간 크레딧, 고정 요율 공제, 사전 평가 주식)는 지어낸 용어라는 사실을 알지 못했다. 누구도 그 용어들을 잘 알지 못할 것이다. 그러나 참가자 다수는 이 세 가지 용어를 꽤 잘 알고 있다고 답했다. 특히 자신의 금융 관련 전문 지식수준이 가장 높다고 평가한 사람들이 그렇게 주장한 비율이 훨씬 높았다.

이 참가자들은 테스트 관리자에게 잘 보이고 싶어서 거짓말을 한 게 아니라는 점을 명심하라. 그들은 집에서 혼자 테스트를 했다. 그들은 자신의 전문 지식에 대한 자아 인식을 보호하기 위해 자신을 속인 것이다. 생물학과 문학, 철학, 지리학에 대해 이런 테스트를 추가로 시행해도 비슷한 결과가 나왔다.

우리가 전문 지식을 갖췄다고 믿는 분야에 대한 지나친 자신감과 폐쇄적 사고방식의 문제는, 일반적으로 우리는 실제보다 더 많은 전문 지식을 갖췄다고 생각하는 경향이 있으므로 더욱 당혹스럽다. 이러한 현상은 많은 연구 결과에서 찾아볼 수 있으며, '평균보다 낫다고 생각하는 효과better-than-average-effect'라고 종종 불린다. 예를 들어, 미국 운전자들의 93퍼센트는 자신의 운전 실력이 평균 이상이라고 평가한다. 심지어 자신이 일으킨 사고로 병원에 입원한 운전자들도 자신의 운전 실력을 과대평가한다고 나타났다! 스탠퍼드 MBA 학생 87퍼센트는 자신이 동료들 대부분보다 더 유능하다고 평가한다. 영국의 한 연구에서 죄수들은 일반인보다 자신을 훨씬 더 신뢰할 수 있고 도덕적이며 정직한 사람이라고 평가했다.

우리는 실제 존재하지 않는 '사전 평가 주식'이란 용어에 대해 꽤 많이 알고 있다고 생각하더라도 크게 문젯거리는 되지 않는다. 하지만 제품 시장이나 고객에 대해 실제보다 더 많이 알고 있다고 믿는다면 어떨까?

'평균보다 낫다고 생각하는 효과'는 자사 제품을 경쟁사와 비교하여 평가하는 기업 경영진의 판단에 어떤 영향을 미칠까? 또는 몇 년 연속으로 평균보다 나은 성과를 거둔 투자 전문가들의 판단에는 어떤 영향을 미칠까? 자신만의 능력과 전문 지식에 기대는 투자는 과한 확신으로 인해 비참한 결과를 낳을 때가 많다.

지미 케인은 2003년 〈뉴욕 타임스〉 기자에게 이렇게 말했다. "모든 일이 더할 나위 없이 순조롭게 진행되고 있어요. 그러니 무엇을 더 잘할 수 있는지 자문해봐야 합니다. 그런데 나는 그게 뭔지 모르겠군요." 5년 후 케인은 1조 원이 넘는 순 자산의 95퍼센트를 잃었고, 〈타임〉이 선정한, 2008년 금융 위기를 초래한 책임자 25명 중

언세이프 씽킹

한 명이 되었다. 케인은 이렇게 발언했을 때 그리고 베어스턴즈가 무너졌을 때 그 회사의 CEO였다.

노키아를 기억하는가? 애플이 아이폰을 출시한 날, 핀란드의 거대 기업인 노키아는 휴대전화 시장 점유율이 거의 47퍼센트나 되었다. 노키아 엔지니어들은 타사의 플립형 휴대전화는 한 손으로 열 수 없다며 코웃음을 쳤었고, 이번에는 노키아 휴대전화의 폰 배터리가 훨씬 낫다며 아이폰을 비웃었다. 하지만 2010년 스티븐 일론이 CEO로 취임했을 당시 노키아는 완전히 무너져가고 있었다. 그는 직원들에게 오만함을 버리라는 첫 번째 메시지를 전달했다. "지난 6, 7년 동안 노키아는 변화하는 트렌드 소식을 끊임없이 들었지만, 노키아가 더 잘 안다고 생각해서 그러한 트렌드를 무시한 사례가 많았습니다"라고 일론이 말했다. "그 결과, 회사는 수년 동안 크나큰 타격을 입었습니다." 하지만 이러한 일론의 통찰은 너무 늦었고, 한때 시장의 선두 기업이던 노키아가 마이크로소프트에 헐값 매각되는 사태를 막을 수 없었다.

평균보다 낫다고 생각하는 효과를 극복하기는 쉽지 않다. 특히 자신이 다른 사람들 평균보다 더 나은 상태에 있어야 자신의 권위가 보장될 때는 더욱 그렇다. 리더라면 적어도 어느 정도는 남들보다 우월하다는 권위가 있어야 하지 않을까? 나야르는 무대를 벗어나 끔찍했어도 기억에 남는 춤을 추자 의도했던 대로 자신이 어떤 사람인지 직원들에게 확실하게 알리는 효과를 얻었다. 하지만 수천 명에 달하는 직원들은 어떤가? 불확실한 시대에 우리를 따르는 사람들은 우리가 확고하고 자신감 있으며 어쩌면 절대 틀리지 않는 손으로 그들을 이끌어주기를 원하지 않는가? 우리가 생각하는 만큼은 아니다. 리더가 중요한 답을 제시하기보다는 호기심과 개방된 자세를 보이는 편이 더 가치 있다는 증거는 많다. 최근 많은 연구에 따르면 자기 과시적인 CEO는 더 위험하게 투자하고 기업 인수 대금을 무리하게 지급하며 일관성 없는 조직 성과를 창출하는 경향이 있다고 나타났다. 그들은 회사 관리자들과의 관계도 나쁘다.

전문가가 아닌 탐험가처럼 행동하는 겸손한 리더에 대한 인식이 높아지는 이유는 이 데이터로 설명이 될 수도 있다. 2013년 워싱턴 대학교와 뉴욕 주립대학교 버펄로 캠퍼스에서 실시한 연구에 따르면, 겸손한 리더는 직원들에게 불확실하고 지침이 없다는 느낌을 주지 않으며, 직원들은 적극적으로 참여하고 만족하며 충성할 가능성이 훨씬 더 크다. 이러한 인식 덕분에 성과가 최고 수준으로 유지되는 것으로 보인다. 〈하버드 비즈니스 리뷰〉가 유명한 경영 저자들에게 그들이 생각하는 전문가들이 누군지 알려달라고 하자 피터 드러커Peter Drucker가 가장 많이 등장했다. 두 번째는 스탠퍼드 대학교의 짐 마치Jim March였다. 마치는 행동경제학과 조직심리학, 통계학 분야에서 수십 년 동안 연구하고 저명한 논문을 발표한 사람이다. 그의 탐구는 문학과 영화, 시 분야까지 이어진다. 세계 최고의 경영자들은 끊임없이 그에게 끊임없이 조언을 구한다. 그가 기꺼이 제공하는 답변은 다음과 같다.

"나는 내가 유머러스하게 '컨설팅'이라고 부르는 일을 요즘도 가끔 하는데, 그 일은 나한테 누가 점심을 사게 하는 거로 보면 더 좋

언세이프 씽킹

을 겁니다. 어떤 사람이 전화해서 관리자가 나와 이야기를 나누고 싶다고 전하면, 나는 도움이 될 만큼 해줄 말이 없다고 거의 매번 대답하곤 합니다……. 나는 보통 그런 대화가 실질적인 도움이 되기 어렵다고 생각하지만, 가끔은 내가 사물을 바라보는 방식이 확연히 달라서 관리자에게 아주 조금은 도움이 될 수도 있습니다. 그런데 관리자들은 보통 내게 점심 식사를 같이하자고 하지 않을 만큼 현명하므로 내 점심값은 대부분 내가 직접 냅니다."

마치는 다양한 분야에 걸쳐 세계에서 가장 존경받는 전문가 중 한 명인데도 그런 타이틀을 거부한다. 대신 그는 헌신적이고 열심인 탐험가로서 자신의 정체성을 강조한다. 겸손한 척하는 것처럼 들릴 수 있는 이 말은 실제로는 겸손을 나타내고 자아를 다스리는 데 핵심이다. 이를 통해 그는 솔직하게 질문하고 새로운 분야의 지식을 얻으며 자신의 전문 지식을 끊임없이 확장할 수 있다.

속도를 조절하라

2005년 3월 29일, 두 아이의 건강한 엄마인 일레인 브로마일리는 집 근처 병원에 입원했다. 몇 년 동안 브로마일리는 가끔 얼굴이 통통 부어오르는 부비동 질환으로 힘들어했다. 의사는 그녀에게 간단히 수술하면 이 문제를 해결할 수 있다고 말했다.

마취 전문의는 브로마일리를 마취한 직후 그녀의 기도에 문제가 생긴 걸 알았다. 그는 그녀의 목구멍으로 호흡관을 삽입하려 애썼다. 여러 번 시도했지만, 결국 그는 도움을 요청했고, 이비인후과 의사와 선임 마취과 의사가 달려왔다. 하지만 그들은 크게 고통스러워하는 징후가 나타나기 시작한 브로마일리에게 호흡관을 삽입하는데 어려움을 겪었다.

의학계 프로토콜에는 수술 중 환자가 호흡을 멈출 때를 대비한 매뉴얼이 있다. 핸드북에는 "산소공급이 우선일 때는 호흡관을 삽입하겠다고 시간을 낭비하지 말라"라고 나와 있다. 즉시 기관절개술을 시행해야 한다.

하지만 브로마일리의 의사들은 호흡관을 넣으려고 20분 동안 필사적으로 계속 노력했다. 수술실에 있던 간호사들은 의사들에게 기관절개술을 진행하라고 말하고 싶었지만 자기 권한 밖인 것 같아 말하기 두려웠다고 나중에 진술했다. 어쨌든 그 의사들이 전문가였기 때문이었다. 브로마일리의 얼굴이 파랗게 변하고 혈압이 급격히 오르자 한 간호사가 기관절개기구 세트를 가져왔다. 하지만 의사들은 그 간호사를 무시했다. 다른 간호사는 중환자실에 환자 병상을 준비해달라고 요청했다. 그렇지만 의사들은 그녀가 과잉반응을 한다고 지적했다.

25분 뒤 그들은 마침내 호흡관을 브로마일리의 기도에 삽입했다. 하지만 산소공급이 끊긴 25분이라는 시간은 인간의 뇌에는 영원과 같은 시간이다. 일레인 브로마일리는 혼수상태에 빠졌다. 일주일 뒤에는 생명 유지 장치도 제거되었다. 결국 그녀는 4월 11일 사망했다.

브로마일리의 의사들은 기관절개술을 해야 한다고 교육받았어도, 그들이 기관절개술을 하도록 간호사가 권유했어도, 고통이 심해지고 있다는 징후가 분명했어도 잘못된 해결방안에만 집착했고 그만 시간만 낭비하고 말았다.

그 끔찍한 25분 동안 의사들은 고통스러워하는 환자에게 기관삽관을 시도했으나 실패하고, 환자의 생명을 구할 수 있었던 확실한 대체 조치를 하지 않은 이유는 경험이 부족해서가 아니었다. 무능했던 건 더더욱 아니었다. 긴급하게 조치해야 하는 상황에 놓였을 때 전문가가 성급하게 판단한 전형적인 사례였다. 마취과 의사 두 명과 외과 의사 한 명은 합당했으나 궁극적으로는 환자의 생명을 앗아간 행동 방침을 급하게 정했고, 일단 정한 후에는 방향을 바꿀 수 없었다.

우리는 의사에게 완벽함을 기대할 수 없으며 실수는 불가피하다. 하지만 〈뉴 스테이츠맨〉에 브로마일리 사건을 보도한 이언 레슬리 Ian Leslie가 지적하듯이 병원은 예전부터 늘 위험한 곳이다. 영국에서는 환자 안전 관련 사고로 매년 3만 4천 명이나 사망한다. 미국에서는 암과 심장병에 이어 사람의 실수가 세 번째로 가장 흔한 사망 원인으로 여겨진다. 전 세계적으로 보면 병원에 들어왔을 때보다 더 나쁜 상태가 되어 병원을 떠날 확률은 10분의 1이다.

긴급한 상황에서 사람들은 전문가들에게 어려운 문제를 가지고 가서 무엇을 기대할까? 조금씩 내놓는 모호한 반응을 기대할까? 당연히 아니다. 사람들은 전문가들이라면 불확실한 상황에서도 확고한 의견을 신속하게 내놓으리라 기대한다. 하지만 성급하게 내놓은 의견에는 결함이 있을 때가 많으며, 의견은 일단 만들어지면 바꾸기 힘들 수 있다. 사실, 그런 의견은 우리가 현실을 바라보는 방식을 말 그대로 왜곡할 수 있다.

우리가 지금 내기를 한다고 상상해보라. 부분적으로 흐릿한 이미지를 보여줄 테니 당신은 그게 무엇인지 맞춰야 한다. 이 흐릿한 이미지를 당신보다 먼저 본 사람 중 약 절반은 그게 뭔지 정확하게 식별해냈다는 사실을 당신은 알고 있다. 그러니 이건 공정한 내기다. 그런데 이젠 조건을 하나 추가하겠다. 당신은 그 이미지를 보는 방법을 두 가지 중에서 선택할 수 있다. 첫 번째 방법은 부분적으로 흐릿한 이미지부터 시작하여 천천히 극도로 흐릿해질 것이다. 그리고서 당신은 그게 뭔지 추측할 수 있다. 아니면 그 반대를 선택할 수도 있다. 극도로 흐릿한 상태에서 시작하여 천천히 부분적으로 흐려진 상태로 변할 것이다. 당신은 어느 쪽을 선택하겠는가? 그리고 그게 중요하다고 생각하는가?

많은 참가자를 대상으로 실험실 환경에서 실시한 이 실험의 결과는 대단히 놀라웠다. 부분적으로 흐릿했다가 판독이 어려울 정도로 흐려진 이미지를 본 사람들은 계속해서 정답을 50퍼센트 정도 맞췄다. 하지만 완전히 모호한 상태에서 시작하여 점차 해상도가 높아지는 이미지를 본 사람들은 25퍼센트 정도만 정답을 맞혔다! 왜 그랬을까? 그들은 먼저 추측한 것을 거부할 수 없었다. 그리고 일단 그렇게 추측한 후에는 자신들이 틀렸다는 시각적 증거가 명백한데도 생각을 바꾸지 않았다.

아리 크루글란스키와 도나 웹스터 연구원은 이러한 유형의 함정을 '붙잡기와 얼어붙기seizing and freezing'라고 부른다. 이들은 이른바

언세이프 씽킹

'종결 욕구a need for closure' 때문에 그런 현상이 생긴다고 보고 이를 광범위하게 연구했다. 종결 욕구가 강한 사람들은 질문에 대한 확고한 답변을 중요시하고, 모호한 상태가 계속되면 불편해하는 경향이 있다. 익숙하지 않은 도전에 직면할 때, 종결 욕구가 강한 사람들은 초기에 생각해낸 해결책을 '붙잡고' 그다음 '얼어붙는' 경향이 있는데, 이는 그 해결책이 효과가 있다는 증거에만 집중하고 효과가 없다는 증거는 무시하며 그 해결책을 끝까지 고수하는 경향이 있다는 뜻이다. 크루글란스키와 웹스터는 예를 들어 외과 의사들에게서 흔히 찾아볼 수 있는, 매우 유능해 보이고자 하는 욕구가 이러한 특성의 강도를 높이는 경향이 있다는 사실을 발견했다.

'붙잡기와 얼어붙기'는 압박감이 심하고 빠르게 전개되는 상황에서 안정감을 주며 리더들이 강하고 결단력 있어 보이게 한다. 하지만 창의력과 정보 처리 능력은 계속해서 낮은 수준에 머물게 하며, 때로는 일레인 브로마일리의 의사들처럼 끔찍한 결정을 하게 한다.

물론, 그 의사들은 환자에게 조치할 수 있도록 어떤 방법을 신속하게 '붙잡은' 건 당연하다. 환자에게는 산소공급이 필요했고, 수십 가지의 다른 대안을 고려할 시간이 없었다. 하지만 문제는 그들이 왜 그 방법만 고집하며 '얼어붙었는가'이다. 여러 선택지를 신중히 고려하지 않았다는 사실을 알면, 그들이 선택한 행동 방침이 틀렸다면 그들은 그걸 인정할 가능성이 더 크지 않을까? 아이러니하게도 그렇지 않았다. 크루글란스키와 웹스터는 우리가 어떤 사안에 대해 입장을 더 빨리 정할수록 그 입장을 확신한다는 점을 보여주었다. 이는 여러 가능성을 오랫동안 연구하고 고려할수록 더 확신하게 된다는 직관적인 개념과 상반되는 결과다. 대신, 우리는 다른 생각을 떠올리지 않았으므로 그러한 대안은 단순히 존재하지 않거나 분명히 고려할 가치가 없다고 믿는 것과 같다. 따라서 우리가 성급하게 선택한 의견만 옳은 것으로 남는다.

시간이 촉박하고 위험이 클 때 전문가의 판단 말고 분석에 전념하기는 매우 어렵다. 우리는 압박을 받는 상황에서 신속하게 행동하려면 가능성을 좁히고 단호하게 행동하며 전문가의 사고방식으로 다시 돌아갈 수밖에 없다고 생각한다. 그러면 '붙잡기와 얼어붙기'가 뒤따를 것이다. 우리는 무거운 압박감에 시달리는 상황을 피할 수 없지만, 압박감 속에서도 빠르고 합리적으로 작동하도록 설계된 프로세스에 전념하여 미리 그런 상황에 대비할 수 있다. 일레인 브로마일리가 의사들의 '붙잡기와 얼어붙기' 실수로 목숨을 잃은 후, 남편인 마틴은 그러한 관행을 병원 문화에 도입하려고 힘껏 노력했다.

마틴 브로마일리는 베테랑 항공기 조종사다. 아내의 기도 삽관 실패 과정에 대해 상세한 설명을 듣자 그의 머릿속에는 어떤 인식의 불꽃이 생생하게 타올랐다. 자만심이 가득하고 독단적인 항공기 조종사들은 일레인의 외과 의사들이 한 실수와 매우 비슷한 실수를 저질러서 수십 년 동안 수천 명의 목숨을 앗아갔다. 마틴 브로마일리는 끔찍하지만 드물지 않은 데다 이번 사건과 딱 들어맞는 어떤 사례를 떠올린다. 1989년 1월 8일, 브리티시 미들랜드 항공 92편은 런던을 떠나 벨파스트로 향했다. 이륙 직후 기장은 엔진 중 하나에 불이 붙은 것을 발견했다. 기장은 표준 운영 절차에 따라 해당 엔진을 껐다. 모든 것이 괜찮았어야 했지만, 그는 정상적으로 작동하는 엔진을 실수로 꺼버렸고, 비행기는 추진력을 잃었다. 기장이 기내 방송으로 기체 오른쪽 엔진에 문제가 있다고 알렸을 때, 객실 승무원과 승객들 모두 사실은 왼쪽 엔진에 불이 붙었다는 것을 분명히 알 수 있었다. 조종석에 있는 기장의 눈에 보이지 않는 것을 그들은 볼 수 있었지만, 단 한 사람도 감히 말을 꺼내지 못했다. 잠시 후 비행기는 고속도로 제방에 충돌했다. 탑승객 47명이 사망했고 74명은 중상을 입었다.

항공 업계는 전문가의 성급한 판단으로 끊임없이 무분별하게 일어나는 실수를 1990년대까지 완전히 근절하기로 작정했다. 다행히 1970년대부터 개발 중이던 솔루션이 이제 업계 전반에 적용될 준비가 되었다. 승무원 자원 관리는 문제를 발견한 모든 사람에게 목소리를 낼 수 있게 하고 책임도 부여하며, 조종사를 부를 때 이름을 부르게 하고, 부하 직원들은 새로운 가능성을 정중하게 제안하는 대신 직접적이고 명확하게 제안하게 하는 등, 기장의 말은 절대적으로 옳다는 분위기를 완화하는 규칙을 설정했다. 승무원 자원 관리는 항공사 조종사들이 성격과 상황, 지위 때문에 빠르게 결정하려는 종결 욕구가 매우 크다는 점을 인지한다. 하지만 승무원 자원 관리 시스템과 문화는 어떤 결정이 적절하게 고려되고 계획될 때까지 조종사들의 종결 욕구를 억제한다.

스트레스를 받고 단호한 조치가 필요할 때 우리는 그 공간에 있는 가장 권위 있는 전문가에게 의지하고 그 사람의 명령을 따라야 한다고 생각할 수 있다. 그 생각은 리더십과 위계질서의 기본 개념이므로 당연한 것 같다. 하지만 세상에서 위험이 가장 큰 항공 업계는 이를 잘못된 생각으로 여기고 폐기했다.

마틴 브로마일리는 "상황을 가장 잘 볼 수 있는 사람은 그 공간 가장자리에 있는 사람들이며, 그들은 뒤로 물러나 있는 경우가 많습니다"라고 말한다.

일레인 브로마일리에게 기관절개술을 해야 한다고 간호사들이 의사에게 주장하길 두려워했던 것을 기억하는가? 오늘날 항공 업계에서 그런 일은 있을 수 없으며, 마틴 브로마일리는 이젠 수술실에서도 그런 일이 일어나지 않게 하겠다고 결심했다. 외부인이지만 군수업계에 매우 설득력 있는 의견을 제공한 아브라함 왈드처럼 마틴 브로마일리는 자신이 설립한 임상 인적 요소 그룹Clinical Human Factors Group을 통해 영국 병원의 관행에 조용한 대변혁을 일으키고 있다.

"저는 의료계 전문가가 아닙니다. 비행기를 조종하는 사람일 뿐입니다"라고 그는 말한다. 그는 겸손하지만, 세계 최고의 의료 개혁가 중 한 사람이 되었다.

이 이야기의 교훈은 압박받는 상황에서 유능한 전문가는 속도를 늦춘 뒤, 반대되거나 특이한 의견에 귀를 기울인다는 것이다. 이렇게 할 수 있으려면 겸손해야 하고 마음이 열려 있어야 하며 침착해야 한다. 물론 리더의 위치에 있다면 최종적으로는 하나의 행동 방침을 선택해야 한다. 그건 당연하다. 하지만 우리의 본능 때문에 시간에 쫓겨 행동 방침을 정하는 데 다른 가능성을 고려하지 않는다면 '붙잡기와 얼어붙기' 함정에 빠질 가능성이 크다.

허구이긴 했어도 생사의 갈림길을 특히 많이 넘나들었던 〈몬티 파이썬)의 존 클리즈는 마감 기한이 촉박하더라도 더 많은 시간을 미리 확보하는 것이 획기적인 창의성을 발휘하는 열쇠라고 말한다. 사실, 클리즈는 이것이 코미디언으로서의 그의 성공의 핵심이라고 밝힌다.

"나보다 더 재능이 풍부한 것 같은 동료 한 명이 나만큼 독창적인 대본을 만든 적이 한 번도 없었다는 사실이 늘 흥미로웠어요. 한동안 지켜보니 그 이유를 알겠더라고요. 그 동료는 어떤 문제가 생기고 곧바로 해결책을 발견하면 그대로 받아들이곤 했습니다. (내 생각에) 그 동료는 해결책이 그렇게 독창적이지 않아도 그렇게 했어요. 저 또한 쉬운 길을 택해 오후 5시까지 끝내고 싶은 마음이 굴뚝 같았지만 그럴 수는 없었습니다. 또 1시간 15분 동안 그 문제와 씨름하다 보면 결국에는 거의 항상 더 독창적인 방안을 생각해냈어요. 그렇게 간단한 일이었습니다. 그 문제를 더 오랫동안 붙잡고 있었다는 이유만으로 내 작업 결과는 그 동료의 작업 결과보다 더 창의적이었습니다."

조급함은 종결 욕구를 밀어붙인다. 그리고 클리즈는 대본 마감일도 확실히 있었으므로 종결 욕구가 있을 수밖에 없었다. 하지만 마감일이 닥치면 달랐다. 그는 다른 사람들처럼 작업을 끝내야 한다는 조급한 마음에 빠지지 않았고, 그 대신 자신과 거래를 했다. 그는 가능한 한 가장 늦게 아이디어를 선택하고 확정함으로써 조사 시간을 가능한 한 많이 확보했다. 그는 아이디어를 세련되게 다듬을 시간은 희생했지만, 획기적인 독창성으로 만회하고도 남았다.

이렇게 의사결정을 지연시키는 일은 쉽지 않다. 한 가지 이유는 전문가들이 초기에 잠정적인 입장을 정해버리는 흔한 관행 때문이다. 우리의 뇌가 매우 복잡하고 모호한 상황을 해결하게 하는 가장 쉬운 방법의 하나는 잠정적, 즉 임시적인 의견을 만드는 것이다. 우리는 그 의견을 단지 임시방편으로만 활용하며, 데이터와 증거가 계속 제시되면 의견을 바꾸겠다고 다짐한다. 하지만 수많은 연구에 따르면 잠정적인 의견은 일단 만들어지면 우리가 그 의견을 유지하겠다는 특별한 의식적인 동기가 없어도 바꾸기가 무척 어렵다는 점이 밝혀졌다. 전문가가 아닌 탐험가로서 우리는 클리즈처럼 열린 마음으로 숙고하는 데 시간을 조금 더 투자해야 한다. 수술실의 의사결정 또한 생각보다 조급한 경우는 드물며, 조금만 더 숙고하면 큰 변화를 가져올 수 있다.

학습

- **다시 초보자가 되어라**

도전적이면서 익숙하지 않은 어떤 일이든 몰두하면 인지 유연성이 더욱 향상한다. 완전한 초보자가 되면 과도한 패턴 인식을 깨뜨려 나중에 자신의 전문 분야로 돌아올 때도 창의력을 더욱 발휘할 수 있다.

해외에 사는 사람들은 훨씬 더 창의적인 사람이 된다. 해외로 나가지 못하더라도 어떻게 하면 당신의 전문 분야 이외의 분야에서 자주 시간을 보낼 수 있을까?

- **전문가처럼 보이려고 애쓰지 말라**

필립 테틀록이 알아냈듯이 우리는 전문가 행세를 할수록 더 자주 틀리며 더 느리게 배운다. 우리도 틀릴 수 있다고 인정하면 아무도 우리를 따르지 않을까 봐 두려워질 수도 있지만, 연구에 따르면 사람들은 겸손한 리더를 선호한다.

비니트 나야르는 수천 명 앞에서 끔찍하게 춤을 추며 자아를 억제했다. 당신은 전문가가 아니라 탐험가가 되길 목표로 한다고 당신 자신 그리고 당신이 이끄는 사람들에게 강조하려면 어떻게 해야 하는가?

● **중요한 결정은 최대한 미뤄라**

상황이 긴급하게 돌아갈수록 우리는 분명해 보이는 해결책을 '붙잡고 얼어붙어서' 우리가 잘못된 길로 가고 있다는 걸 깨닫지 못한다. 항공 업계 사례에서 알았듯이 긴급 상황이 더 심해지기 전에 속도를 늦추고 의견을 더 많이 들으며 선택지를 더 광범위하게 고려하는 관행을 마련하고 적극적으로 실천해야 한다.

존 클리즈는 반드시 해야 할 때까지 어떤 행동 방침도 결정하지 않음으로써 숙고할 시간을 최대로 확보했다. 그리고 일단 결정하고 나면 단호하게 행동했다. 어떻게 하면 당신은 숙고할 시간을 10퍼센트라도 늘릴 수 있는가? 그렇게 하면 대단히 큰 변화가 생길 수 있다.

언세이프 씽킹

4부

유연성

7장

직관의 두 얼굴

직관은 왜 필요한가? 그리고 왜 위험한가?

"그 사람들이 처음 여기 왔을 때 마을 주민들은 많이 숨었어요." 윌프레다 아굴 오케치는 낯선 사람들이 케냐의 시골 지역에 있는 그녀의 마을로 찾아와 현금을 받아가라며 여성들을 찾아다니던 날을 떠올린다. "주민들은 그 사람들이 우리 피를 뽑아갈 일루미나티라고 생각했어요. 아무 조건 없이 누가 돈을 그냥 주나요?" 오케치는 이 처음 보는 사람들이 무척 두려웠지만, 그녀의 문제가 너무 심각해서 돈을 받으러 나설 수밖에 없었다고 통역사를 통해 내게 말한다. "우리 집은 철판으로 만든 집이었어요. 난 침대도 없었어요. 의자도요."

머칠 후 오케치는 아들이 그녀에게 달려왔다고 회상한다. "'엄마,

돈이 없다고 왜 울어요?' 아들이 내게 묻더군요. '보세요, 돈이 들어왔다고 엄마 휴대전화에 이렇게 나와 있잖아요!'" 오케치는 1만 케냐 실링, 그러니까 약 10만 원을 받았다. 그녀는 이렇게 처음 송금받은 돈으로 철문과 태양열 램프를 샀다. 이제 더는 집에 불을 밝히려고 등유를 살 필요가 없었다. 그다음 송금받은 돈으로는 빗물이 새는 걸 막기 위해 벽에 정기적으로 동물 배설물을 바를 필요가 없도록 벽에 회반죽을 칠했다. 나는 그녀가 자력으로 집 보수를 할 만큼 돈을 모으는 데 얼마나 걸리겠냐고 묻자, 그녀는 잠시 생각하더니 이렇게 대답했다. "절대로 돈을 모으지 못해요."

몇 주가 지났다. 그동안 오케치의 피를 요구하거나, 돈을 주었으니 뭐라도 내놓으라고 강요하는 사람은 아무도 없었다. 오케치는 기브디렉틀리라는 단체가 운영하는 무척 특이한 구호 프로그램에 등록했다. 그들의 모델은 가장 가난한 사람들에게 아무것도 묻지 않고 돈을 주는 것이다. 기브디렉틀리에서 기부자 관계를 관리하는 이언 바신Ian Bassin은 그 돈을 받은 사람 중 일부가 처음에 그랬듯이 이러한 접근법은 범죄까지는 아니더라도 무책임하게 들린다고 인정한다. "우리는 대부분 사람에게 본능적으로, 또 심리적으로 거부감이 들게 하는 일을 하라고 사람들에게 요구한다는 얘기죠"라고 그가 말한다.

당신은 다음 두 문장 중에서 어느 쪽에 동의하는가?

사람에게 물고기를 주면 하루 동안 먹일 수 있다. 사람에게 낚시하는 법을 가르치면 평생 먹일 수 있다.

언세이프 씽킹

도움이 필요한 사람을 돕는 가장 좋은 방법은 그 사람에게 돈을 주는 것이다.

거의 모든 사람은 첫 번째 문장을 선택한다. 이는 굶주린 아이들을 돕기 위해 몇 천 원을 기부하는 사람들 그리고 수조 원의 국제 원조 기금을 제공하고 기부 결과를 광범위하게 분석한 사람들 모두에게 해당된다. 가난한 사람들은 돈만 부족한 게 아니라, 돈을 가장 잘 쓰는 방법에 대한 지식 또는 돈을 건설적인 방법으로 쓸 책임감도 부족하다는 생각은 자명한 사실이었다. 그러므로 대부분 자선단체는 사람들을 위해 돈을 쓰거나 더 나은 삶의 방식을 교육하는 프로그램을 만든다.

마이클 페이, 폴 니하우스 및 기브디렉틀리 팀원들은 기존의 일반적 국제 원조 방식을 검증하지 않는 건 실수라고 생각했다. 하버드 대학원 경제학과 대학원생이던 이들은 가난한 사람들, 당사자가 자신에게 필요한 것이 무엇인지 제일 잘 알 것 같다는 데 생각이 미쳤다. 실제로 그들은 브라질과 멕시코 같은 나라가 극빈층 공공 지원 중 일부를 현금 지급으로 대체하자 놀랄 만큼 좋은 결과를 얻었다는 사실을 확인했다. 그래서 그들은 케냐의 극빈층에게 각각 약 150만 원의 현금을 지급하는 소규모 기부 단체를 만들기로 했다. 케냐는 휴대전화가 널리 보급되었으므로 그들은 기존의 중개인 조직에 의존하지 않고 수혜자의 휴대전화로 직접 현금을 보낼 수 있다는 사실을 알았다. 그들은 결과를 엄격하게 테스트할 생각이었다. 기부 프로그램은 그게 전부였다. 수령자에게 조언할 계획도 없었다. 수령자가 받은 기부금을 쓰면 안 되는 분야도 없었다. 누구에게도 낚시하는 법을 가르쳐주지 않았다.

처음 얻은 결과는 매우 희망적이었다. 기부금 수령자들은 오랫동안 미뤘던 병원 진료를 받았고 사업을 시작했으며 집 지붕을 더 튼튼하게 손보는(이것이야말로 장기적으로 보면 좋은 점이 많다) 등 받은 돈을 현명하게 썼다. 일반적인 사회 통념처럼 음주나 도박은 증가하지 않았다. 기부 프로그램에 투입된 자금의 90퍼센트 이상이 수령자들에게 직접 전달되었다.

나와 대화를 나눈 또 다른 수령자인 마가렛 아도요 라추오뇨는 기브디렉틀리에서 현금을 이체받았을 때 그 돈을 어디에 써야 할지 정확히 알고 있었다. "고아가 된 손녀를 고등학교에 보낼 돈이 없어서 난 동네 웃음거리였는데, 그 돈으로 책과 교복을 사서 손녀를 학교에 보냈어요."

이렇게 희망적인 이야기는 외부 학계의 긍정적인 평가 결과와도 일치했다. 페이는 그때 이젠 그 모델을 확장해야겠다고 생각했다. "그 아이디어를 주변에 알리자 우리가 정신 나갔다고 여긴 사람들이 많았어요"라고 그가 말했다. "하버드 비즈니스 스쿨의 어떤 교수님께서 그 모델 말고 차라리 소액 대출 기관을 설립하라고 조언하신 게 기억납니다. 구글닷오알지Google.org는 '헛소리 말고 증거부터 보여주세요'라고 했고요."

그들은 그렇게 했고 얼마 지나지 않아 구글은 그들에게 약 27억 원을 지원했다. 몇 년 후 기브디렉틀리는 페이스북의 공동 창립자인 더스틴 모스코비츠와 그의 아내 카리 투나가 설립한 재단에서 약 335억 원을 더 받았다. 그로부터 몇 년 후, 기브디렉틀리는 가난한 사람들에게 아무것도 묻지 않고 나눠줄 기부금을 약 1700억 원 이상 모금했다. 현재 기브디렉틀리는 계속해서 세계에서 가장 유능한 자선단체 중 하나로 평가받고 있다.

"사람에게 낚시하는 법을 가르쳐라"라는 오래된 격언이 왜 그토록 지배적이었을까? 증거가 무척 많아서가 아니다. 그 말이 진짜 옳은 것 같기 때문이다. 당신은 지금까지 기브디렉틀리에 대한 글을 읽었어도 여전히 그렇게 생각할 것이다. 우리는 사람에게 어떤 형태로든 낚시하는 법을 가르쳐야 한다는 말을 귀가 닳도록 들었으므로 직관적으로 받아들여버린다. 우리는 그 말이 옳은지 생각할 필요가 없다. 그 말이 옳다는 걸 그냥 직감으로 안다.

이번에는 페이의 반론을 숙고해보자. 부유한 선진국 사람들은 주변의 가난한 사람들이 정신병을 앓고 있고 트라우마에 시달리며 사회에서 소외된 모습이 눈에 들어온다. 선진국의 빈곤은 복잡한 사회현상이며, 빈곤에 시달리는 사람들에 대해 매우 특정한 생각과 편견을 갖는 것이 일반적이다. 하지만 수많은 개발도상국에서 극심한 빈곤은 다만 그곳에서 태어난 결과일 뿐이다. 이 사람들은 사회의 낙오자가 아니며 주류 사회에 참여할 능력이 충분하다. 자, 이 사실을 이해했다면 당신의 직관은 바뀌고 있는가? 이는 페이와 그의 동료들의 직관을 바꿨고, 그들이 거둔 인상적인 성과 덕분에 이제는 모든 선진국의 직관을 바꾸고 있다.

괴상하지만 훌륭한 생각

획기적인 돌파구는 대부분 직관에 반하는 괴짜 같은 아이디어들을 추구할 때 생겨난다. 처음에는 그것들을 추구하는 사람들에게조차 직관에 어긋나는 것처럼 보일 수도 있다. 얼마 전까지만 해도 사람들은 낯선 사람의 차에 절대 타지 않는다고, 한 번도 본 적 없는 사람의 아파트에서 잠을 자지 않는다고, 가장 중요하고 민감한 내용을 담은 파일을 클라우드라는 추상적 영역에 업로드하지 않는다고 누구든 장담할 수 있었다. 아무것도 따지지 않고 돈을 나눠주기 같은 사업 모델 또한 사람들이 공통으로 가진 기본적인 직관에 정면으로 배치된다.

이런 사업들은 몇 명의 사람들이 실제로 사업화할 만큼 믿기 전까지는 직관에 매우 어긋났다. 하지만 어느새 그 사업들은 택시를 부르거나 방을 빌리거나 데이터를 저장하는 가장 직관적인 방법이 되었다. 사실, 이젠 그것들이 없는 삶을 상상하기 어렵다.

저명한 창의성 연구가인 로버트 스턴버그에 따르면, 직관에 반하는 아이디어들은 사람들이 거의 고려조차 하지 않는 가능성으로 이끈다. 이것이 바로 창의적인 돌파구가 되는 핵심 이유다. 스턴버그는 창의적인 사람들이 '참신하고 어쩌면 조금 우스꽝스러운' 아이디어에 시간을 쓰고 돈도 종종 쓸 만큼 대담하다는 점에서 훌륭한 투자자에 비유한다. 그는 창의적인 사람들이 '아이디어의 세계에서 낮은 가격에 사고 높은 가격에 팔 수 있는' 기회를 포착하는 데 능숙하다고 말한다. 창의적인 사람들은 가치가 낮은 아이디어에 반복하

언세이프 씽킹

여 투자하고, 그 아이디어가 받아들여지면 보상을 얻는다.

물론, 직관에 반대되는 아이디어의 상당수는 사실 완전히 틀린 경우가 많다. 틀렸다고 보이는 것들은 이유가 있을 때가 많다. 그렇다면 우리는 직관을 거스르는 아이디어를 추구하고자 할 때 진행할지 말지 어떻게 정할 수 있을까? 아예 새로운 길을 개척할 때는 확실한 분석 사례를 만들기 위한 데이터를 거의 구할 수 없다. 앞으로 나아가려면 직관에 반하는 경로를 따르겠다는 용기와 단호한 결심이 필요하다.

그 용기와 단호한 결심은 어디서 나오는 걸까? 분석만으로는 그 특이한 아이디어가 옳다고 증명할 수 없다. 다소 아이러니하게도 직관에 어긋나는 돌파구는 직관을 무시할 때가 아니라 적절할 때 직관에 시간과 노력을 쏟으면 생길 때가 많다.

그래서인지 복잡한 대기업의 최고 경영진은 자신의 직관을 가장 큰 자산으로 내세울 때가 많다. 제너럴 일렉트릭의 잭 웰치는 좋은 결정은 '직감에서 바로' 나온다고 말했다. 존슨&존슨의 전 CEO인 랠프 라슨은 직관의 높고 낮은 수준이 고위 경영진과 중간 관리자를 구분한다고 주장한 것으로 유명하다. 그리고 이 세상은 데이터가 더욱 풍부해졌는데도 놀랍게도 직관은 경영진이 여전히 가장 선호하는 도구다. 1,000명 이상의 경영진을 대상으로 한 2014년 설문 조사에 따르면 비즈니스 리더들은 데이터나 다른 사람의 조언보다 직관에 가장 많이 의존한다고 나타났다.

그렇다면 우리는 다른 사람들이 이상하다고 여기는 아이디어에 무작정 뛰어들어야 할까? 그렇게 빨리 뛰어들 필요가 없다. 직관은 강력하기는 하지만 변덕스럽고 신뢰할 수 없다. 우리가 직관 또는 직감으로 여기는 메시지 중 일부는 진짜가 아니다. 그 메시지는 편견, 내면화된 사회적 통념, 잘못된 패턴 인식으로 가득할 수 있다.

앞으로 이어질 세 장에서 우리는 사람들 대부분에게 직관에 반대되는 듯하지만, 궁극적으로 지능적인 아이디어를 만들어내는 방법 학습을 목표로 직관을 탐구할 것이다. 먼저 우리는 '무엇인가 안다는 신비로운 느낌'인 직관이 어디에서 비롯하는지, 그리고 불확실성을 헤쳐나가려면 왜 직관이 필요한지 알아볼 것이다. 직관은 꼭 필요하지만 우리를 속일 수도 있다. 그러므로 잘못된 가정과 편견에서 좋은 직관을 구별해내는 방법을 살펴보겠다. 자신의 직감에 의문을 제기하려는 사람들에게 과학은 직관을 갈고 닦는 수많은 도구를 제공한다. 마지막으로, 우리 자신의 직관적인 프로세스에 대한 더 깊은 이해를 바탕으로, 사람들 대부분에게 완전히 틀린 것처럼 보이지만 실제로는 매우 창의적인 잠재력을 지닌 아이디어를 개발하는 방법을 살펴보겠다.

우리 안의 숨겨진 천재성

모든 사람은 매일 직관을 경험한다. 우리는 복잡한 상황을 보다가 '순간적으로 뭔가 안다'는 느낌을 받는다. 논리 또는 여러 단서를 따라 추론한 것이 아니다. 대신, 우리는 신체적인 감각을 종종 동반하는 감정적인 감각을 느끼며, 이는 마침내 의식적인 생각으로 통합

　　　　　　　　　　　　　　　　　　　　언세이프 씽킹

된다. 그래서 우리는 흔히 몸으로 직관을 느낀다고 말한다.

그렇다면, 이러한 '안다'는 느낌은 어디에서 오는 걸까?

우리가 흔히 '직관'이라고 부르는 것은 사실 우리가 매우 비슷하게 경험하는 서로 무척 다른 정신적인 과정mental process 두 가지를 의미한다. 첫 번째는 간단히 잠재의식 과정subconscious processing이라고 부를 수 있는데, 우리의 뇌가 의식적으로 주의를 기울일 때 뒤편에서 정보를 논리적으로 분석하다가 그 정보가 일관성을 갖게 되면 직관이 갑자기 생겨난다. 이러한 유형의 직관은 의식적인 생각에 활용되는 것과 유사한 뇌 신경 경로를 쓰므로 그 결론은 정확하게 설명하고 정당화하긴 어려워도 의식적인 생각만큼 '똑똑'할 수 있다. 사실, 이러한 유형의 직관은 의식적인 생각에 비해 장점이 몇 가지 있다. 잠재의식 추론은 우리의 예상보다 훨씬 더 많은 정보에 접근할 수 있다. 연구원들은 우리의 주의attention를 빙산에 비유하며, 의식적인 생각을 수면 위로 보이는 부분과 동일시한다. 우리는 수면 위로 보이는 빙산을 관찰할 수 있고 그 존재를 인식한다. 반면에 우리의 잠재의식 주의subconscious attention는 수면 아래에 있으며, 관찰할 수는 없지만 유사한 물질로 구성되어 있고 훨씬 더 부피가 크다. 잠재의식 과정에 대해 이렇게 이해하면, 일종의 마법처럼 취급되던 직관이란 것은 우리가 볼 수 없는 데서 이루어지는 훨씬 더 친숙한 사고방식으로 쉽게 이해할 수 있다. 가장 자주 인용되는 20세기 심리학자 중 한 명인 허버트 사이먼은 심지어 직관이란 "단순하게 습관으로 굳어진 분석에 불과하다"라고 했다. 그는 "우리는 늘 지각 시스템으로 들어오는 것들을 바탕으로 결론에 도달하는데, 이 지각 시스템에서 우리는 지각의 결과는 알고 있지만, 그 단계는 알지 못한다"라고 설명한다.

잠재의식 과정이 우리의 논리적 사고에 매우 이질적으로 보이는 한 가지 이유는 그 인식 감각이 최근 진화한 언어적 또는 이성적 신경 경로가 아니라, 감각과 느낌을 전달하는 훨씬 오래된 시스템을 통해 수중에서 수면으로 이동하기 때문이다. 이는 직관의 신호가 처음에는 신체적이고 감정적인 이유를 부분적으로 설명해주며, 우리가 왜인지 설명할 수 없는 '직감'을 느끼는 이유이기도 하다.

직관의 두 번째 원천은 대니얼 카너먼Daniel Kahneman과 아모스 트버스키Amos Tversky가 '휴리스틱heuristics'이라고 부르는, 복잡한 세상을 빠르고 효율적으로 이해하기 위해 쓰는 정신적인 방법에 의존한다. 다시 말하자면 순간적인 판단을 뜻한다. 휴리스틱은 우리의 심리적 기질에 깊이 자리 잡고 있으며, 과거 경험과는 상관없을 때가 많다. 이 방법은 후천적으로 배운다기보다는 선천적으로 타고날 때가 많다. 예를 들어, 우리는 연속적으로 근접하게 일어나는 일들을 인과관계로 (또는 인과관계가 아니더라도) 관련시킨다. 또 다른 휴리스틱은 만약 우리가 어떤 사람이 얼마나 신뢰할 수 있는지 알고 싶다면, 그 사람의 특성을 우리가 잘 아는 사람들과 비교시킨다.

휴리스틱은 수면 아래서 일어나는 첫 번째 직관적인 분석 과정과 같지 않다. 이 두 과정은 뇌의 각각 다른 영역을 쓰는 경향이 있다. 카너먼 등은 휴리스틱의 정신적인 과정을 '시스템 1'이라고 부르지만, 분석은 완전히 다른 시스템인 '시스템 2'에서 작동한다.

이 두 가지 현상은 서로 다르지만, 이 두 가지 유형의 직관은 거의 똑같아 보인다. 잠재의식 과정과 마찬가지로 휴리스틱 사고는 신체와 느낌을 통해 그 결과를 전달하는 경향이 있다. 둘 다 저절로 일어난다는 점에서도 이 두 가지는 매우 비슷하게 느껴진다. 잠재의식 과정은 시간이 상당히 소요될 때가 많지만, 우리의 뇌가 저 뒤편에서 작동하고 있다는 사실을 우리는 모르고 있으므로 직관은 한꺼번에 생겨나는 것처럼 느껴질 수도 있다. 반면에 휴리스틱 사고는 번개처럼 빠르게 이루어진다. 그래서 카너먼은 이를 '빠르게 생각하기 thinking fast'라고 부른다.

물론, 열심히 연구하는 학자와 철학자, 심리학자, 신비주의자들은 이 두 가지 유형의 직관만 밝혀내지는 않았다. 여러 문화권에서 사람들은 집단이 가진 지혜의 원천을 활용하거나 환각을 일으키는 약물을 쓰거나 종교를 주관적으로 깊이 체험한 데서 뭔가 알아냈다는 직관적인 감각에 관해 이야기해왔다. 이러한 유형의 직관은 이 책이 다루는 범위를 벗어난다. 여기서는 직관의 정의를 과학적 방법으로 가장 잘 관찰할 수 있는 유형인 잠재의식 과정과 휴리스틱 사고로 제한하겠다.

직관의 힘은 최고로 발휘되면 놀라운 결과를 가져온다. 몇 가지 사례를 보자.

포뮬러 원 자동차 경주 대회에 참가한 어떤 드라이버는 수천 번이나 고속 주행 연습을 했던 급커브길에 가까이 접근하는 중이다. 그런데 갑자기 급브레이크를 밟고 싶다는 충동을 강하게 느낀다. 급브레이크를 밟자 그때까지 보이지 않던 앞쪽 트랙의 사고 현장이 시야에 들어오고 거기서 아수라장이 된 자동차들과의 충돌을 가까스로 피한다. 그는 왜 브레이크를 밟았는지 모른다. 하지만 그 결정이 자신의 목숨을 구했다는 건 안다. 사건 영상을 법의학 심리학자들과 함께 본 후에야 그는 자신의 잠재의식이 어떤 단서를 포착했는지 깨닫는다. 영상에는 관중들이 그를 쳐다보지 않고 트랙 저쪽을 꼼짝 않고 응시하는 모습이 담겨 있는데, 이는 저 앞쪽에 뭔가 크게 잘못되었다는 뜻이다.

볼프강 모차르트는 교향곡 작곡 과정을 알려주는 편지를 친구에게 쓴다. "교향곡이 어디에서 어떻게 만들어지는지 잘 모르겠어"라고 그는 설명한다. "내 상상 속에서 각 부분은 연속하여 들리지도 않아. 나한테는 한꺼번에 들리기 때문이지. 이런 이유로 악보를 그리는 작업을 상당히 빨리 마치게 돼. 전에 말했듯이 작곡은 모두 끝났기 때문이지. 또 그 악보는 내가 상상 속에서 들은 것과 거의 차이가 없어." 모차르트는 자신의 잠재의식에서 들은 소리를 악보로 표현할 때 이루 형언할 수 없이 기쁘다고 묘사한다. 그는 마치 다른 사람이 작곡한 교향곡을 즐겁게 듣는 듯하다. 그만큼 모차르트의 교향곡은 그의 의식적인 생각에서 멀리 떨어져 있다.

텔아비브 대학교에서 실시한 연구 참가자들은 아주 어려운 수학 과제를 받는다. 그들은 화면 왼쪽과 오른쪽에 있는 숫자들을 보고 높은 평균 쪽을 선택해야 한다. 두 쌍에서 네 쌍의 숫자가 화면에서 2초마다 바뀐다. 숫자들을 평균을 비교하기는커녕 숫자들을 전부 확인할 시간도 거의 없다. 여섯 쌍이 보이자 참가자들은 65퍼센트의 확률로 정답을 선택한다. 이는 우연히 맞힐 때보다 훨씬 더 높은 수치다. 24쌍을 보여주었을 때는 숫자가 어마어마하게 많았는데도 참가자들은 90퍼센트의 확률로 정답을 '추측' 한다. 연구원들은 참가자들이 의식적인 생각을 하지 못하도록 완전히 압도함으로써 거의 모든 참가자의 천재성을 밝혀낸다.

이렇게 직관이 작용하는 세 가지 사례에 따라 연구원들은 직관이 특히 권장되는 세 가지 상황을 알아냈다. 첫 번째는 시간이 절대적으로 중요할 때다. 포뮬러 원 드라이버는 모든 선택지를 따져볼 여유가 없다. 브레이크를 밟거나 밟지 않는 것뿐이다. 직관에 의지해야 목숨을 구한다. 두 번째 상황은 문제가 복잡하고 구체적인 정의가 없을 때다. 명작 교향곡을 작곡하는 일이 바로 그런 문제다. 훌륭한 작품을 만드는 방법에 대한 지침과 선례가 도움이 될 수는 있지만, 그것만으로는 창의적인 독창성을 설명할 수 없다. 정해진 규칙과 분석이 실패하는 공백 상태에서 직관의 가치는 점점 더 커진다. 셋째, 정보가 너무 많거나 적을 때 직관이 필요하다. 수학 연구 참가자들은 데이터가 넘쳤으므로 정답을 찾으려면 휴리스틱처럼 직관적인 감각에 의존할 수밖에 없었다. 어쩔 수 없는 상황일수록 계산의 정확도는 더욱 높아졌다.

직관은 우리 안의 천재성을 활용할 수 있게 한다. 동시에 시대에 뒤떨어지거나 잘못된 사회적 통념이 넘쳐나는 세상에서 우리는 직관이 필요하다. 다른 사람들이 놓친 패턴을 찾아내고, 창의적인 아이디어의 세계에서 '낮은 가격에 사서 높은 가격에 팔기' 위해, 거절과 경멸을 당하더라도 끈기 있게 버티려면 이 대단히 중요한 사고 능력을 활용해야 한다.

직관은 대단히 중요할 수 있지만, 의식적이고 분석적인 생각보다 항상 더 똑똑한 것은 아니다. 의식적인 생각과 마찬가지로 잠재의식적인 생각도 잘못된 패턴을 찾아낼 수 있고, 또 우리를 잘못된 결론으로 이끌 수 있다. "사람에게 낚시하는 법을 가르쳐라" 같은 격언을 너무 자주 들으면 그 말은 우리의 잠재의식 지식 시스템에 퍼져 내면화될 수 있다. 그리고 '휴리스틱'이라는 말은 '편향'과 같은 의미로 자주 사용될 만큼 어떤 상황에서는 우리를 아예 잘못된 길로 이끌 수 있다.

뛰어난 직감의 근거 없는 믿음

실리콘 밸리 투자자들은 대체로 탁월한 직관력으로 유명하다. 복잡해지고 모호해진 세상에서도 이 분야의 도전은 분명히 다르다. 엔젤 투자자와 벤처 캐피털리스트는 정보가 너무 많거나 적어도 신속하게 판단해야 할 때가 많다. 투자의 세계는 정의가 잘못되고 선례가 없을 때가 많다. 그들은 다른 사람들이 볼 수 없는 패턴을 발견할 때 성공한다. 세상을 뒤흔들 수 있는 기발하면서도 직관에 반하는 사업 모델을 찾아내어 명성을 얻는다.

이러한 투자자들이 살아가는 환경은 직관이 뛰어나야만 활동할 수 있을 것 같다. 당신은 투자자들이 직관에 의존한다고 떠들어대는 소리를 자주 들을 것이다. 하지만 투자자들의 직관은 실제로 얼마나 뛰어날까? 그들은 다른 사람들이 놓치는 기회를 포착하는 데 도움이 되고 믿을 만한 직관 그리고 군중심리를 따르게 하는 편향되고 근거 없는 직관을 구분할 수 있을까? 확실한 답이 없는 질문처럼 들릴 수도 있지만, 데이터를 보면 이 업계의 킹메이커들에 대해 정신이 번쩍 들게 하는 측면을 알 수 있다. 그것은 우리 모두에게 직관이 어떻게 작동하는지에 대한 중요한 단서를 알려주는 답이다.

매년 수십조 원의 엔젤 투자금과 벤처 투자금이 오가는 상황에서 와튼 스쿨의 로라 황은 투자자들이 투자할 회사를 정할 때 실제로 어떤 생각을 하는지 알아두면 도움이 되겠다고 생각했다. 예를 들어, 지금은 어렴풋한 아이디어만 있지만 언젠가는 수백억 원을 돌려받을 수 있는 회사에 약 6천만 원을 투자한다면 어떤 회사를 선택할지 어떻게 결정할 수 있는가? 엔젤 투자자는 사업 모델 설명 자료, 광범위한 시장 분석, 사업가와 개인적인 친분 또는 언젠가 크게 성공하리라는 직감에 따라 투자할 회사를 고르는가? 로라 황은 투자자들에게 단순히 물어볼 수도 있었지만, 복잡한 의사결정을 할 때 사람들은 자신의 의사결정 프로세스를 정확하게 전달하는 데 무척 서툴다는 점을 스스로 알고 있다. 그래서 로라 황과 연구원 몇 명은 엔젤 투자 회사 다섯 곳을 2년 동안 자세히 지켜봤다.

로라 황의 데이터 분석 결과는 지금까지 미스터리와 신화에 가려져 있던 과정을 흥미롭게 밝힌다. 그녀는 초기 투자자들이 자신의 관심 분야를 의식적으로 두 가지로 분류한다는 사실을 알아냈다. 첫 번째 범주는 데이터였다. 사업가가 제시한 재무제표와 사업 전략, 시장 환경에 대한 폭넓은 이해, 스프레드시트로 빠르게 계산해낸 기타 수치를 통해 수집한 것이다. 투자자들은 순전히 단계별 분석을 하고 있었다. 두 번째 범주는 해당 사업가에 대한 인식이었다. 투자자들은 이 사람을 신뢰하는가? 그 사람은 이전에 그들에게 성공을 안겨준 사람과 외모, 목소리 또는 태도가 비슷한가? 투자하는 게 좋겠다는 생각이 드는가? 이런 데이터는 스프레드시트로 처리되지 않았다. 여기서 투자자들은 대놓고 감정과 직관에 의존했다.

"그게 바로 제가 투자 결정을 하는 방식이에요. 저는 직감을 따르거든요. 마음이 가는 대로 해야 해요. 그렇게 하면 늘 결과가 좋았어요"라고 어떤 투자자가 로라 황과 함께 일하는 연구원에게 말했다. 또 다른 투자자는 "때로는 사업가를 만난 지 5초 만에 그 사람에 대한 느낌이 어떤지, 인간적인 면에서 그 사람에 대해 전반적으로 어떻게 인식하는지 바로 알 수 있어요"라고 말했다. 테틀록이 연구한 융통성 없는 전문가들과는 다르게 이 투자자들은 정신 모형mental model을 의식적으로 활용하지 않았다. 그들은 자신의 감정과 신체에 귀를 기울이고 있었다. 로라 황은 투자자들이 이런 말도 했다고 한다. "저는 제가 만족하니까 투자해요. 그게 제 투자 방식입니다."

로라 황이 연구한 투자자들은 대부분 데이터와 직감이 일치하는 투자 기회를 찾고 있었다. 그녀의 말에 따르면 이상적인 상황은 다음과 같다.

사업 타당성 + 사업가에 대한 느낌 = 투자 결정

하지만 이 간단한 공식에는 문제가 하나 있다. 이 투자자들은 이른바 '홈런', 즉 아무도 알 수 없는 저렴한 투자 기회를 찾고 있다는 점이다. 낮은 가격에 사서 높은 가격에 파는 방법이다. 사업 타당성

언세이프 씽킹

이 엄청나게 뛰어나고 사업가가 무척 매력적인 확실한 경우라면 모두 투자하겠다고 나선다. 하지만 홈런을 치기에는 너무 늦는다. 숨겨진 기회를 손에 넣으려면 모든 사람이 보는 관점과 다르게 반직관적인 관점이 어느 정도 있어야 한다. 위에 제시한 공식이 약간 말이 되지 않을 때, 즉 데이터가 사업가의 범접할 수 없는 카리스마와 조금 충돌할 때 투자할 수 있어야 한다. 그렇다면 그 두 가지가 일치하지 않을 때 투자자들은 어느 쪽을 선호하는가? 투자자들은 사업가에 대한 직관에 크게 의존했다. 어떤 투자자는 그 일반적인 전략을 이렇게 설명했다. "저는 다이아몬드 원석을 찾아내려고 노력해요. 너무 터무니없긴 하지만 실제로는 효과가 있어요. 터무니없는 아이디어를 가져다가 완전히 혁신적인 사업으로 일구는 적임자가 있으니까요." 다른 투자자는 더욱 직설적으로 말했다. "저는 사업가한테나 관심이 있지, 재무제표나 사업 계획 따위는 관심이 없어요. 지금까지 가장 성공적인 투자는 제 직감을 믿을 때 이뤄졌어요. 사업가에 대해 제 직감이 알려주는 것만 믿고, 다른 것은 전부 버렸습니다."

"투자자들은 비즈니스 데이터보다 직관을 우선했습니다"라고 로라 황은 결론지었다.

로라 황은 초기 투자 단계에서 직관이 어떻게 활용되는지 이야기 해주었지만, 나는 투자금 규모가 더 커질 때도 그렇게 하는지 알고 싶었다. 초기 기업은 일단 엔젤 라운드 투자를 받고, 성장하기 시작하면 수백만 원이 아닌 수십억 원의 벤처 자금을 투자받으려 한다. 그럴 때도 직관이 여전히 투자를 결정하는 원동력일까? 이에 대한 답을 찾기 위해 나는 트리시 코스텔로를 찾았다. 코스텔로는 로라 황처럼 학문적인 분석을 하진 않았지만, 그 대신 현대식 벤처 기업투자 분야를 설립했던 경험을 들려준다.

1991년 제약회사 임원이자 억만장자인 찰스 에윙 카우프먼은 그동안 모은 재산으로 무슨 일을 하고 싶은지 결정했다. 그는 전례가 없는 기업가 정신 분야의 자선가가 되기로 했다. 그는 코스텔로에게 자선 재단의 경영진에 합류해달라고 요청했다.

코스텔로는 이 비영리 단체를 설립하고 이후 15년간 이끌어온 이야기를 하면서 "모든 것이 너무 실체가 없어서 기업가 정신이 사회적 이익이 있는지 국세청이 알아내는 데만 몇 년이 걸렸어요"라고 말한다. "당장 법에 따라 우리는 연간 약 1천억 원을 투자해야 했어요. 그래서 우린 가능한 한 가장 큰 영향을 끼치려고 했지요. 그때까지만 해도 벤처 업계는 보잘것없었어요. 동부 해안가에 사는 부유한 가족들만 관심 있었죠. 우리는 기업가들을 교육하면 도움이 되리란걸 알았지만, 벤처 투자자들을 교육하면 그들이 투자할 기업가 수천 명에게 기하급수적인 영향을 미친다는 점도 잘 알고 있었어요."

코스텔로는 카우프먼에게 교육받은 벤처 투자자들이 이제는 매년 약 60조 원을 투자한다고 말한다. 그녀는 수년에 걸쳐 업계가 발전하고 성숙해지는 모습을 지켜봤는데, 한 가지 측면은 거의 변하지 않았다. 그것은 바로 벤처 투자자들은 투자 결정을 내릴 때 직감에 대단히 크게 의지한다는 점이다.

"그 사람들은 그냥 알 수 있다고 말할 거예요. 어떤 느낌이 드는거죠." 여성 사업가들을 더 많이 양성하는 데 초점을 맞춘 투자 펀드

언세이프 씽킹

인 포트폴리아를 운영하는 코스텔로는 벤처 투자자들의 공통된 경험에 대해 이렇게 말한다. "그리고 벤처 투자자들은 이러한 신비로움을 유지하고 싶어 해요. 직관은 가르칠 수 없고, 직관이 자신을 특별하게 만든다고 생각하죠. 드물긴 하지만 그렇게 뛰어난 재주가 있는 벤처 투자자들도 있어요. 하지만 많은 투자자에게 직관은 그렇게 도움 되지 않는 패턴 인식이에요."

대화가 이쯤 이르자 코스텔로는 내게 다이아나 리포트Diana Report를 읽어봤냐고 물었다. 나는 꼭 읽겠다고 대답했다. 실리콘 밸리 투자자들의 우월한 직관에 대한 신화가 상당 부분 무너지고 있는 현실을 여기 소개하겠다.

2011년부터 2013년까지 여성 CEO가 있는 기업들은 벤처 캐피털 투자로 약 2조 원을 받았고, 남성 CEO가 이끄는 기업들은 그 금액의 34배를 받았다. 벤처 투자를 받은 기업들의 85퍼센트는 경영진에 여성이 한 명도 없었다. 뱁슨 칼리지 연구원들이 작성한 다이아나 리포트는 여성 사업가 투자에 대한 벤처 업계의 편견을 1999년부터 추적했으며, 그 결과는 간단히 말하자면 실망스러웠다.

투자자의 직관은 투자를 유치하려고 사업 모델을 발표하는 사람에 대한 직감에 기초한다. 그리고 그 직감은 여성은 기업을 성공적으로 운영하는 방법을 잘 모른다고 여기는 경향이 있다. 사실, 2014년 하버드대 연구에 따르면 남성과 여성이 동일한 사업 아이디어를 발표했을 때 노련한 투자자들은 남성에게 투자할 가능성이 60퍼센트 더 높았다. 업계에서는 명확한 패턴 인식을 하고 있지만 그게 정확한 걸까? 포퓰러 원 드라이버나 텔아비브 대학교 숫자 추정 실험 참가자들에게 작용했듯이 직관은 이렇게 정치적으로 옳지 않은 경우라 할지라도 효과적인 의사결정으로 이어질 수 있을까?

자신의 직감이 뛰어나다고 생각하는 투자자들은 데이터를 좋게 보지 않는다. 하지만 여성은 벤처 기업을 오히려 더 성공적으로 이끄는 경향이 있다. 2만 2,000개의 상장 기업을 대상으로 한 최근 연구에 따르면, 여성의 리더십 직책이 0퍼센트에서 30퍼센트로 증가하면 회사 수익성은 15퍼센트 증가하는 것으로 나타났다. 벤처 투자를 받은 기업의 85퍼센트에서 여성 리더의 비율은 0퍼센트라는 사실을 기억하라. 최근 카우프먼 재단은 여성 테크 기업가가 남성 기업가보다 투자 수익을 평균 35퍼센트 더 많이 창출했다는 사실을 알아냈다. 여성 직원이 다섯 명 이상인 스타트업의 성공률은 61퍼센트로, 업계에선 일반적으로 25퍼센트에서 50퍼센트인 데 비해 높다고 나타났다. 관련 연구 자료는 더 많지만 이쯤에서 그만하겠다.

다이아나 리포트의 저자 중 한 명인 캔디다 브러시는 "아주 오랫동안 업계 사람들은 여성들이 특별히 더 노력해서 능력을 보완해야 한다고 생각했어요"라고 내게 설명했다. "하지만 이제는 그렇지 않아요. 숫자가 그걸 증명합니다. 업계는 망가졌어요." 이는 최근 몇 년 동안 선견지명 있는 투자로 수조 원을 벌어들인 업계를 겨냥한 대담한 발언이다. 하지만 그러한 성공 사례는 예를 들긴 쉬워도 생각보다 드물다. 1997년 이후 투자자에게 돌아간 현금은 벤처 자금 조달에 쏟아부은 돈보다 적다. 지난 10년 동안 벤처 캐피털 수익은 주식 시장을 이기지 못했다. 직관이 투자자들에게 제공하는 가치는 대체로 한계가 있거나 심지어 마이너스인 것으로 보인다.

언세이프 씽킹

코스텔로는 자신이 만드는 데 일조한 벤처 캐피털 문화에 대해 "그들은 세상을 파괴하는 사람들이지만, 완전히 파괴당하기 전까지는 자신들이 파괴되고 있다는 사실을 깨닫기 힘들어요"라고 말한다.

브러시는 투자 시장의 이렇게 명백한 사각지대를 알려주면 이 데이터를 써서 아무도 투자하지 않는 곳을 낮은 가격에 사기 위해 투자자들이 몰려들겠다고 생각했지만, 벤처 캐피털 업계는 어깨를 으쓱하기만 했다고 말했다.

브러시는 "이 보고서 발표 때 미디어에 10억 번은 노출했을 거예요"라며 말을 잇는다. "TV와 라디오로 엄청나게 많이 홍보했거든요. 한번은 어떤 벤처 투자 회사가 전화하더니 뭔가 좀 해보고 싶다고 했어요. 단 한 곳밖에 없었어요."

"굉장히 잘 나가는 어떤 벤처 캐피털 회사는 최근 저에게 여성 사업가에게 투자하는 건 순전히 홍보 목적이라고 하더군요"라고 코스텔로는 체념하듯이 말했다.

이 업계는 무슨 일이 벌어지고 있는 걸까? 이성적으로 행동해야 하는 투자자들은 직감에 크게 의존하고, 직감은 내면의 잠재력이 아닌 다른 무엇인가(여성 사업가에 대한 편견)를 투자자들에게 전달한다. 그래서 투자자들은 여성이 주도하는 사업 기회를 향해 나아가지 않고 오히려 멀어지고 있다. 이러한 현실을 증명하는 무수한 데이터에 직면하면 투자자들은 차라리 아무것도 하지 않는 편을 택한다.

"직관을 활용하는 투자자들은 놀라운 투자 기회를 찾아낼 수 있습니다"라고 로라 황은 연구 결론을 내렸다. 하지만 그녀는 투자자들이 혼란스러워할 수도 있다고 내게 말했다. "사람들은 직감을 쓰고 있다고 말할 수 있지만, 편향을 숨기려고 직감을 쓸 수도 있어요."

우리는 복잡한 상황에서, 그리고 의사결정 속도가 극히 중요할 때 우리가 패턴을 인식하는 데 직관이 얼마나 큰 도움을 줄 수 있는지 확인했다. 또 직관은 창의성에 없어서는 안 될 부분이라는 점도 알았다. 하지만 결코 의식적으로는 받아들이지 않을 편견에 근거한 잘못된 직관은 경계해야 한다. 안전해 보이지만 심각한 결함이 있는 사고방식에 우리를 가두면 안 된다. 우리에게 도움이 되는 진정한 직관을 활용할 수 있도록 이러한 편견을 조심하는 방법을 알아둬야 한다.

8장

직관을 활용하라

잘못된 직관을 개선하는 방법

당신의 직관을 시험해보자. 영어에는 k로 시작하는 단어가 더 많을까? 아니면 k가 세 번째 글자인 단어가 더 많을까?

이 질문의 답을 분석적으로 접근하려면 사전이 있어야 하고 시간도 많이 필요하다. 직관에 따른 접근법을 쓰면 거의 즉시 답을 얻을 수 있다. 대니얼 카너먼과 아모스 트버스키가 수많은 똑똑한 사람들에게 이 질문을 하자 틀린 답이 많았다. 응답자의 3분의 2 이상이 영어 단어에서 k는 세 번째 글자보다 첫 번째 글자로 더 자주 나타난다고 답했다. 사실은, 일반적인 영어 텍스트를 보면 k가 세 번째 위치에 있는 단어 수가 두 배 더 많다.

지름길의 함정

이 질문에 대한 사람들의 직관은 대부분 왜 그렇게 틀릴까? 그리고 그건 왜 중요할까? 직관에 대한 카너먼과 트버스키의 설명은 인간의 의사결정에 대한 세상 사람들의 통념을 뒤흔들었다. 이후 카너먼은 노벨상을 받았다. 그들은 직관이라 생각한 것이 사실은 잘못된 휴리스틱 사고, 즉 편향일 때가 많다는 걸 입증했다. 이 사례에서 실험 대상자들은 '가용성 편향availability bias'의 희생양이 되었다. 이 결함으로 인해 사람들은 기억하기 쉬운 것의 중요성이나 가능성을 끊임없이 과대평가한다. 'lake', 'like', 'dike' 같은 단어가 훨씬 더 많지만 'kite', 'kitten', 'kick' 같은 단어를 떠올리기가 더 쉽다.

로라 황이 아는 투자자 중 한 명은 직관을 따르지 않은 투자를 자랑스럽게 떠올리며 가용성 편향을 고스란히 보여준다. "[그 사업가]는 약 90조 원 규모의 시장에서 활동했고, 저는 그 사람이 하려는 일이 시장에서 정말 큰 부분을 차지할 수 있다고 믿었어요." 주목하라. 그는 자신의 분석 시스템이 어떻게 돌아가는지 설명한다. 이젠 직관적인 생각이 어떻게 시작되는지 지켜보라. "그런데 그 사람한테는 제가 왜 [예전에 했던 투자]에서 [많은 돈]을 잃었는지 생각나게 하는 뭔가가 있었어요. 그 사람의 눈빛은 [그때 그 사업가]처럼 괴짜 같았거든요. 게다가 그 사람은 [그때 그 사업가]처럼 '만약……그렇다면'이라는 표현을 썼어요. 그 표현은 저를 과거의 악몽 같던 시절로 홀쩍 데려가…… 약 90조 원 규모의 시장에서 발을 빼라고 경고했어요……. 그러니 누가 투자하겠어요? 그때 그건 정말 고통스러운 선택이었고, 저는 그 선택 때문에 한동안 잠을 설쳤어요.”

당시 그 투자자가 입은 큰 손실은 그에게 도저히 잊을 수 없는 영향을 끼친 게 분명했다. 그래서 그 투자자는 이 사업가의 몇 가지 특징을 알아봤을 때 자신이 패턴을 인식하고 있으며 이 사람을 멀리해야 한다고 확신했다. 그게 끝이었다. 분석할 필요도 없었다. 이미 마음을 정했으니까. 그렇다면 어떤 여성 사업가가 직관적인 남성 투자자 앞에 서 있으면 무슨 일이 일어날까? 기억하라. 그 투자자는 자신이 이 사업가에게서 ‘긍정적인 느낌을 주는’ 경험을 찾고 있다는 걸 알지만, 그것이 무엇인지는 잘 모른다. 그건 봐야만 알 수 있다. 저 뒤편에서 그의 뇌는 이 여성 사업가와 연결할 수 있는, 기억하기 쉬운 긍정적인 감정을 찾는다. 물론, 이 여성 사업가는 그가 이전에 투자했던 남성 사업가들과 일단 겉모습을 비교해도 외모, 행동, 말투가 전혀 다르다. 중간에 k가 들어가는 단어를 떠올리기 힘든 것처럼, 이 여성과 연결할 수 있는 사람을 생각해내기가 훨씬 더 어렵다. 이 여성 사업가가 투자 유치에 성공할 가능성이 갑자기 줄어드는 듯하다. 아마도 이쯤 되면 그 투자자의 이성적이고 분석적인 생각은 “우린 여성 사업가들을 조금 더 검토해봐야 한다는 걸 알잖아”라고 알려주겠지만, 그의 직관적 뇌는 이 기회가 적절하지 않다는 걸 그저 ‘알 뿐이다.’ 그래서 그는 투자를 거절한다. 그는 자신이 직감에 따라 패턴을 인식하고 있다고 생각하지만, 하찮거나 얼마 되지 않는 정보에 지나치게 의존하고 있다.

가용성 편향이 벤처 투자자를 사로잡지 못한다면, 친숙성 편향familiarity bias은 그렇지 않은 경우가 많을 것이다. 친숙성 편향은 수치가 불리해도 미지의 영역보다는 알고 있는 영역에 대한 투자하도록 밀어붙인다. 친숙성 편향 때문에 일반적인 퇴직연금 초보 투자자들은 투자 가능한 자신의 연금 자금 30퍼센트를 자신의 회사 주식에 투자한다. 친숙성 편향으로 인해 독일의 경영학과 학생들은 미국 회사 주식보다 독일 회사 주식을 더 낙관적으로 보고, 그 반대도 마찬가지다. 심지어 전문 자산 관리자들은 고객을 대신하여 해당 지역에 기반을 둔 회사에 과하게 투자할 때도 있으며, 이러한 현상은 전국에서 발생한다. 이렇게 편향에 따른 선택은 어느 것도 합리적이지 않다. 하지만 이러한 편향은 너무 만연해서 거스를 수 없을 것 같다. 그렇다면 여성 리더 기업에 대한 비합리적인 회의론을 설명하는데 친숙성 편향은 어떻게 도움이 될까? 벤처 투자자 10명 중 1명 미만이 여성이라는 점을 잘 생각해보라. 여성 사업가들은 주로 친숙한 남성에게 투자하는 수많은 남성 투자자들을 마주한다.

뱁슨 칼리지의 캔디다 브러시는 "일반적으로 사람들은 창업해서 돈을 벌고 벤처 투자자가 됩니다"라고 설명한다. "그리고 이전 회사 동료들을 데려와 같이 일합니다. 서로를 속속들이 잘 아는 남자들 네 명으로 구성될 때가 많아요. 그들은 같은 업계에 머물면서 같은 소스를 통해 투자 기회를 찾아내는 편이 매우 안전하다고 생각해요."

하지만 벤처 투자자는 잘 모르는 투자 기회를 검토하게 되면 항상 처음부터 충동적으로 거절하지는 않는다. 나와 이야기를 나눈 수많은 여성 사업가는 그들이 흔히 겪었던 훨씬 더 실망스러운 사례를 들려줬다. 트리시 코스텔로는 "벤처 투자자들은 집에 가서 먼저 아내와 상의해보겠다고 하죠. 여성 사업가들은 엄청난 양의 데이터를 준비해오는데, 벤처 투자자들은 그걸 평가절하해버립니다"라고 말했다. 그건 마치 투자자의 잠재의식은 여성 사업가를 낯설다고 인식하고, 어쩌면 아내가 그 여성 사업가를 더 쉽게 이해하리라는 해결책을 성급하게 내는 것과 같다. "그 여성 사업가는 나하고 달라. 그녀가 내 아내 같은 사람이라면 이 방법이 효과가 있겠군."

시빌라이즈라는 스타트업을 설립한 사라 나다브는 이런 일을 연달아 겪자 〈미디엄〉에 글을 써서 답답함을 토로했다.

투자자 여러분, 나 그리고 당신 아내의 공통점은 둘 다 여성이란 사실뿐이란 걸 명심하세요……. 여러분은 잘 모를 수도 있지만, 여러분은 항상 목소리를 높여 우리를 당신 아내와 비교하고 있어요. 그러면 정말 불편하다고요. 그리고 우린 이 문제에 대해 서로 이야기하죠. 여러분이 그럴 때마다 입 좀 닥치라고 소리치고 싶지만 우린 그렇게 할 수 없어요. 우린 투자를 받아야 하니까 여러분에게 친절하게 대해야 해요……. 왜 여성 창업자들이 여러분에게 사업 계획 발표를 하지 않는지 궁금하다면, 잘 새겨들으세요. 우린 서로 이야기해요. 우린 서로에게 경고해요. 당신에게 사업 계획을 발표하는 여성이 없다면 그건 이 바닥에 남성 창업자들만 득실득실해서 그런 게 아니에요. 문제는 그야말로 여러분이에요.

나다브의 이야기는 친숙성 편향이 어떻게 눈덩이처럼 불어날 수 있는지 알려준다. 남자 투자자는 그들 같은 남자 사업가를 선호한다. 그들은 사업 계획 미팅에서 알게 모르게, 또 대놓고 그 점을 드러낸다. 여성들은 투자를 덜 받을 뿐만 아니라 의기소침해지거나 분노한다. 여성들은 이제 더는 괜찮은 투자 기회를 가지고 투자자들을 찾아가지 않으며, 여성 사업가의 이미지는 투자자들에게 더 낯설어진다.

인지 편향cognitive biases 연구에 따르면, 투자자가 여성 창업가에게 투자하길 꺼리는 이유는 여성은 집에 있어야 한다는 의식적인 믿음과 관계가 없다. 하지만 휴리스틱 편향은 끈질기다. 자신의 편향된 판단을 반박하는 증거를 제시해도 사람들은 쉽게 마음을 바꾸지 않는다. 사실, 그들은 대부분 자신의 의견을 훨씬 더 고집할 때가 많다. 투자자들이 다이아나 보고서를 읽고 자신들이 좋은 기회를 놓치고 있다는 사실을 알아도 여성 리더 회사는 유망 투자처가 아니라는 직감에 여전히 의존할 때 이런 일이 벌어진다.

감정적 결정은 위험하다

인지 편향은 매우 극복하기 어렵다. 하지만 우리의 직관을 왜곡하는 것은 인지 편향만은 아니다. 직관은 감정을 따라 우리의 주의를 끌기 때문에, 종종 도움이 되지 않는 목표를 가진 감정에 의해 혼탁해지고 오염될 때가 많다.

안 왕An Wang은 어디를 가든 매끄럽게 재단된 정장 재킷을 입고 주머니에는 원한을 상징하는 종이 한 장을 넣어 다녔다. 그 작은 종이는 회사의 발전 상황을 그의 라이벌인 IBM과 비교하는 평가표였다. 안 왕은 그 종이 덕분에 일에 집중했으며 의욕이 불타올랐다.

마른 몸에 나비넥타이를 하고 다니는 안 왕은 화난 남자처럼 보이지 않았다. 안 왕을 아는 사람들은 그가 수줍음이 많고 공손하다고 평했다. 하지만 전기 작가인 시드니 핀켈스타인에 따르면 안 왕은 사업 초기에 IBM에 크게 속았다고 믿으면서, 그 회사에 터질 듯한 분노를 품고 있었다. IBM에 복수하려는 안 왕의 강한 열망은 1985년 왕 연구소Wang Laboratories의 인상적인 광고에 드러난 적대감으로 나타난다. 그 광고에는 자기만족에 빠진 IBM 임원이 책상에 앉아 경쟁사를 상징하는 파리들을 파리채로 쳐 죽이며 즐거워하는 장면이 나온다. 곧 그의 책상 뒤로 중무장한 군용 헬기가 나타나고, 불길한 목소리가 그 임원에게 경고한다. "왕. 우리는 IBM을 잡겠다."

안 왕은 1945년 중국을 떠나서 거의 무일푼 신세로 미국에 왔다. 그는 자수성가하여 1947년 하버드에서 석사 과정을 마쳤고, 4년 후에는 초기 컴퓨터의 중요한 구성 요소가 될 도넛 모양의 금속 조각인 자기 펄스 메모리 코어를 발명했다. 안 왕은 그 발명품의 가치가 엄청나다는 걸 알았고, 특허 출원 중인 그 발명품을 IBM에 라이선스 계약을 맺자고 제안했다. 당시 그는 IBM을 전자 업계의 모범으로 여기고 존경했다. 하지만 협상은 처음부터 잘 풀리지 않았다. 안 왕은 자서전에서 IBM의 전략을 '인정사정 볼 것 없는 경쟁'으로 표현했다. 협상 초기, 그는 IBM의 접근법이 마음에 들지 않았다. 그런데 대화가 길어지면서 협상 분위기는 적대적으로 변했다. 그러던 중

최악의 순간에 어떤 발명가가 돌연 나타나 안 왕의 특허권에 이의를 제기하는 소송을 제기했다. 안 왕은 이 소송 배후에 IBM이 있다고 의심했지만, 아무것도 증명할 수 없었다. 협상자로서 지위가 크게 약해진 그는 어쩔 수 없이 약 5억 원에 만족해야 했는데, 이는 두 회사가 원래 논의했던 수준보다 훨씬 적은 금액이었다. 안 왕은 결국 소송에서 이겼고, 얼마 지나지 않아 IBM이 이 소송 사건에 개입했다는 자신의 의심이 사실로 확인되었다고 믿었다. 그 발명가는 사망했고, 안 왕은 IBM이 그 발명가에게 소송을 부추겼다는 걸 가족이 인정했다고 주장했으나 증거는 없었다. 안 왕이 IBM에 죗값을 치르게 하겠다고 다짐한 때가 바로 그때였다. 그리고 그는 성공했으며, 수십 년간 IBM의 매출을 수조 원이나 잠식하며 그 회사의 눈엣가시 같은 존재가 되었다.

실망스러운 첫 협상을 계기로 안 왕은 계산기(IBM이 이끄는 또 다른 산업)의 미래로 관심을 돌렸으며, 앞으로는 기계 부품보다는 전자 부품이 쓰이겠다고 예상했다. 그는 재빨리 통찰력을 발휘하여 1960년대를 통틀어 세계에서 가장 발전된 계산기를 제작했다. 안 왕은 자신의 판단에 자신감이 점점 커졌고, 직관을 중시하는 전형적인 리더로 성장했다. 곧 그는 또 훌륭한 결단을 내렸다. 계산기 시장에서 회사의 성공이 최고조에 이르렀을 때, 그는 시장이 포화할 것이며 이제는 새로운 영역을 향해 나아갈 때라고 갑작스럽게 선언했다. 그는 "시장은 변하고 취향도 변하므로 그런 시장에서 경쟁하기로 한 기업과 개인도 변해야 한다"라고 주장했다. 안 왕은 계산기 사업을 유지하자는 회사 내부의 엄청난 압박을 무시하고 이제는 초기

언세이프 씽킹

버전의 워드 프로세서를 개발하게 했다. 이 새로운 기기는 성공했고, 이 조치가 타자기 산업에서 수익의 상당 부분을 창출하던 IBM을 또 화나게 한 걸 알자 그는 더욱 기뻐했다.

1983년이 되자 왕 연구소는 이미 거대 기업이었다. 1980년대 초에는 매년 60퍼센트 성장을 달성했고, 워드 프로세서 사업은 누구도 넘볼 수 없었다. 하지만 컴퓨팅 사업에 완전히 파괴적인 혁신을 가져올 경쟁력 있는 제품이 등장했다. 바로 개인용 컴퓨터였다. 그리고 IBM이 그 길을 선도하고 있었다. 그해 〈타임〉은 새롭게 인기를 끄는 개인용 컴퓨터를 '올해의 기계'로 선정했다. 안 왕은 질투심 많은 아버지처럼 개인용 컴퓨터를 "내가 들어본 것 중 가장 형편없는 물건"이라며 혹평했다.

안 왕은 워드 프로세서에서 개인용 컴퓨터로 전환하는 데 필요한 모든 것을 갖췄어도 시장 진출을 망설였다. 그는 개인용 컴퓨터를 IBM과 관련지어 생각했고, 또 개인용 컴퓨터 사업 투자는 그가 아끼던 왕 워드 프로세서의 종말을 의미할 수도 있기 때문이었다. 그는 자신의 직관을 여전히 확신했고 강한 감정에 이끌렸지만, 이번에는 올바른 패턴을 보지 못했다. 안 왕은 마지못해 개인용 컴퓨터 시장에 진출했다. 그때도 늦지는 않았다. 그렇지만 안타깝게도 그의 증오심은 IBM 기종과 호환되지 않고 왕 전용 시스템을 개발하게 하는 또 다른 대담하고 파격적이며 잘못된 결정으로 이어졌다. 안왕의 회사가 만든 개인용 컴퓨터는 전혀 인기를 끌지 못했고, 1990년 무렵 회사는 무너져갔다. 얼마 뒤 그는 사망했다.

안 왕이 성공적으로 운영하던 계산기 사업에서 벗어나 새롭게 떠오르는 워드 프로세서 분야로 도약한 것은, 다른 사람들의 직관과 너무 심하게 어긋난다. 따라서 큰 결함이 있는 듯한 직관을 따르는 일이 어떻게 창의적이며 획기적인 발전으로 이어질 수 있는지 보여주는 대단히 훌륭한 사례다. 하지만 그의 이야기는 우리가 내리는 판단이 사실은 잘못된 감정의 산물임에도 불구하고 뛰어난 직관이라고 착각할 수도 있다는 위험성도 보여준다.

판단을 내릴 때 우리의 감정과 조화를 이루는 것이 우리 행동에 어떤 영향을 주는가에 대한 최근 연구는 감정이 어떻게 우리를 잘못 인도할 수 있는지 있는 그대로 보여준다. 케임브리지 대학교 연구원 바나비 던은 직관에 기반한 의사결정이 이루어지는 순간을 포착할 수 있는지 알아보고 싶었다. 그래서 던은 그 작업을 위해 승리 전략이 분명하지 않은 카드 게임을 참가자들이 숙달하게 하는 연구를 준비했다. 하지만 그 게임은 나름대로 원칙이 있었으며, 게임을 더 잘하게 될 방법을 알아내기 다소 어려웠다. 그는 시작하기 전에 심장박동수와 땀 분비량을 측정하는 기기에 각 참가자를 연결했다.

참가자들은 대부분 선호하는 전략을 결국 생각해냈지만, 그 전략이 무엇인지 설명할 수 없었고 이성보다 직감이나 직관에 의존했다고 보고했다. 던은 참가자들이 전략을 짜기 시작하자 심장박동수가 증가하고 손끝에서 땀이 나기 시작하는 걸 알 수 있었다. 이렇게 해서 전략을 따르라는 신호가 뇌에 보내졌다. 던이 이러한 생리적 변화를 참가자들이 인식했는지 측정해보자, 일부는 매우 잘 인식했으나 다른 사람들은 거의 인식하지 못했다. 더 잘 인식한 참가자들은 그 신호에 따라 행동하여 훨씬 더 빠르게 전략을 실행했다. 하지만 그렇다고 해서 그들의 전략이 늘 도움이 되었다는 뜻은 아니다.

어떤 참가자들에게는 더 빠르게 행동하는 것이 더 빨리 승리하는 것을 의미했다. 하지만 다른 참가자들은 자신의 감정에 귀를 기울이다가 곧장 막다른 길에 다다랐다. 이는 우리가 감정과 더 조화를 이룰수록 직관에 따라 더 자신 있게 행동할 것임을 보여준다. 하지만 우리의 감정은 흠 없는 안내자가 아니다.

먼저 느끼고, 생각하라

직감을 따라야 할지 말아야 할지 결정하기에 불리한 점이 너무 많은 상황이라면 우리는 무엇을 할 수 있을까? 직관에 반대되는 돌파구를 찾아 몰두하고 싶어도 우리의 직관을 아예 저버리는 건 그리 타당하지 않아 보인다. 하지만 결함이 너무 많은데도 직관에 따른다면 그건 과연 바람직할까?

나와 대화를 나눈 직관 연구원 모두에게 이 질문을 했다. 그들은 모두 조금씩 다르게 대답했지만, 그들이 해준 조언의 요지는 본질적으로 같았다.

직관 연구 분야의 선두주자인 로빈 호가스Robin Hogarth는 이를 다음과 같이 명쾌하게 요약했다. "감정은 설명이 필요한 데이터입니다." 다시 말해, 우리는 직관에 따른 통찰력을 독창적인 가설로 여겨야 한다는 것이다. 우리는 직관을 무시하면 안 된다. 또한, 직관을 동료들과 공개적으로 논의할 때도 부끄러워해서는 안 된다. 직관은 칭찬받아야 한다. 불확실한 환경에서 어려운 결정을 내릴 때 직관은 우리 관심의 최전선에 속한다. 하지만 우리는 가설을 검증하듯이 직관에 의문을 제기하고 철두철미하게 검사하고 샅샅이 수색하여 인지적, 감정적 편향을 찾아낼 때까지 직관을 절대 믿어서는 안 된다.

말로 하기는 쉽다. 하지만 나는 어떻게 하면 이 작업을 일상에서 실천할 수 있을지 알고 싶었다. 나는 이 주제에 대한 학술 문헌이 다소 모호하다고 생각했고, 그래서 직관에 의지하고 또 정기적으로 도전하는 조직을 찾아 나섰다.

2017년 초 캘리포니아주 에머리빌에 있는 에드 캣멀Ed Catmull의 사무실을 방문했을 때, 나는 그의 기분이 어떨지 확신할 수 없었다. 오스카 시상식을 한 달 정도 앞두고 있을 때였다. 캣멀이 공동 설립하고 이끄는 회사인 픽사Pixar는 장편 애니메이션 작품상 후보작을 이번엔 처음으로 내지 못했다. 언론은 픽사 스튜디오가 창의적 우위를 잃어가고 있는지 의문을 제기하기 시작했다. 물론, 영화 〈도리를 찾아서〉는 2016년 전 세계에서 1조 원 이상의 수익을 올렸지만, 그 작품을 디즈니의 〈주토피아〉와 〈모아나〉와 같은 선상으로 여기는 사람은 거의 없었다. 디즈니가 픽사를 능가한다고? 10년 전만 해도 불가능해 보였을 것이다. 물론, 캣멀은 월트 디즈니 애니메이션 스튜디오의 사장이기도 하므로, 디즈니의 성공에 대해 많은 공로를 인정받을 수 있다. 하지만 그가 훨씬 더 오랫동안 운영한 픽사를 디즈니가 앞질렀다는 점에 대해 나는 그가 다소 방어적으로 나오지는 않을지 궁금했다. 그런데 오히려 캣멀은 이 반전을 기뻐하는 것 같왔다. 그는 모든 일이 거의 계획대로 진행되고 있다고 말했다. 픽사와 디즈니는 서로를 앞으로 밀어주면서 혼자 갈 때보다 훨씬 더 빠르게 앞으로 나아가고 있었다.

"디즈니가 픽사를 인수했을 때 존 라세터와 나는 그 두 회사를 계속 분리해야겠다는 직관을 느꼈어요"라고 캣멀이 설명한다. 말투가 부드러운 그는 느긋하다. 70대 임원처럼 차려입은 깡마른 10대 소년처럼 보인다. "스티브 잡스Steve Jobs는 우리가 한꺼번에 너무 많은 일을 하려 한다고 생각했지만, 나는 그렇게 해야겠다는 확고한 철학이 있었고, 결국 그는 수긍했습니다."

두 회사를 합쳤더라면 효율성이 상당히 창출되고 두 회사와 문화를 동시에 운영할 때 발생하는 마찰이 줄어들었을 것이다. 하지만 캣멀은 기업 간소화라는 가치보다 더 중요한 창의적 역동성을 예의 주시했다.

"새로운 것을 만들 때는 직관에 의존해야 해요"라고 캣멀이 설명한다. "그런데 그 직관을 어떻게 검증합니까? 자, 당신에게 문제 해결 방법에 대한 직관이 있다고 가정합시다. 그러면 당신은 그 직관과 자신을 지나치게 동일시하지 않아야 하고, 저항하지 말고 철저히 검증받아야 합니다."

캣멀의 말에 따르면 제작 과정 동안, 그와 함께 일하는 대단히 창의적인 영화감독들은 직관을 벗어나 사물이 어떻게 작동해야 하는지 강조하는 경직된 정신 구조로 빠르게 전환하곤 했다. 감독들은 누가 비평하면 전체 아이디어가 흐트러지고 소중한 창의성의 핵심이 사라질지도 모른다는 두려움에 사로잡혔다. 그들은 자신의 직관이 사라질까 봐 직관을 분석하길 두려워했다.

"창의적인 아이디어는 젠가 블록 같지 않아요. 다 무너지고 처음부터 다시 시작해야 하는 것과는 달라요. 그렇게 생각할 수도 있겠지만"이라고 캣멀이 말한다. "훌륭하고 창의적인 리더의 기술은 아이디어를 파괴하는 걸 편하게 받아들이고, 그러면 그 아이디어가 더 좋아진다는 걸 아는 겁니다."

캣멀의 말에 따르면 창의적인 사람들은 직관에서 나온 통찰을 조목조목 비판받더라도 그 불꽃을 꺼트리지 말아야 한다. 그렇게 하려면 직관을 분석하여 적합하지 않은 부분을 없애야 한다. 지나치게 평범한 구성이나 불필요하게 복잡한 아이디어가 해당할 때가 많다. 창의적인 리더들은 심한 편견과 감정 때문에 생각이 흐려져 대부분 혼자 힘으로 이 작업에 숙달될 수 없다고 캣멀이 말한다. "당신에게 필요한 것은, 그건 효과가 없다고 정신이 번쩍 들게 말해주는 외부의 힘입니다."

그 외부의 힘은 처음에는 픽사의 공동 창업자인 스티브 잡스였다. "스티브는 프로젝트 진행 상황을 보고 이렇게 말하곤 했어요. '난 영화 제작자는 아니지만 내 의견은 이래요. 싫으면 관둬요.' 스티브는 직설적이고 정곡을 찌르는 말을 해서 사람들의 저항을 정면 돌파했어요." 잡스는 건방지고 불쾌한 사람으로 악명이 높았지만, 캣멀은 온화하고 요령이 좋다. 캣멀은 창의적이지만 서로 관점이 무척 다른 고위급 직원들의 공식 회의인 이른바 '브레인 트러스트Brain Trust'를 만들었는데, 그 이유 중 하나는 잡스의 과거 영향력을 더 긍정적인 방향으로 따라하기 위해서였다. 안전하고 서로 협력하는 환

언세이프 씽킹

경에서 잡스처럼 명확하고 타협하지 않는 피드백을 끌어내도록 고안된 이 회의를 통해, 픽사는 감독들이 도전에 대한 두려움과 편견 때문에 자신을 블랙박스에 가두지 않고 직관적인 창의성을 활용하게 할 수 있었다.

그래서 디즈니가 2005년에 픽사를 인수했을 때 캣멀과 존 라세터는 디즈니와 픽사가 서로를 올바로 파악하고 서로 도전할 수 있는 우호적이면서도 진정한 경쟁을 펼칠 기회를 찾아냈다. 캣멀은 협력하고 경쟁하기 위한 몇 가지 기본 규칙을 정했다. 이 두 회사는 위기에 처했을 때 서로의 자원을 빌리는 건 허용되지 않는다. 또 상대방의 프로젝트를 빼앗아갈 수 없다. 누구도 상대방의 영화에 거부권을 행사할 수 없다. 그들은 각자의 기업 문화와 철학을 발전시켰다. 하지만 그들의 작업을 숨김없이 공유해야 했고 상대방의 비판을 귀담아들어야 했다.

픽사와 디즈니가 계속 분리되어야 한다는 캣멀의 통찰이 나오고 10년이 지난 지금, 이 접근법은 두 회사 모두에서 성과를 거두고 있다. 캣멀은 디즈니 팀이 픽사의 〈인사이드 아웃〉 작품의 중요한 순간에 개입해 중요한 플롯 문제 몇 가지를 해결했다고 내게 알려줬다. 다음으로 픽사 팀은 〈주토피아〉의 한 장면을 검증할 때 명백한 문제를 찾아냈다. 영화가 전개되는 내내 주인공인 여우 닉 와일드는 말썽꾼이자 사기꾼이었다. 그런데 픽사 팀은 사실은 친절한 토끼 주디 홉스에게 문제가 있다는 점을 알아냈다. 홉스의 문제는 눈에 잘 띄지 않았을 뿐이었다. 홉스는 포식자에 편견이 있었고, 변화해야 했던 건 바로 홉스였다. 사기꾼에게서 자신의 모습을 보는 관객은 거의 없겠지만, 우리는 모두 편견을 숨기고 있다고 인정할 수 있다. 이러한 통찰은 디즈니 팀에게 중요한 돌파구였다. 〈인사이드 아웃〉은 2016년 오스카 장편 애니메이션 작품상을 받았다. 2017년에는 주토피아가 수상했다.

픽사는 로라 황이 밝혀낸 실리콘 밸리처럼 분석이 직관을 이기는 환경이 아니다. 시장 조사만으로는 픽사가 미식가 쥐 요리사, 쓰레기 행성의 로봇 또는 아이 내면의 감정 세계를 다룬 영화를 결코 제작할 수 없었을 텐데도 〈라따뚜이〉, 〈월-E〉, 〈인사이드 아웃〉은 모두 획기적인 히트작이었다. 캣멀이 해야 할 일은 작가와 감독들이 기발하고 직관적인 통찰력을 자유롭게 표현하게 하되, 철저히 검토하고 수정하고 때로는 거부하게끔 하는 것이다. 먼저 느낀 다음, 그 느낌이 어떤지 차분히 생각하라. 캣멀은 자신에게도 같은 기준을 적용한다고 말한다.

"당신이 80퍼센트의 확률로 옳다고 생각한다면, 그건 착각입니다"라고 그가 말한다. "우리는 생각보다 훨씬 더 많이 틀릴 수 있다는 걸 늘 잊지 말아야 해요."

직관을 키우는 좋은 피드백

캣멀이 픽사의 조직 구조를 어떻게 조정하고 절차와 프로토콜을 끝없이 개선하는지 설명하는 동안, 난 처음에는 조금 실망했다. 나는 픽사의 수장을 맡은 다재다능하고 창의적인 천재를 만나리라 기대했었다. 그 대신 나는 이론을 중시하는 과학기술 전문가에 더 가까운 사람을 만났다. 캣멀이 그렇게 강박관념에 사로잡혀 만들어내는 것이 영화가 아니었더라면, 그건 정확히 무엇이었을까?

몇 주 뒤에 직관을 연구하는 로빈 호가스가 내게 답을 알려주었다. 호가스는 직관이 학습되고 훈련 가능한 기술이라고 말한다. 우리는 경험과 직관을 활용함으로써 받는 보상과 처벌을 바탕으로 시간을 두고 직관을 발달시킨다. 그 말은 우리의 직관이 발달하는 환경이 매우 중요하다는 뜻이다. 호가스가 쓰는 용어인 '사악한 학습 환경'은 우리에게 느리고 모호하거나 오해의 소지가 있는 피드백을 주지만, '친절한 학습 환경'은 시기적절하고 명확하며 정확한 피드백을 많이 제공한다. 친절하든 사악하든(우리 대부분은 우리가 어떤 유형의 환경에 있는지 모른다) 단일 환경에서 시간을 많이 보내면 직관에 대해 점점 더 자신감을 느낄 가능성이 크다. 하지만 학습 환경이 사악하다면 직관은 강해지더라도 점점 더 틀리게 될 가능성이 크다.

사악한 학습 환경은 사람들이 직관을 따라 얻은 성공에서 부적절한 결론을 도출하게 할 수 있다고 호가스는 말한다. "사람들은 잘못된 규칙을 배웠는데도 정말 성공한다면 자신의 직관이 마법의 힘을 준다고 믿기 시작해요. 틀렸다는 걸 깨닫는 유일한 방법은 크게 실패하는 것입니다. 그건 흔하지만 고통스러운 경험이죠." 그 말을 들으니 안 왕이 생각난다.

픽사와 디즈니는 전형적인 사악한 학습 환경에서 운영된다. 이 두 회사는 단일 상품, 즉 장편 애니메이션 영화에 사활을 건다. 한

번에 최대 두 편까지 제작할 수 있고, 한 편을 제작할 때마다 몇 년씩 걸린다. 따라서 티켓 판매 및 비평가들의 찬사 같은 피드백은 고통스러울 만큼 느리고, 그들이 배우는 표본 크기도 작다. 영화의 성공이나 실패를 제작 과정의 특정 요소 덕으로 돌리거나 비난할 수는 없지만, 제작에 들어가는 수천 가지 요소 중 어느 것이든 잘못되면 영화 감상 경험을 망칠 수 있다. 캣멀은 겉으로 드러나지 않게 픽사의 학습 환경을 사악한 환경에서 친절한 환경으로 바꾸려고 노력하고 있다. 그렇게 하기 위한 전략 중 하나는 창의적인 팀의 정치나 절차에 관여하지 않는 동료들에게서 직접적인 피드백을 많이 받을 수 있는 길을 열어두는 것이다. 좋은 피드백 환경 조성에 성공하면 그는 픽사 팀 전체의 직관력을 강화하여 직원들은 반직관적인 히트작을 자신 있게 구상할 수 있다. 캣멀은 사악한 학습 환경에서 일하면 직관이 쓸모없어지거나 심하면 파괴적일 수 있다는 인간 본성의 규칙에 대응하고 있다. 친절한 학습 환경에서 일하면 직관은 우리의 가장 큰 자산 중 하나가 된다. 하지만 우리는 학습 환경을 더욱 친절하게 만들기 위해 얼마나 자주 의식적으로 노력하는가?

또한, 호가스의 분석은 벤처 투자자들이 그들의 직관에 더 도전하는 방법을 배우지 않는 이유를 알려준다. 실리콘밸리 투자 펀드를 운용하는 울루 벤처스Ulu Ventures의 파트너인 클린트 코버Clint Korver는 "벤처 업계는 끔찍한 학습 환경입니다"라며 한탄한다. "1년에 한두 번 투자합니다. 실패는 2년에서 3년, 성공하려면 9년이 걸립니다. 과거에 훌륭한 결정을 내렸는데 나중에 운이 나빠질 수 있어요. 혹은 그 반대일 수도 있고요. 현실이 이런데 어떻게 배울 수 있을

언세이프 씽킹

까요?"

의사결정 분석으로 박사 학위를 받은 코버는 카너먼과 트버스키 밑에서 공부했으므로 이 문제를 제대로 인식하고 있다.

호가스는 학습 환경을 이해하고 개선하는 일이 직관을 교육하기 위해 우리가 할 수 있는 가장 중요한 작업이라는 점을 알아냈다. 잠재의식적인 직관을 의식적으로 교육한다는 개념 자체가 이상하게 들릴 수도 있지만, 실천은 그렇게 복잡하지 않다.

직관적인 판단을 할 때 우리는 이 직관의 학습 환경이 어떠한지 우리 자신에게 질문해야 한다. 학습 환경이 친절하다면, 즉 우리는 환경을 이해할 만큼 충분히 오랫동안 그 환경에 있었고, 그 환경은 명확하고 직접적인 피드백을 많이 제공하며, 시간이 지나도 환경이 크게 변하지 않았다면 우리는 그 직관을 더 신뢰해야 한다고 호가스는 말한다. 앞에 나왔던 체스 그랜드마스터와 2차원 체스판을 떠올려보라. 체스는 전형적인 친절한 학습 환경이며, 체스를 두는 사람들의 직관은 크게 신뢰할 수 있다.

학습 환경이 사악하다면 직관에 대해 훨씬 더 회의적인 시각을 가져야 한다. 사악한 환경에서는 직관을 무작정 믿기 전에 먼저 테스트할 방법을 생각해봐야 한다. 호가스는 애나라는 웨이트리스의 예를 들어 설명한다. 애나는 팁을 가능한 한 많이 받고 싶어 하지만, 모든 손님에게 최대한 매력적으로 보일 수는 없고 일일이 관심을 기울이기도 힘이 든다. 애나는 옷을 잘 차려입은 손님들이 팁을 더 많이 주겠다는 예감이 든다. 그래서 그녀는 손님이 많이 몰려 특히 바쁠 때는 옷차림이 번듯한 손님들에게 훨씬 더 집중한다. 그녀의 추측은 맞아떨어진 듯하다. 깔끔하게 입은 손님들이 정말로 팁을 훨씬 더 많이 주기 때문이다. 그래서 그녀는 한층 더 노력한다. 그녀의 직관은 계속해서 옳다고 확인되고, 그녀는 몇 년 동안 그 전략을 실행한다. 하지만 애나는 잘 차려입은 손님들에게 더 나은 서비스를 제공했으므로 그들이 팁을 더 많이 주는 조건을 자신이 만들어냈을 가능성이 크다는 점을 고려해봐야 한다. 만약 애나가 자신의 직관에 반하는 증거를 약간 찾음으로써, 예를 들어 겉모습이 지저분한 손님들에게도 가끔은 주의를 기울임으로써 자신의 직관이 맞는지 확인하기로 한다면 무슨 일이 일어날까? 초라하게 입은 손님들에게도 좀 더 다정하게 대하면 그들도 팁을 후하게 주거나 잘 차려입은 손님들보다 팁을 훨씬 더 많이 줄 수도 있다.

우리가 틀렸음을 입증하는 증거를 찾거나 피드백의 양을 늘리거나 피드백의 정확성을 높였는데도 직관의 적중률이 그대로라면 이는 중요한 신호다. 직관이 틀리면 우리는 그 직관을 버리고 다른 직관력을 키울 수 있다. 다시 말하지만, 직감에 귀를 기울이되 무조건 신뢰해서는 안 된다.

편견은 적이다

애나가 직관을 키우기 위해 쓸 수 있는 전략은 간단하지만, 실리콘 밸리 투자자들의 문제는 사회적으로 더 복잡하지 않을까? 옷차림으로 사람을 판단하는 습관은 성별이나 피부색으로 판단하는 습

언세이프 씽킹

관만큼 없애기 힘들다. 실제로, 많은 연구에 따르면 사람들은 무의식적으로 몇 천 분의 1초 만에 섣부르게 판단한다. 이 모든 일이 무의식적으로 일어난다면, 우리는 직관적인 판단이 성차별, 인종차별, 동성애 혐오를 덜 일으키도록 학습 환경을 조정할 수 있을까?

닐란자나 다스굽타, 앤서니 그린월드 연구원은 사람들의 논리력에 호소하여 편견을 줄이려는 시도는 거의 효과가 없다는 연구 결과를 알고 있었다. 그래서 아예 잠재의식 수준에서 개입할 수 있는지 알고 싶었다. 이를 알아내기 위해 그들은 먼저 백인과 아시아계 학생 그룹을 대상으로 흑인에 대한 노골적인 인종 편견 그리고 잠재의식에 존재하는 내재적 편견을 조사했다. 내재적 연관 검사라는 상당히 신뢰성이 높은 진단 도구를 이용한 것이다.

익명을 보장받자 학생들은 흑인에 대해 의식적인 편견이 어느 정도 있다고 솔직하게 밝혔다. 그리고 내재적이거나 잠재의식에 존재하는 편견에 대해 컴퓨터로 테스트를 받자, 그 학생들의 흑인에 대한 편견은 의식적으로 고백했을 때보다 조금 더 부정적으로 나타났다. 다음으로 연구원들은 덴젤 워싱턴이나 마틴 루서 킹 주니어처럼 존경받는 흑인의 이미지와 제프리 다머(미국의 악명 높은 연쇄 살인범—옮긴이)처럼 사람들이 혐오하는 백인 미국인의 이미지를 그 학생들에게 보여주었다. 그리고 아무 말도 걸지 않았다. 편견이 왜 잘못된 것인지 논쟁도 벌이지 않았다. 참가자들은 아무 말 없이 화면에 나타나는 사진들만 바라봤다.

내재적 편견 수준을 다시 테스트했을 때, 참가자들은 흑인에게 호의적인 시각을 갖는 쪽으로 상당히 크게 변화했다. 24시간 후 다시 측정했을 때도 이미지 노출 효과는 그대로 유지되었다. 고정관념을 깨는 몇 가지 사례를 보기만 했을 뿐인데 왜 그렇게 변화할 수 있을까? 한 가지 대답은 가용성 편향 때문일 수도 있다. 이는 기억하기 쉬운 사례들이 우리 머릿속에서 그 중요도가 각각 다른 경우다. 참가자들이 본 사진은 흑인에 대한 그들의 생각에 가장 쉽게 참고할 수 있는 자료가 되었다. 나는 이 연구 결과가 흥미로웠는데, 이는 종종 오해를 불러일으키는 휴리스틱 편향을 우리에게 유리하게 작용하도록 만들 수 있다는 점을 보여주기 때문이다. 우리는 가용성 편향을 완전히 극복할 수는 없지만, 의식적으로 교육하여 더 현명해질 수 있다.

무의식적 편견을 연구해온 하버드대 심리학자 마자린 바나지가 만들어낸 기발한 방법이 있다. 그녀는 '대머리이고 키가 작은 대기업 남성 임원'처럼 고정관념에 반하는 사람들의 이미지를 바꿔가며 보여주는 화면 보호기를 자신의 컴퓨터에 설치했다. 성공한 여성 기업가의 이미지를 보여주는 화면 보호기는 훌륭한 여성 창업자가 많다는 사실을 직관적으로 잘 알지 못하는 벤처 투자자들에게 어떤 가치가 있을까? 그 화면 보호기가 벤처 투자자들에게 여성 리더 회사에 더 투자하게 하는 자극제가 된다면 사회 전체에 어떤 가치가 있을까?

의도적으로 학습 환경을 바꾼 뒤, 우리의 추정에 반대되는 증거와 마주하면 우리는 직관으로 위장한 쓰레기와 진정한 통찰을 분리할 수 있다. 이는 무척 중요한 작업인데, 자신의 직관으로 큰 성공을 거둬왔던 리더일지라도 자신의 직관이 오염되었다는 사실을 너무 늦도록 깨닫지 못하면 그 직관에 속을 수 있기 때문이다.

하지만 더 큰 보상은 실수를 줄이는 법을 배우는 것 이상이다. 직관을 다듬는 동안, 유익할 것 같지만 다른 사람들에게는 직관에 반하는 것처럼 보이는 아이디어를 검토하는 데 더 많은 시간을 자신 있게 투자할 수 있다. 바로 이러한 접근법 덕분에 기브디렉틀리 창업자들은 부정적인 반응이 넘치는데도 아이디어를 밀어붙일 자신감을 얻었다.

마이클 페이는 그들이 아이디어를 추구한 방식에 대해 내게 이렇게 말했다. "우리는 기브디렉틀리의 영향력이 막강하다는 증거를 우리가 확신할 때까지는 외부 기금을 너무 많이 모으거나 이 일에 본격적으로 뛰어들고 싶지 않았어요. 효과가 있다는 생각에 일단 의존해버리면 그 이야기를 계속하려는 강력한 동기가 생깁니다. 그 이야기가 사실이 아니더라도요. 우린 그렇게 되길 절대 원하지 않았어요."

페이와 그의 동료들은 결과에 연연하지 않고 확실한 데이터로 그들의 직관을 테스트했다. 그리고 해당 데이터를 누구나 쉽게 확인할 수 있도록 공개했다. 이는 구호 단체들 대부분과의 차별점이었다. 이 단체들은 정확한 데이터를 얻기 어렵고, 기부자들이 그 결과를 모르고 있어야 그 단체들에 유리하기 때문에 예전부터 결과를 솔직하게 공개하지 않고 있었다. 선진국에서는 2000년대 초반까지도 의사 결정에 필요한 정보를 얻기 위한 무작위 테스트를 본격적으로 시작하지도 못했으며, 단체들 대부분은 원조에 들어간 실제 비용을 여전히 보고하지 못하고 있다.

"기부한 뒤 흐뭇한 만족감을 즐기는 기부자는 부정적인 결과를 알고 실망할 수도 있어요. 결과를 알지 못하면 계속 그렇게 만족할 수 있으니 관련자들은 신중한 후속 조치를 하지 않거나 결과 측정을 피하려 할 수 있습니다"라고 페이가 말한다. 설상가상으로 수많은 소규모 단체는 현장 자금도 부족한데 결과까지 측정할 자금은 더더욱 없다고 주장할 것이다. 페이는 그 주장을 믿지 않는다. "어떤 제약회사가 자금이 너무 부족해서 약을 테스트할 수는 없지만, 일단 믿고서 그 약을 먹으라고 한다고 상상해보세요. 그 약을 먹을 건가요?"

물론, 이렇게 느슨한 측정 및 보고 관행은 구호 기관과 기부자의 직관을 검증하지 않고 확정해버리는 사악한 학습 환경을 조성한다. 반면, 기브디렉틀리 창업자들은 외부 평가자들을 열심히 배치하여 모든 단계를 지켜보게 했고 좋은 점과 나쁜 점을 보고하게 했다. 그리고 그들이 만들 수 있는 최고의 학습 환경에서 아이디어를 구체화했다. 에드 캣멀이 픽사와 디즈니 팀원들과 함께 알아냈듯이, 그렇게 하자 그들의 창의적인 추진력이 촉진되었다. "증거가 있어서 우리는 계속 나아갈 수 있는 불굴의 용기를 얻었어요"라고 페이는 내게 말했다. "사람들이 제가 틀렸다고 말해도 저는 증거를 찾아본 뒤 안심했죠."

가설로 활용하는 직관적인 통찰력. 편견이 퍼져나갈 기반을 줄어들게 한 풍부한 지식과 헌신적인 학습. 기브디렉틀리 창립자들의 직관이 잘못된 패턴 인식에 불과했다면 그들은 본격적으로 그 일에 뛰어들기 전에 일찍 알아차렸을 것이다. 하지만 그들은 철저하게 관찰하여 그 패턴이 진짜임을 확인했고, 기부 분야 전체의 직관을 바꿨다.

직관과 분석의 이러한 조합은 편견을 극복하고 문제해결의 돌파구를 찾아낼 수 있다. 하지만 우리의 탐색에는 직관과 반직관 이해라는 한 가지 요소가 아직 빠져 있다. 강력한 반직관적 아이디어를 처음에는 어떻게 만들어내는가? 그 질문의 답은 다음 장에서 알아보겠다.

9장

반직관의 세계로 가자

아주 뜻밖의 해결방안

1994년 콜롬비아 보고타는 지구상에서 가장 위험하고 살기 힘든 도시 중 하나로 악명이 높았다. 전년도에 살인 사건이 4,200건이나 발생해 세계 살인의 수도로 불렸다. 공공사업에 써야 할 자금이 부패한 정부 관료들에게 일상적으로 유입되어 이미 마약 카르텔의 '기부금'으로 넘치는 은행 계좌에 쌓이는 동안 도시 건물들은 무너져 갔다. 자부심이나 희망을 거의 찾아볼 수 없고 관계 당국이 범죄자만큼 위험한 이 도시에서 시민들은 밥 먹듯이 법을 어기고 공공장소를 함부로 이용했으며 상대방을 모욕했다.

보고타에서 가장 큰 대학교의 학생들은 불투명한 미래에 분노하고 좌절한 채 모여들어 비난의 목소리를 높였다. 어느 날 밤, 대학생 2,000명이 캠퍼스 강당에 모였다. 학생들로 들어찬 강당은 시끄럽고 혼란 상태였으며 곧 폭력사태가 벌어질 듯했다.

그때 이 대학교 총장이 강당 무대에 모습을 나타내자 예상대로 학생들의 분노에 찬 야유가 터져 나온다. 머리는 덥수룩하고 교수님 같은 안경을 썼으며 에이브러햄 링컨처럼 턱수염을 기른 그 남자는 겁이 난 듯 어찌할 바를 모른다. 그는 마이크 앞에 서 있지만, 고함을 질러대는 성난 군중에게 그의 목소리가 들릴지는 모르겠다. 설령 들린다고 해도 학생들의 분노를 달래기 위해 그가 할 수 있는 말은 거의 없다. 그는 학생들에게 무엇을 약속할 수 있을까? 제 기능을 하는 새로운 사회? 그래서 그는 아무 말도 하지 않는다. 대신 그는 학생들 쪽으로 천천히 걸어가 허리띠를 풀고 돌아서서 바지를 발목까지 내린다. 그는 허리 밑으로 벌거벗은 채 몸을 앞으로 굽히고, 강당은 순식간에 고요해진다. "이건 노출이 아닙니다. 평화의 상징이에요." 분노는 웃음으로 바뀌고, 놀랍게도 집회는 평화롭게 끝난다.

나중에 안타나스 모쿠스Antanas Mockus는 학생들에게 '평화를 상징하는 흰색'을 보여주고 싶었을 뿐이라고 주장한다. 그의 해명은 대학 총장 자리를 지키는 데 별로 도움이 되지 않는다. 그는 이 대학 학생들에게 새롭게 인기를 얻었지만, 총장직을 바로 내려놔야 했다. 하지만 모쿠스의 이야기는 이제부터 시작이다.

대학 관계자들은 모쿠스가 엉덩이를 내보인 사건에 격노하지만, 철학 및 수학과 교수인 모쿠스는 이 사건을 자신이 오랫동안 작업한 이론이 옳다고 증명하는 확실한 증거로 여긴다. 인간 행동을 이끄는 요인에 대해 문화적으로 직관적인 수많은 개념은 깊이가 없으며 적절하지 않다고 그는 믿는다. 우리는 원하는 대로 사람들을 억압하고 위협하며 부추길 수 있지만, 그들이 리더를 향한 믿음을 잃었을 때(심지어 믿음을 잃지 않았어도) 그런 전략은 한계가 있을 것이다. 정말 필요한 건 사람들의 관심을 사로잡고, 예측하지 못하게 하며, 그들이 생각하는 이야기를 바꾸고, 그들이 적합하다고 판단하면 새로운 각본에 따라 행동할 힘을 주는 것이라고 모쿠스는 믿는다.

"사람들이 가장 좋아하는 것은, 당신이 어떤 문장의 위험한 전반부를 칠판에 적고 나면 사람들은 나머지 절반을 자유롭게 쓸 수 있다는 점을 인식하는 것입니다"라고 모쿠스는 나중에 말했다.

그렇다. 모쿠스는 자신을 웃음거리로 만들었다. 하지만 그와 동시에 모쿠스는 터지기 일보 직전이었던 데다 확실한 배출구가 없던 위기 상황을 진정시키는 데 성공했다. 이 첫 번째 승리는 과연 진정한 승리인지 의심스럽긴 하지만, 이에 흥분한 모쿠스는 보고타라는 이 도시 자체를 하나의 거대한 실험장으로 바꾸기 위해 훨씬 더 큰 무대로 간다.

몇 달 후, 그의 어머니 집에 마련한 임시 사무실에서 '모쿠스를 시장으로' 선거 운동이 본격화된다. 엉덩이를 드러낸 행동으로 모쿠스는 최고의 정치적 아웃사이더로 자리를 잡았으며, 여느 때처럼 정치판을 전혀 신뢰하지 않는 대중에게 그는 매력적인 항의 표가 된다. 말투가 부드러운 이 무소속 후보는 전형적인 광대의 이미지에서 벗어나 이 도시에 자부심과 존경심을 되찾아주겠다는 공약을 내세운다. 모쿠스는 역대 보고타 시장 후보 중 가장 큰 표 차로 선거에서

언세이프 씽킹

승리한다.

이렇게 해서 보고타에 '지식인의 침략'이 시작된다. 모쿠스는 사회과학자들과 통계학자들을 영입하여 이 도시를 아름답게 가꾸고 활기를 불어넣으며 폭력과 범죄를 줄이기 위한 대규모 프로젝트에 시민들을 참여시키는 임무를 맡긴다. 어떤 면에서 보면 모쿠스는 '법과 질서'를 철저히 준수하는 것처럼 보이지만, 그의 접근 방식은 교도소, 경찰 증원, 더 엄격한 규칙과는 아무런 관련이 없다. 사실은 정반대다. 모쿠스가 하는 모든 일은 훨씬 더 직관에 반대된다.

길거리부터 어떻게 바뀄는지 알아보자. 보고타에서 살아갈 때 가장 힘 빠지고 위험한 측면 중 하나는 무법천지 같은 교통 상황이다. 운전자들은 기본 규칙과 보행자들을 무시해도 처벌받지 않는다. 보행자들도 가만히 있지 않고 신호를 무시하여 차량 속도를 늦춰 교통 체증을 유발한다. 이는 수천 명의 교통경찰이 대부분 터무니없이 부패했기 때문이다. 그들은 법과 질서를 집행하는 일보다 운전자의 돈을 갈취하는데 정신이 팔려 있다. 모쿠스는 보고타의 운전자와 보행자가 본질적으로 나쁘지 않다고 가정한다. 그들은 법을 집행해야 하는 교통경찰이 괴롭힘을 일삼는다면 규칙을 지켜야 할 이유가 없다고 생각할 뿐이다.

그래서 모쿠스는 수십 명의 어릿광대를 훈련한다. 이 젊은 어릿광대들은 도시 곳곳에 흩어져 나쁜 운전자와 교통 신호를 무시하는 보행자를 장난스럽게 조롱한다. 한 어릿광대가 횡단보도를 가로막고 꿈쩍도 하지 않는 버스를 만화의 한 장면처럼 밀어내려고 애쓰자 지켜보던 군중이 그를 칭찬한다. 또 다른 광대는 줄줄이 이어진

차량 사이를 위험하게 돌아다니는 어떤 남자를 그림자처럼 흉내 내며 따라다닌다. 모여 있던 보행자들이 응원의 함성을 지른다. 이번엔 모쿠스는 엄지손가락을 치켜든 기호가 있는 흰색 카드와 아래로 향한 기호가 있는 빨간색 카드 수십만 장을 시민들에게 배포하여 모두 이 게임에 참여하게 한다. 얼마 안 있어 보행자와 운전자는 그 카드들을 이용해 좋은 행동을 하면 서로에게 고마움을 표시하고 나쁜 행동을 하면 서로에게 창피를 준다.

교통경찰을 어릿광대와 레드카드로 대체한 조치는 그 숨겨진 논리, 즉 시민들은 경찰에게 잘 보이려는 데는 관심이 없지만, 서로에게 잘 보이려는 일에는 신경을 쓴다는 논리를 이해하기 전에는 우스꽝스러워 보인다. 몇 달 만에 교통 신호를 지키는 보행자의 수는 세 배 증가하여 75퍼센트에 달한다. 교통사고 발생 건수와 출퇴근 시간도 급감한다. 이 프로그램은 큰 성공을 거둬서 모쿠스는 보고타 교통경찰 3,200명을 모두 해고한다. 그중 400명은 어릿광대가 되어 교통정리를 하라는 모쿠스의 제안을 받아들인다.

모쿠스가 영입한 지식인들은 점점 확산하는 폭력사태를 분석하며 문제의 원인을 이렇게 지적한다. 콜롬비아 가정에서는 일상적인 폭력이 벌어지며, 이러한 일상적인 폭력은 거리로 퍼져나가 싸움과 납치, 살인으로도 이어진다. 범죄와 싸우겠다고 약속한 보고타시에 이것은 범죄자들에게 놀라울 정도로 공감하는 견해이며, 문제를 이렇게 공식화하자 매우 파격적인 개입이 이어진다.

모쿠스는 텔레비전에 출연해 자신은 어렸을 때 학대당했다고 밝힌다. 그런 다음 학대한 사람의 얼굴을 풍선에 그리고 주먹으로 친다. 혼란스럽긴 하지만 그래도 모쿠스를 존경하는 시민들에게 그는 물리적인 폭력 행위 말고 상징적인 폭력 행위를 해보라고 요청한다. 다음으로 그는 아이들이 가정 학대를 전화로 신고할 수 있는 텔레비전 프로그램을 진행한다. 사람들은 아이들의 이야기를 듣고 아동 구타, 위협, 협박은 비정상이라고 여기기 시작한다. 경찰은 학교에서 폭력 없이 분쟁을 해결하는 방법을 공부한다. 경호팀의 요청으로 방탄조끼를 입은 모쿠스는 가슴 부분에 하트 모양의 구멍을 낸다. 이 모든 조치의 목적은 폭력이 일상이 된 도시에 폭력을 금지하기 위해서라고 그는 말한다.

그다음으로 보고타 시장실은 도시의 문젯거리를 향해 뜻밖의 공격을 실행한다. 시민들에게 소득의 10퍼센트를 시에 기부하게 하는 '자발적인 세금'을 부과했고 6만 5,000명이 이에 응한다. 모쿠스는 슈퍼히어로로 복장을 하고 쓰레기를 치우는가 하면, 사람들이 물을 절약하게 하도록 자신이 직접 벌거벗고 샤워하는 공익 광고를 제작하기도 한다.

모쿠스가 퇴임할 무렵이 되자 보고타는 그 지역에서 가장 안전하고 깨끗한 도시 중 하나가 되었다. 살인율은 70퍼센트 감소했다. 모든 가정에 전기가 들어오고 하수도가 설치되며 수돗물이 공급된다. 시 수입은 30퍼센트 증가했고 그 돈의 상당 부분은 이제는 시민들이 신경 쓸 공공 공간인 도시공원을 새롭게 단장하거나 건물을 짓는 데 사용된다. 부패는 이젠 일상이 아니다. 어린이들의 99퍼센트는 학교에 다닌다.

이 모든 것은 세상을 다르게 보고 자신의 신념을 위해 모든 위험을 감수하려 한 어떤 남자가 저지른 터무니없는 행동에서 시작되었다.

전 세계 정부와 기업은 인간 행동을 원하는 대로 바꾸기 위해 시간과 돈을 많이 들인다. 우리는 사람들의 경제적 이익을 최대한 얻기 위해 행동한다는 가정을 바탕으로 보상과 처벌 제도를 구성한다. 최근 수십 년 동안 행동경제학자들이 우리가 감정적이고 비이성적이며 이타적일 때가 얼마나 많은지 입증하면서 그러한 생각이 깨졌는데도 여전하다. 우리는 사람들이 생각을 바꾸게 하려고 마케팅 캠페인을 진행하지만, '반발 효과backlash effect'라는 현상에 관해 수많은 연구를 진행한 결과, 사람들은 자신의 신념에 직접 도전받으면 보통의 경우 더욱 꿈쩍도 하지 않는다고 한다. 인간 심리에 대해 널리 알려진 이러한 통찰은 형량을 더 무겁게 선고하고 가뭄 때 물 가격을 인상하며 기후 변화의 위험을 경고하는 광고판을 제작하는 등 확실해 보이는 수많은 해결책이 기대만큼 효과가 없는 이유를 알려준다.

이 모든 노력이 헛수고라고 인정하면 우울해진다. 확실한 줄 알았던 사고방식도 허점이 있다고 받아들이면 절망스러우므로 그 대신 그저 평범한 해결방안만 고집하는 사람들이 많다. 모쿠스의 천재성은 철학자이자 수학자에 걸맞게 인간이 겉보기보다 더 복잡하다는 사실을 받아들인 것뿐만 아니라 효과가 있는 새로운 수단을 찾아내는 데 있었다. 그는 사람들의 상상력과 양심, 공동체의 일원이 되고 싶어 하는 내재적 욕구를 자극하는 데 관심을 기울였다. 이렇게 하자 가능성의 세계가 열렸다.

모쿠스의 이야기는 반직관적인 통찰력이 미친 자의 불가사의한 환상이 아닌 이유를 보여준다. (학생들 앞에서 바지를 내려 엉덩이를 보인 사건을 보면 그에게 광기가 약간 있는 듯하다) 오히려 한발 물러서서 기존의 생각에 문제 있는 곳을 찾아낸 후, 새로운 각도에서 그 문제를 창의적으로 공격할 때 반직관적인 통찰력은 논리적으로 성장할 수 있다. 하지만 그렇게 되려면 우리는 세상이 돌아가는 방식에 대한 가장 기본적인 믿음이 우리를 잘못 이끌 수도 있다고 인정하는 불편함을 기꺼이 받아들이는 데서부터 시작해야 한다. 그런데 그런 일은 사람들 대부분에게 쉽게 일어나지 않는다.

터무니없는 것을 받아들여라

안타나스 모쿠스가 학생들에게 평화를 상징하는 흰색을 보여주겠다고 엉덩이를 내보이기 4년 전, 마릴린 보스 사반트는 어떤 질문을 편지로 받았는데, 그 질문은 나중에 많은 사람의 분노를 불러일으킨 것으로 유명하다.

사반트는 어려운 질문에 익숙했으므로 다른 수십 개의 질문과 함께 이 질문을 편지로 받았을 때 크게 중요하다고 생각하지 않았다. 1988년 기네스북은 그녀의 IQ가 지금까지 기록된 IQ 중에서 가장 높다고 발표했다. 그런 명예로운 사실 때문에 거만해진 그녀가 사반트('많이 아는 사람'이라는 뜻)라는 예명을 지었는지 궁금하겠지만, 그건 예명이 아니다. 그녀의 천재성은 집안 대대로 내려온 게 분명하다. 사반트는 새롭게 얻은 명성을 활용하여 〈퍼레이드〉 잡지에 '마릴린에게 물어보세요' 칼럼을 만들었다. 이 칼럼을 통해 '세계에서 가장 똑똑한 사람'은 독자들이 보내온 무척 까다로운 논리 퍼즐을 해결했다.

1990년 9월 크레이그 휘태커는 사반트에게 다음과 같이 질문했다.

당신은 어떤 게임 쇼에 출연했다고 가정해봅시다. 세 개의 문이 있는데, 당신은 그중 하나를 선택할 수 있습니다. 문 하나 뒤에는 자동차가 있고, 다른 두 개의 문 뒤에는 염소가 한 마리씩 있습니다. 예를 들어 당신이 1번 문을 선택하자, 각 문 뒤에 무엇이 있는지 알고 있는 사회자는 3번 문을 열어서 염소를 보여줍니다. 사회자는 당신에게 "2번 문으로 바꿔 선택하시겠습니까?"라고 묻습니다. 선택한 문을 바꾸는 편이 당신에게 유리한가요?

휘태커의 질문은 몬티 홀 문제the Monty Hall problem라고 하는데, 이는 무척 어려운 문제 풀기를 즐기는 사람들에게는 잘 알려졌지만, 그때까지는 일반 대중에게는 알려지지 않은 퍼즐이다. 사반트는 선택한 문을 바꿔야 한다가 정답이라고 생각했다. 그렇게 하면 자동차가 있는 문을 맞출 확률이 66퍼센트이며, 원래 선택을 고수한다면 맞출 확률은 33퍼센트에 불과하다고 그녀는 주장했다.

사반트는 독자들에게 그 논리를 이렇게 설명했다.

백만 개의 문이 있고, 당신은 1번 문을 선택한다고 가정해보세요. 그러면 문 뒤에 무엇이 있는지 알고 있고 상품이 있는 문을 열지 않으려는 사회자

언세이프 씽킹

는 777,777번 문을 제외하고 나머지 문들을 모두 열겠죠. 그러면 당신은 얼른 그 문으로 바꿔 선택하겠죠. 안 그런가요?

사반트는 그 설명으로 충분하리라 생각했지만, 세상에서 가장 똑똑한 사람일지라도 때로는 틀릴 때가 있다.

당신은 만약 이전에 몬티 홀 문제를 한 번도 접한 적이 없다면, 선택을 바꿈으로써 확률을 크게 높일 수 있다는 사반트의 주장을 읽고 머리가 지끈지끈 아플지도 모른다. 당신의 선택을 고수하든 바꾸든 둘 다 아무런 차이가 없는 게 분명한 것 같다. 사반트의 설명을 읽고 약간 격노했을 수도 있다. 그녀의 설명을 읽은 독자 수천 명이 바로 그렇게 느꼈다. 그저 동의하지 않는 정도가 아니라 노골적인 분노와 적대감이었다. 그녀는 이 칼럼 하나로 편지를 수천 통이나 받았다.

"큰 사고를 쳤군요!" 조지 메이슨 대학교의 로버트 삭스가 편지를 보냈다. "수학과 교수로서 나는 일반 대중의 수학 실력이 너무 형편없어서 매우 걱정됩니다. 실수했다고 인정하고 앞으로는 더욱 주의하세요"라고 당부했다.

"그러잖아도 우리나라에는 수학에 무식한 사람들이 넘치는데, 세계에서 IQ가 가장 높다는 사람까지 나서서 무식을 전파할 필요는 없어요. 창피한 줄 아세요!" 플로리다 대학교의 스콧 스미스도 분노에 찬 반응을 보였다.

사반트가 받은 편지의 92퍼센트는 그녀가 틀렸다고 지적하는 내용이었다. 여러 대학교에서 받은 편지의 3분의 2는 그녀가 실수했다며 온갖 설교를 늘어놓았다. 사반트를 천재라고 인정하지만 단순한 문제를 실수했다고 확신하는 사람들은 "여자들은 수학 문제를 남자들과 다르게 보는 것 같다"라는 등의 설명을 내놓으며 그녀를 깎아내렸다. 국방 정보 센터 소장과 국립 보건원의 수학 통계학자도 사반트가 틀렸다고 지적했다.

미 육군연구소의 에버렛 하먼은 "당신은 실수했지만, 긍정적인 면을 보십시오. 만약 그 박사들이 모두 틀렸다면 이 나라는 매우 심각한 문제에 빠질 겁니다."

하지만 그 박사들이 틀렸다. 사반트가 내놓은 답이 맞았다.

수학적으로 살펴보자. (선택을 바꾸는 게 실제로 효과가 있는지 확인하기 위해 사반트가 칼럼 독자들에게 게임을 수십 번 실제로 해보라고 제안하기 전까지는 수긍하지 못한 사람들이 많았다) 직관적으로 보면, 첫 번째 추측에서 자동차가 있는 문을 선택하는 것은 무작위적인 가능성이고, 선택을 바꿀 것인지 물었을 때도 무작위적인 가능성인 건 이해가 된다. 그건 중요하지 않다. 하지만 한 가지 중요한 정보는 문제를 처음 읽을 때 거의 눈에 띄지 않는다. 그것은 바로 사회자는 문 뒤에 무엇이 있는지 알고 있다는 점이다. 즉, 당신이 어떤 문을 선택하든 사회자는 당신에게 절대로 자동차를 보여주지 않으려 할 것이다. 결국, 이 퍼즐은 그렇게 무작위적이지 않다는 걸 우리는 곧 깨닫는다. 그래도 당신이 선택을 왜 바꿔야 하는지는 아직 명확하지 않다.

그러니 이젠 시나리오를 살펴보자. 처음 선택할 때 바로 맞힐 가능성은 얼마나 될까? 3분의 1이다. 그리고 그 선택이 맞는다면 바꾸

언세이프 씽킹

지 말아야 한다. 그러면 게임에서 진다. 하지만 잘못 선택한다면(가능성은 3분의 2), 진행자는 어떤 문을 선택하지 말아야 하는지 보여줌으로써 당신이 선택을 바꾸면 이길 수 있다고 보장했다! 바꾸지 않으면 이길 확률은 33퍼센트다. 선택을 바꾸면 이길 확률은 66퍼센트다. 그래도 이해가 되지 않는다면, 사반트가 제안했듯이 검은색 카드 두 장(염소), 빨간색 카드 한 장(자동차), 사회자 역할을 할 친구 한 명과 함께 이 게임을 20번 해보길 바란다.

1992년까지 사반트는 수천 개의 교실에서 학생들이 이 게임을 하게 했다. 연구원들은 컴퓨터 프로그램까지 짜서 이 실험을 수백만 번 진행했다. 그 결과, 선택을 바꾸면 66퍼센트의 확률로 게임에서 이긴다. 하지만 이 증거가 있는데도 그녀의 답변을 받아들인 독자들은 처음엔 8퍼센트였다가 고작 56퍼센트까지만 늘어났고, 학자들 사이에서도 수용률은 71퍼센트 정도를 맴돌았다. 이 퍼즐은 세상이 돌아가는 방식에 감히 도전한다. 이 퍼즐을 풀다가 직관에 상처를 입은 사람들은 대부분 불편함을 해소할 방안을 필사적으로 찾는다. 학자들은 그녀의 논리를 반박하려고 자격을 운운했다. 남자들은 여자들이 무능하므로 이런 일이 벌어졌다고 탓했다. 수치 증거를 전부 제시했는데도 일부 독자들은 믿지 않겠다고 딱 잘라 말했다.

왜 다들 그렇게 분노할까? 왜 사람들은 사반트를 반박하겠다고 아무 관련도 없는 증거를 모았는가? 그 이유는, 이 퍼즐은 누구든 잠시 생각해보면 서로 반대되는 두 가지 생각을 동시에 하게 하는 인지 부조화cognitive dissonance를 유발하기 때문이다. 우리의 직관은 선택을 바꾸면 이득이 있을 수 없다고 분명하게 알려준다. 세계에서 가장 똑똑한 사람과 컴퓨터 프로그램, (우리의 의지에 따라 실험해본) 경험은 우리에게 선택을 바꿔야 이득이 있으니 믿으라고 한다.

우리는 인지 부조화를 겪으면 당연히 즉시 해결하려고 노력한다. 머릿속으로는 분노할 수도 있고 맹렬히 비난할 수도 있다. 외부 관찰자의 눈에 터무니없어 보이는 '논리'를 통해 인지 부조화를 해결하는 전술도 자연스럽게 나온다. 예를 들어, 어떤 심리학자들은 종말론을 신봉하는 광신도 집단을 연구하여 구체적으로 날짜가 기록된 지구 종말의 예언이 실현되지 않으면 무슨 일이 일어나는지 알아봤다. 세상이 멸망한다는 날이 아무 일 없이 지나가면 광신도들은 그 종교 집단을 떠날까? 일부는 떠나지만, 대부분은 자신의 믿음을 두 배로 강화한다. 그들은 "세상은 멸망했을 테지만, 우리의 믿음으로 신께서 마음을 바꾸셨습니다"라는 논리를 만든다. 또 그들은 그 어느 때보다 더 헌신적인 마음으로 기꺼이 계속 나아가며, 이제는 서로 다른 두 가지 믿음을 동시에 갖지 않는다. 그들은 예언이 틀렸을 가능성을 가볍게 버린 것이다.

경제학자 존 케네스 갤브레이스는 "마음을 바꾸든지 그렇게 할 필요가 없음을 증명하든지 중에서 선택하라고 하면 거의 모든 사람은 증명하느라 바빠진다"라고 했다.

인지 부조화를 받아들이는 것은 불편하긴 하지만 사실은 꽤 좋은 일이다. 생각한 대로 일이 진행되지 않을 때 서둘러 해결방법을 찾거나 기분이 좋아지는 다른 생각에 종종 빠져드는 대신, 인지 부조화를 창의적인 통찰력의 원동력으로 받아들일 수 있다.

물론, 난해한 정보를 인내심을 갖고 다루려면 노력해야 한다. 선종 승려들은 쉬운 답을 찾아낼 수 없는 불편함을 받아들이거나 주의를 다른 데로 돌리도록 자신을 훈련하기 위해 선문답(즉, 풀 수 없는 수수께끼)을 하며 오랫동안 시간을 보낸다. 이러한 수행은 관념적인 사치처럼 보일 수도 있지만, 알베르트 아인슈타인은 바로 이러한 수행을 통해 세상에서 가장 중요하고 반직관적인 아이디어를 개발했다.

아인슈타인은 십 대 시절에도 역설을 즐겼다. 그는 실험실이 아닌 머릿속에서 테스트한 아이디어를 사고 실험thought experiments이라고 불렀다. 그가 사고 실험을 통해 처음으로 획기적인 돌파구를 마련한 때는 16세 때였다.

당시 아인슈타인은 암기식 교육을 고집하는 학교를 떠나 학생들에게 개념을 시각화하는 방법을 가르치는 동네 학교에 들어갔다. 이를 계기로 그는 자신이 빛의 속도로 움직인다면 광선을 따라 이동하는 것이 어떤 모습일지 궁금해졌다.

그가 상상한 것을 이해하려면, 기차 두 대가 같은 방향을 향해 같은 속도로 나란히 달리고 있다고 생각해보라. 쏜살같이 달리는 저쪽 기차 너머의 풍경을 볼 수 없으면, 그 기차는 전혀 움직이지 않는 것처럼 보인다. 아인슈타인은 이를 통해 그가 광선을 타고 이동하다가 같은 방향으로 움직이는 또 다른 광선을 보면 그 광선은 정지한 것처럼 보이겠다고 추론했다. 하지만 물리학자들은 그건 가능하지 않다는 것을 이미 알고 있었다. 자기장의 움직임을 설명하는 맥스웰 방정식에 따르면, 관찰자의 움직임과 관계없이 빛은 항상 빛의 속도로 이동하는 것처럼 보일 것이다. 아인슈타인은 기차 시나리오와는 달리, 광선 옆에서 빛의 속도로 이동해도 광선이 정지한 것처럼 보이지 않으리라는 점을 인정했다. 그런데 어떻게 그럴 수 있을까?

아인슈타인은 이 사고 실험으로 인해 '심리적인 긴장감'을 느끼고 며칠 동안 여기저기 배회했으며 손바닥에서는 땀이 많이 났다고 밝혔다. 우리에게는 대부분 그건 더 단순하면서 덜 괴로운 생각으로 바꿀 좋은 순간이겠지만, 아인슈타인은 역설에 몰입하는 것이 인생에서 가장 즐거운 경험 중 하나라고 말했다.

나중에 아인슈타인은 그 질문에 시간은 상대적이며 심지어 공간과 시간도 상대적이라는 특수 상대성 이론의 기원이 담겨 있었다고 주장했다. 그는 이런 글을 남겼다. "시간은 절대적이라는 원칙이 무의식 속에 깊이 자리 잡은 한, 이 역설을 만족스럽게 설명하려는 시도는 모두 실패로 끝났다. 이 원칙과 그 임의적인 성격을 명확히 인식하는 것이야말로 본질적인 해결책이다."

다시 말하면, 우리는 직관에 따라 시간을 고정된 현실로 감지한다. 우리는 시간이 항상 정해진 대로 흐르는 이 지구에서 평생을 살아가는데, 어떻게 그렇지 않다고 생각할 수 있는가? 하지만 그 생각을 잠시 접어두면, 광선 옆에서 빛의 속도로 움직일 때 왜 그 광선이 계속해서 움직이는 것처럼 보이는지에 대한 수수께끼에 답할 수 있다. 시간은 당신에게 느려져서 정지된 것처럼 보인다. 이 현상을 이해하기 위해 당신은 그 기차에 탔다고 다시 상상해보라. 당신에게만 시간이 느려진다. 일정한 속도로 이동하는 다른 열차는 움직이는 것처럼 보일 것이다. 아인슈타인이 개척한 시간에 대한 새로운 이해가 여전히 직관적으로 와닿지 않더라도 걱정하지 말라. 그것은 난해한 특징을 절대 잃지 않는 여러 통찰 중 하나다. 아인슈타인이 이러한 우주의 비상식적이며 반직관적인 본질을 세상이 깨닫게 하는 데는 수십 년이 걸렸지만, 여러 실험을 거쳐 결국 그가 옳았다고 입증되었다.

만약 아인슈타인이 그의 생각을 역설에 빠지게 하여 그러한 반직관적인 개념을 끌어내지 않았더라면, 또 인지 부조화를 편안하게 여기지 않았더라면 GPS와 텔레비전, 레이더는 세상에 없었을 것이다. 그의 상대성 이론이 가능하게 만든 현대 생활의 몇 가지 측면만 예를 들어도 그 정도인데, 그의 통찰이 촉발한 물리학의 혁명적인 발전은 말할 것도 없다.

물론, 인지 부조화를 즐긴다면 우리 모두 아인슈타인 같은 사람이 될 수 있다는 말은 아니다. 우린 그럴 필요도 없다. 독창적이고 직관에 어긋나며 획기적인 발견 사례들을 잘 살펴보면, 역설 같아 보이는 것을 피하지 않고 오히려 그쪽으로 나아가 해결할 길을 찾아낸 다소 평범한 사람들을 발견할 것이다. 사실, 그러한 사고방식을 활용하여 미국에서 가장 인기 있는 스포츠에 대변혁을 일으키기 위해 바로 지금 노력하고 있는 사람들이 있다.

안전에 대한 안전하지 않은 생각

여섯 살 꼬마 케니 부이는 거실로 걸어 들어갔다. 그곳에서 아버지 응언 부이는 텔레비전에 넋을 잃고 그쪽으로 몸을 기울인 채 앉아 있었다. 케니는 아버지의 무릎에 올라탔다.

"이게 뭐예요, 아빠?" 케니는 자신이 우상으로 여기는 아버지가 텔레비전에 폭 빠져 있자 흥미가 생겼다.

"미식축구란다, 케니." 아버지가 대답했다.

케니는 아버지에게 끝없이 질문했고, 아버지는 텔레비전에서 중계되는 경기에 시선을 떼지 않으며 대답했다. 누가 이기고 있어요? 저렇게 해도 돼요? 아빠는 어느 팀을 응원해요?

응언 부이는 시애틀 시호크스 미식축구팀의 열렬한 팬이었다. 그는 1975년 베트남을 떠나 혼란스럽고 준비되지 않은 상태에서 미국에 도착했다. 1년 뒤 시호크스도 그와 비슷한 상태에서 창단되었고, 이후 응언은 시호크스에 연대감과 애정을 느꼈다.

"나는 시호크스를 좋아해." 응언은 케니에게 다소 절제된 어조로 대답했다.

"알았어요. 아빠는 시호크스를 아주 좋아하죠?" 케니가 말했다. "나도 시호크스가 아주 좋아요."

이렇게 하여 케니 부이는 미식축구에 평생 매료되었다. 케니는 사교성이 좋았고 고등학교 내내 평균 학점은 4.0이었다. 키는 172센티미터 정도에 몸무게는 68킬로그램에 불과했지만, 케니는 미식축구가 전부였다. 그의 영웅인 NFL(National Football League, 미국 프로미식축구 연맹) 수비수 얼 토마스처럼 케니는 무척 거칠고 사납게 플레이하고 상대 팀 리시버에게 큰 타격을 가하여 수비수인 자신의 작은 체구를 극복했다.

2015년 10월 2일, 응언 부이는 늦게까지 일하는 바람에 평소처럼 아들이 에버그린 하이 스쿨 팀에서 뛰는 모습을 볼 기회를 놓쳤다. 한편으로는 안타까워했지만, 솔직히 말하자면 그 자리에 없어서 안도하는 마음도 있었다. 한 달 전 케니는 가벼운 뇌진탕으로 경기 도중에 교체되었다. 응언은 너무 겁이 나서 케니에게 아버지와 아들 둘 다 좋아하는 미식축구를 이제는 그만둘 때라고 말했다. 그는 아들의 뇌진탕을 확인하는 학교 문서에 서명하지 않으려 했다. 그 양식이 있어야 케니는 다시 경기에 나설 수 있었다. 아들은 포기하지 않으려 했다.

동네 저편에서는 하이라인 고등학교와의 경기가 4쿼터에 접어들었다. 케니는 졸업반이었다. 대학교에서도 미식축구를 할 가능성은 크지 않았고, 경기장에서 영웅적인 활약을 펼칠 기회도 많지 않으리란 것도 알고 있었다. 케니는 상대편을 향한 타격을 전부 성공시키기로 마음먹었다. 그래서 짧은 패스로 하이라인 팀 리시버에게 오픈 숏 기회가 생기자 케니는 얼 토마스처럼 고개를 숙이고 상대편 선수를 향해 달려들어 세게 충돌했다.

그러고 나서 케니는 사이드라인으로 천천히 걸어가 벤치에 앉았다. 걱정하는 트레이너들이 뇌진탕 확인 원칙에 따라 기본적인 질문을 하는 동안 케니는 계속 눈을 감고 있었다. 케니는 벤치에서 곧바로 하버뷰 메디컬 센터로 옮겨져 사흘 동안 의식을 잃고 누워 있다가 생명 유지 장치가 제거되었다. 케니는 2015년 미식축구를 하다가 사망한 미국 학생 19명 중 한 명이 되었다.

케니가 사망한 직후 응언은 시호크스의 피트 캐롤 감독에게 소포를 받았다. 응언은 소포 안에서 유니폼을 꺼냈다. 케니의 영웅인 얼

토마스가 직접 서명한 29번 유니폼이었다.

"그 유니폼을 잘 보관하렵니다." 응언은 〈가디언〉 기자에게 말했다. "그 유니폼을 입을 때마다 케니를 생각하렵니다. 제가 무척 사랑하는 아들이죠."

아들이 죽기 전에 따라 하려고 했던 선수를 상징하는 물건인 이유니폼을 응언 부이가 소중히 간직하겠다고 맹세한 사실은 미국 문화의 더 큰 위기를 나타낸다. 운동 경기 때문에 몸과 뇌를 파괴하는 우리 아이들을 이제 더는 지켜볼 수 없다고 생각하는 사람들이 많다. 동시에 우리는 미식축구 경기를 즐기는 걸 포기하지 못하는 듯하다. 유일한 해결책은 어떻게든 경기를 더 안전하게 만드는 것이다. 하지만 어떻게? 그 질문은 특히나 골칫거리였다. 사실 뉴햄프셔 대학교의 신체 운동학자인 에릭 스와츠가 직관에 반하는 해결책을 개발하기 전까지 미식축구 개혁가들은 막다른 길에 연달아 부딪히고 있었다.

미식축구는 늘 위험한 스포츠였다. 1960년대에 미식축구가 전국에서 명성을 얻기 시작함에 따라, 선수들은 더 힘이 세고 빨라지고 또 유명해지려는 의지가 강해지면서 뇌 부상으로 인한 사망자 수는 이미 감당할 수 없을 만큼 높은 수준이었는데 더 늘어나기 시작했다. 1965년부터 1969년까지 100명 이상의 선수들이 사망했다. 이는 매년 약 20명씩 사망했다는 얘기다.

미시간 대학교의 신경과학자 리처드 슈나이더는 헬멧의 보호 기능 품질을 개선하면 이 문제를 간단히 해결할 수 있겠다고 생각했다. 뉴햄프셔 대학교의 신체 운동학자인 스와츠는 내게 "수십 년 동안 직관적이고 논리적인 접근법은 '머리를 다칠 수 있으니 헬멧을 쓰자'였어요"라고 말했다. "머리를 많이 다치니까 뭔가를 씌워 보호하면 문제가 해결된다고 생각한 거죠."

1960년대 말, 슈나이더는 충전재를 훨씬 더 많이 넣고 충격에 잘 견디며 더 편안하도록 헬멧을 근본적으로 재설계했다. 또한, 그는 훌륭한 과학자처럼 경기 영상을 주의 깊게 관찰하여 뇌 손상을 일으킬 가능성이 가장 큰 플레이 스타일을 찾아냈다. 그는 머리로 상대방을 들이받거나 부딪치는 행위처럼 머리부터 먼저 나가는 위험한 동작을 금지하기 위해 크게 중요하지 않은 규칙 몇 가지를 변경하자고 제안했다. 이러한 규칙 변경은 본질적으로 헬멧이나 안면 보호대를 써서 상대방을 공격할 수 없다는 의미였다.

슈나이더의 작업은 즉각적으로 엄청난 결과를 가져왔다. 1973년 무렵 고등학교에서 머리 부상으로 인한 사망자 수가 4분의 3가량 감소했다. 너무 많은 아이가 여전히 죽어갔지만, 미식축구 선수들과 미식축구 자체를 구하는 건 순조롭게 진행되는 듯했다.

하지만 당시 슈나이더와 세상 사람들은 그렇게 개선된 헬멧이 나중에 케니 부이를 사망하게 한 문제를 해결하지 못했다는 건 몰랐다. 사실 그들은 문제를 더욱 악화시키고 있었다. 뇌진탕은 머리가 어딘가와 충돌하여 뇌가 두개골의 내벽에 부딪힐 때 일어난다. 상대적으로 가벼운 충격에도 뇌가 부어오르며, 뇌진탕이 연이어 일어나면 뇌 손상이 누적된다. 케니 부이의 사망 원인으로 추정되는 2차 충격 증후군은 이전 뇌진탕으로 인한 부기가 가라앉기 전에 두 번째 뇌진탕이 일어나면 갑자기 발생할 수 있다. 치사율이 75퍼센트나 된다. 그렇다면 품질을 개선한 헬멧이 뇌진탕 문제를 어떻게 악화시키는 걸까?

스와츠는 "위험 항상성risk homeostasis 문제가 있어요."라고 지적한다. "그건 보호받고 있다고 생각할 때 생기는 잘못된 안전 감각입니다. 그래서 더 위험한 짓을 하죠. 더 무모하게 행동하고요." 헬멧이 훨씬 커지고 편안해지자 선수들은 안전하다고 느꼈다. 뇌진탕을 겪은 고등학교 선수 중 70퍼센트는 계속해서 경기에 나간다고 추정된다. 그리고 여느 때처럼 경기에 나간다는 말은 케니 부이처럼 똑똑한 아이라도 머리를 무기로 사용한다는 뜻이다.

"머리를 단단한 표면에 박치기하면 정말 비정상이죠. 그런데 헬멧을 쓰면 괜찮다고들 생각하는 거죠"라고 스와츠가 말한다. 사실, 선수들은 충돌에 너무 익숙해져서 이제는 하이파이브 대신 머리로 박치기한다. "그것 때문에 하루에 충돌이 20번씩 더 발생할 수 있어요"라고 스와츠는 한탄한다.

그래도 헬멧을 쓰지 않고 경기하는 걸 누가 상상할 수 있을까? 선수와 팬들은 경기 중에 목이 부러지거나 머리가 찢어지는 등 끔찍한 부상을 감당해야 하거나, 경기는 속도가 느려지고 훨씬 더 조심스러워져 미식축구의 엔터테인먼트 가치는 거의 확실하게 파괴될 것이다. 그래서 우리는 대부분 어쩔 수 없이 아이들에게 미식축구를 금지하고 멀리하거나, 선수들의 거칠고 폭력적인 충돌과 영웅같은 플레이를 즐기려고 미식축구는 피의 스포츠라는 현실을 머릿속에서 오랫동안 지워버릴 가능성이 더 크다.

하지만 에릭 스와츠는 우리가 몬티 홀 문제를 풀어내거나 아인슈타인이 시간의 비밀을 풀기 시작한 것처럼, 이 세상이 우리의 직관대로 작동하지 않는다는 사실을 불편하게 여기지 않고 현실을 받아들였다. 그다음, 논리적인 길을 생각해냄으로써 문제를 풀어나가기 시작했다.

스와츠가 직면한 문제는, 미식축구는 항상 헬멧을 쓰고 경기하지만, 헬멧을 쓰면 뇌진탕이 발생하기 더 쉬워진다는 점이었다. 그건 마치 풀 수 없는 수수께끼 같은 문제였다.

스와츠는 문제를 다시 구성해본다면 반드시 그렇게 되지는 않는다는 점을 알아냈다. 헬멧이 선수들을 뇌진탕에 더 취약하게 만드는 게 아니라, 헬멧을 착용한 선수들의 행동이 그들을 뇌진탕에 더 취약하게 만든다. 자연적인 현상이 갑자기 인간 심리 문제로 변한다. 그리고 이러한 통찰을 통해 스와츠는 자신이 달려가야 할 희미한 빛을 찾아냈다.

스와츠는 대담하고 색다른 제안을 들고 뉴햄프셔 대학교 코칭스태프를 찾아갔다. 그는 이 대학교 미식축구팀에 실험 그룹을 만들고 그들을 다르게 훈련받게 하고 싶었다. 선수들이 헬멧을 벗고 훈련하게 하자는 것이었다. 이 계획을 들은 션 맥도웰 감독은 처음에는 너무 황당해했다. 코치들은 어느 선수들이든 헬멧을 벗고 있으면 호통을 쳤고, 그건 부상당한 선수들이 사이드라인에 있을 때도 마찬가지였다. 헬멧 착용은 팀 규율이다. 그리고 헬멧 없이 연습한 선수들은 경기 당일에 불이익을 분명히 받을 수도 있다. 그들은 부드럽게 플레이하는 법을 배울 수도 있어서다. 하지만 이상하게도 스와츠의 논리는 오랫동안 너무 많은 선수를 뇌진탕으로 잃은 맥도웰 감독에게 와닿았다. 그래서 그는 스와츠의 연구를 위한 자원자 모집을 허락했다.

자원자 중 한 명인 다니엘 로우는 미식축구를 계속해야 할지 고민하던 참이었다. 그는 3년 동안 뇌진탕을 세 번 일으켰고 프로 선수가 될 가능성은 거의 없었다. 논리적으로는 미식축구를 계속해서는 안 된다고 생각했지만 그만두기는 주저했다. 그래서 그는 헬멧을 쓰지 않고 연습하는 것도 해볼 만하다고 생각했다.

"헬멧을 벗고 있으면 '조금이라도 다치지 말아야 해'라고 강하게 의식하게 돼요. 어깨 위로 다칠 수 있는 행동은 뭐든지 하고 싶지 않잖아요"라고 로우는 회상했다. 그는 헬멧을 쓰지 않고 태클 훈련을 수백 번 받으면서 몸의 다른 부분으로 리드하고 머리를 충격에서 안전하게 보호하는 방법을 재교육받았다. 그 시즌 로우는 뇌진탕을 겪지 않았고 더 안전한 경기 스타일 덕분에 더 편안하게 경기했으며 경기 성적도 최고였다.

"저는 훨씬 더 안전하다고 느꼈어요. 경기를 마칠 때 제 건강 상태에 더 자신감을 느꼈죠"라고 로우가 말했다. "'나는 괜찮은가? 괜찮지 않은 건가?'라고 확인할 필요가 없었어요."

스와츠의 데이터에 따르면 이 프로그램을 통해 뉴햄프셔 대학팀의 태클 실력은 전반적으로 향상했으며, 실험 그룹에 참가한 선수들은 머리에 충격을 받는 경우가 28퍼센트 감소했다고 한다. 이는 한 시즌 동안의 개입치고는 인상적인 결과이지만, 아이들의 경기 습관이 형성되는 청소년 리그에서부터 헬멧 없이 연습을 시작하고, 이후 머리 보호 훈련을 받은 상대와 계속하여 경기하면 미식축구에 끼칠 커다란 잠재적 영향의 극히 일부에 불과하다.

2016년, 케니와 응언이 그토록 사랑했던 시애틀 시호크스는 스와츠의 프로그램을 도입하기 시작했다.

스와츠는 NFL 선수들이 앞으로도 수십 년 동안 뇌진탕으로 치명적인 결과를 맞을 가능성이 크지만, 오늘날의 청소년 선수와 코치들에게 선수의 머리는 쉽게 파괴할 수 없는 무기가 아니라 소중하고 연약하다고 여기도록 교육할 수 있다는 희망에 차 있다.

헬멧을 벗고 연습함으로써 선수의 안전을 향상한다는 생각은 전적으로 직관에 어긋난다. 사실, 전문가들은 고등학교에서 미식축구를 금지하고 규칙을 복잡하게 변경하며 경기 중에 헬멧을 쓰지 못하게 하는 등 결코 세상의 빛을 보지 못할 해결방안을 놓고 끝없이 논쟁을 벌였지만, 이 간단한 접근법을 연구한 사람은 아무도 없었다. 하지만 스와츠는 간단하고 효과적인 해결방안을 찾아냈다.

직관에 반하는 창의성

안전하지 않은 생각의 가장 순수한 표현이라 생각한 반직관적인 통찰력의 본질을 조사하기 시작했을 때, 나는 진정한 창의성이 열정적으로 발휘되고 있는 모습을 발견하리라 생각했다. 내 생각은 틀렸다. 그러한 통찰력을 추구했던 사람들과 대화하고 그들에 대한 글을 읽어보니, 그들은 직관에 반하는 아이디어를 자연스럽게 생각해내는 다소 평범한 사람들 같았다. 어떻게 그렇게 반직관적인 개념을 떠올렸는가 질문하면 오히려 그 질문에 놀란 듯한 사람들이 많았다. 그들은 해결하기 무척 힘들어 보이는 상황을 여러 각도에서 검토했고, 표면적으로 드러나는 모습을 넘어서서 앞으로 나아갈 분명한 경로를 찾아내자 완벽하게 논리적이며 합리적으로 보이는 길이 앞에 펼쳐졌다. 이러한 길은 직관적이었지만, 낡은 생각에 갇힌 사람들에게는 반직관적으로 보였다. 기브디렉틀리, 모쿠스와 스와츠를 취재한 기사 제목들은 그들의 접근법이 이상하다며 놀라움 일색이었다. 하지만 당사자들의 눈에는 전혀 그렇게 보이지 않았다. 그들의 이야기를 듣다 보니 어느새 나는 우리 모두 반직관적인 돌파구를 만들어내기 위해 실천할 수 있는 몇 가지 간단한 관행을 알아냈다. 우리는 좀 더 엉뚱해 보이는 아이디어를 떠올리는 능력을 최대한 활용하기 위해 기존 수단들을 쓸 수 있다. 우리는 때가 오기만을 하염없이 기다릴 필요 없이 반직관적인 사고를 키워나갈 수 있다. 방법은 다음과 같다.

인지 부조화를 받아들여라

방금 살펴봤듯이 반직관적인 해결책은, 이 세상은 우리가 직관적으로 기대하는 방식으로 작동하지 않는다는 사실을 받아들이는 데서 시작될 때가 많다. 이러한 현실을 회피하며 우리의 추정이 옳다고 단호하게 밀고 나가기는 너무 쉽다. 하지만 틀에 박힌 생각에서 벗어나고 싶다면 아인슈타인이 그랬듯이 반직관적인 사고를 지향하고 또 즐겨야 한다. 거의 실행되지 않는 오래된 반직관적인 사실을 몇 가지 알려주겠다. 숙제를 많이 내주더라도 학생의 성적은 올라가지 않으며 오히려 떨어질 때가 많다. 차선을 더 많이 만들면 교통 상황은 더 나빠질 때가 많다. 어떤 사람들에게 그들이 틀렸다고 설득하려는 시도, 특히 도덕적 신념이 틀렸다고 설득하려 하면 그들은 대개 원래 입장에서 꿈쩍도 하지 않는다. 그렇다고 학생의 성적을 올리거나 교통 혼잡을 완화하거나 사람들의 생각을 바꾸려는 노력을 중단해야 한다는 뜻은 아니다. 하지만 우리는 현실을 무시함으로써 시간과 돈을 많이 낭비하고 있으며, 현실을 받아들이면 엄청난 기회가 있다.

당신이 속한 업계나 회사의 불편한 진실은 무엇인가? 다음과 같이 질문하면 불편한 진실을 발견할 수도 있다.

- 우리를 가장 집요하게 비판하는 사람들이나 불만을 품은 고객들은 우리에 대해 뭐라고 말하는가? 그리고 그 말에 담긴 약간의 진실은 무엇인가? 처리하기 힘들어 보이는 그들의 우려 사항을 어떻게 해결할 수 있는가?
- (미션 선언문이나 핵심 가치 선언문에는) 하겠다고 했지만, 비용이 너무 많이 들거나 힘들다는 이유로 손도 대지 않은 일은 무엇인가?
- 우리의 전략은 사람들이 어떻게 행동하고 의사소통하며 설득되는지에 대한 최신 학문 지식과 실제로 일치하는가?

당신이 찾아낸 불편한 진실은 피해야 할 장애물이 아니라 생산적인 인지 부조화에 몰두하기 위한 출발점으로 여겨라.

문제를 재구성하라

인지 부조화를 유발하는 곤란한 문제에 접근하면 위험이 명백하게 나타난다. 이러한 문제는 해결책이 전혀 없는 것 같아서 미해결된 상태로 남는다. 스와츠가 해결해야 했던, 헬멧은 필수품인 동시에 극도로 위험하다는 난제가 바로 그런 경우였다. 여기서 아인슈타인은 다시 한번 중요한 사고방식과 접근법을 제시한다. 그는 "내게 문제를 해결할 시간이 한 시간 있고 내 생명이 그 해결책에 달려 있다면, 처음 55분 동안은 적절한 질문을 정하는 데 쓸 것이다. 일단 적절하게 질문하면 5분 이내에 문제를 해결할 수 있기 때문이다"라는 글을 남겼다. 스와츠는 질문을 이렇게 재구성했다. "미식축구 경기를 할 때 헬멧을 계속 착용하되, 헬멧이 조장하는 위험한 행동을 어떻게 없앨 수 있을까?" 이것은 그가 풀 수 있었던 난제였다.

특히 어려운 문제를 해결하려고 시간을 더 쓰기 전에, 원하는 목표를 달성하려면 꼭 그 문제를 해결해야 하는지 질문하라. 같은 결과를 얻을 수 있다면 그 문제 말고 다른 문제를 해결할 수도 있지 않을까? 문제를 아주 약간 재구성하면 새로운 문이 열릴 수도 있지 않을까?

외부인을 데려오라

내가 그동안 만났던 반직관적인 생각을 하는 사람들의 성공은 그들이 외부인이란 사실이 상당히 기여했다. 럭비 선수였던 스와츠는 럭비 선수들이 태클할 때 머리를 거의 쓰지 않는다는 사실을 알고 있었으므로 선수들이 경기장에서 헬멧 없이도 얼마 동안은 안전할 수 있다고 확신했다. 기브디렉틀리 창립자들은 본래 경제학자들이었다. 정치인이 된 모쿠스 또한 원래는 학자였다. 이 외부인들의 직관은 그들이 맡은 분야에서 반직관적이고 독창적이었다.

연합군이 폭격기들을 적의 공격에서 보호하기 위해 통계학자인 에이브러햄 왈드를 영입하여 반직관적인 중요한 통찰을 얻었듯이, 우리는 모두 해결책을 찾는 데 외부인을 초대하거나 관련 없는 다른 분야의 지식을 활용하여 도움을 받을 수 있다.

직관에 집중하되 테스트하라

지금까지 살펴본 방법들은 더욱 창의적인 해결책이 나올 수 있는 조건을 갖추는 데 도움이 되며, 우리의 합리적이고 분석적인 사고 체계를 주로 활용한다. 하지만 일단 조건이 마련되면 우리는 개방적이고 창의적인 사고를 적절히 활용해야 한다. 기브디렉틀리의 경우, 그러한 창의성은 현금 이체와 디지털 결제라는 기존 아이디어를 단순히 결합한 것이다. 화려한 아이디어는 없었다. 반면, 보고타 시장인 안타나스 모쿠스는 훨씬 더 급진적이고 과장된 방법에 의지했다. 그는 무엇이 시민들의 생각 패턴을 뒤흔들 수 있는지에 대한 직관에서 비롯된 매우 파격적이면서 안전하지 않은 예술적인 재능으로 인간 본성에 대한 자신의 이해에 반응했다. 하지만 그렇게 인습을 타파하는 접근법에도 불구하고 모쿠스는 앞장에서 논의한 직관과 분석의 결합에 크게 의존했다. 그는 정치계에 몸담으면서 얻은 중요한 교훈 중 하나를 이렇게 설명했다. "사람들을 위해 즐겁고 놀라운 이야기를 만들어내고, 시민들이 서로 감탄하게 하며, 새로운 것을 알아내려는 반가운 도전을 하게 하는 짧고 만족스러운 경험을 개발하면 도움이 됩니다. 하지만 냉정하고 합리적으로 측정해서 얻은 바람직한 통계 결과로 그 이야기들을 뒷받침해야 합니다. 그렇게 해서 선순환이 만들어지면 적절하고 새로운 경험은 통계 문서로 만들어져 개선된 결과를 보여주고, 그렇게 문서로 만들면 더욱 환영받는 변화를 맞이할 수 있다는 기대감을 불러일으킬 수 있습니다."

우리는 일반적인 통념과 어긋난다는 이유만으로 반직관적인 접근 방식을 떨쳐버리면 안 된다. 창의적인 절차에서 나타나는 대로 반직관적인 접근 방식을 포착해야 한다. 우리의 신비로운 직관적 사고에서 나오더라도 마찬가지다. 그리고 엄격하게 테스트해야 한다. 반직관적인 통찰은 거의 시도되지 않으므로 성공할 잠재력이 있다. 그렇다고 항상 옳다는 뜻은 아니다.

최소한의 반직관

반직관적인 생각에는 장점이 있지만, 고객과 팀원, 상사에게 인정을 받지 못하면 절대 받아들여지지 않는다는 측면에서 단점도 상당하다. 일라이 패리저는 사용자의 관심을 끌기 위해 스토리 헤드라인을 최적화하여 수억 명의 사용자 기반을 구축한 웹사이트인 업워디의 공동 창립자다. 그는 관심을 끌 수 있는 가능한 모든 전략을 수백만 번 테스트했다. 그는 내게 반직관적인 아이디어는 틀림없이 사람들의 관심을 끈다고 말했다. 예기치 않은 과학적 발견과 놀라운 제안, 기묘한 조합은 사람들을 즐겁게 하고 호기심을 불러일으키는 경향이 있다. 하지만 아무리 좋은 것도 지나치게 많으면 좋지 않다.

언세이프 씽킹

반직관적인 생각은 기대를 너무 많이 꺾고 불협화음을 너무 심하게 유발하면 자연스럽게 버려지거나 무시될 때가 많다.

흥미로운 연구에 따르면 사람들은 타협점을 제시하는 아이디어에 귀를 기울이고 기억하며 이야기하는 경향이 있다고 한다. 최소한으로 반직관적인 개념으로 알려진 이 개념은 대부분 다소 평범한 경향이 있지만, 예상을 깨는 한두 가지 특징이 있다. 우리는 수백 년 동안 전해 내려오는 전설과 설화 어디에서나 그러한 개념을 찾아볼 수 있다. 대부분 유령은 사람처럼 행동하지만, 고체 물질을 통과할 수 있고 더는 살아있는 존재가 아니다. 성모 마리아는 하늘을 날지 않고, 홀쩍 나타났다가 사라지지도 않으며, 마술을 부리듯 동물로 변신하지도 않는다. 성관계 없이 임신했다는 점을 제외하면 다른 어머니와 똑같다. 외계인은 금속 우주선을 타고 날아다니며 일반적으로 눈은 두 개, 코와 입은 하나씩 있다. 외계인은 어쩌다 보니 다른 행성에서 왔을 뿐이다. 연구 결과, 완전히 직관적인 생각은 쉽게 무시된다는 점이 여러 번 밝혀졌다. 너무 반직관적인 생각은 기억하거나 이해하기 힘들다.

우리가 가진 반직관적인 아이디어에 대한 시사점은 무엇일까? 반직관적인 아이디어는 이미 잘 알려진 작업 방식을 예상 못한 방향으로 비틀어 제시하면 가장 좋을 때가 많다. 에어비앤비Airbnb는 전 세계에서 민박이 운영되고 있으므로 사람들은 이미 낯선 이들에게 집을 개방하고 있다고 강조하며 에어베드앤브렉퍼스트로 시작했다. 초기 에어비앤비 호스트는 전업 민박집 주인과는 전혀 다르긴 했지만, 둘 사이에는 유사점이 있어서 고객들은 이 새로운 모델을 더 안전하다고 생각했고 이 모델은 그들의 머릿속에 안정적으로 자리를 잡았다. 에어비앤비 플랫폼이 숙박업에 대한 문화적 직관을 다시 정의하고 나서 그 유사점은 잊혔지만, 오늘날까지도 그 이름은 비슷하게 남아 있다. 반직관적인 아이디어를 제시할 때는 그 아이디어의 모든 요소 말고 대부분 요소가 얼마나 일반적인지를 강조하라. 그러면 사람들이 그 아이디어를 지지하고 받아들일 가능성이 훨씬 더 커진다.

　문화적으로 잘 받아들여지는 개념에 의문을 제기하고, 기존의 접근 방식에서 벗어난 직관을 개발하며, 이후 나타나는 급진적이면서도 합리적인 해결책을 테스트하는 이 과정은 안전하지 않은 생각의 핵심이다. 우리는 이렇게 평범하지 않은 접근 방식을 받아들이고 또 밀어붙이기 위해 생각을 강화하는 방법에 대해 깊이 살펴봤다. 하지만 세상은 이러한 접근 방식에 적대적일 때가 많으며, 언제든지 우리를 좌절하게 할 수 있다는 점도 우리는 인정해야 한다. 현재를 유지하려는 생각을 지키고 보존하려는 규칙이 무수히 많다. 문제를 일으키지 못하게 하는 도덕적인 체계가 존재하는 셈이다. 정상적인 운영 방식에서 벗어나면 우리는 반드시 그 도덕적인 체계에 크게 부딪칠 것이다. 어떻게 하면 무법자로 낙인찍혀 거부당하는 일 없이 효과적으로 벗어날 수 있을까? 그리고 옳다고 들었던 일이 이제 더는 옳지 않다는 사실을 알고 있는데, 그래도 그 일을 하고자 하는 우리 자신의 욕망을 어떻게 대해야 하는가? 나는 다음 장에서 그 답을 찾아봤다.

유연성

● 직관에 주목하라

데이터와 분석의 시대에 직관은 그 비범한 능력을 거의 인정받지 못한다. (비록 경영진 대부분은 마음속으로는 직관이 꼭 필요한 도구라는 점을 인정하지만) 직관은 논리로 설명할 수 없으며, 아이디어보다는 감정이나 신체적인 느낌으로 다가올 때가 많다. 그래서 직관을 쉽게 떨쳐버린다. 우리는 직관을 공개적으로 논의하고 활용하기 위해 구체적으로 노력함으로써 직관을 다시 제자리로 끌어올릴 수 있다.

당신은 아이디어와 결정 사항에 대해 단순히 어떻게 생각하는지보다는 어떻게 느끼는지에 의도적으로 귀를 기울이는가? 당신은 다른 사람들에게 이유부터 바로 묻지 않고 직감이 어떤지 공유하도록 권장하는가? 당신 자신과 팀에서 직관적인 아이디어와 반응을 더 많이 수집할수록 그 비범한 능력을 더 많이 활용할 수 있다.

- **맹신하지는 말라**

직관은 진리가 아니고 흥미로운 가설이다. 또는 로빈 호가스가 말했듯이 "설명이 필요한 데이터다." 직관은 편견과 빠른 사고방식으로 인해 오염될 때가 매우 많으니 직관을 테스트하라. 피드백과 데이터를 풍부하게 제공하여 조성한 '친절한 학습 환경'은 픽사와 기브디렉틀리, 보고타시가 직관에서 영감을 얻은 대변혁을 이끄는 데 핵심 역할을 했다.

당신은 친절한 학습 환경 또는 사악한 학습 환경에서 일하는지 알 수 있는가? 피드백을 개선하고 데이터를 더 많이 제공하며 시스템에 고정된 편견을 줄여서 학습 환경을 더욱 친절하게 만들려면 당신은 어떤 조치를 할 수 있는가?

- **편견에서 벗어나라**

키가 작은 대머리 임원 그리고 고정관념을 거부한 다른 사람들 이미지를 화면 보호기에 띄우는, 간단하면서도 효과적인 비결을 기억하는가?

깔끔하게 정리된 상자는 현실을 나타낼 때가 거의 없다는 사실을 자신에게 강조하기 위해 당신은 어떻게 하는가? 당신의 기본적인 가설을 약하게 만드는 증거를 일부러 찾아본 적이 있는가?

- **어려운 문제를 받아들여라**

우리는 다루기 힘들어 보이는 문제들에서 창의성을 발휘할 가장 좋은 재료를 찾으며, 간단한 해결책을 써서 문제를 빨리 해결하고 싶어

언세이프 씽킹

한다. 이런 문제들이 편안하게 느껴질 때까지 오랫동안 붙잡고 있어라. (아인슈타인은 손바닥이 땀으로 젖은 채 배회했다는 일화를 기억하는가?) 에릭 스와츠처럼 문제를 재구성하라. (문제는 헬멧이 아니라, 헬멧을 착용하는 사람들의 행동이다) 그리고 기발한 해결책을 생각해낼 여지를 마련하라. (어릿광대들이 교통경찰보다 교통정리를 더 잘할 수 있다면 무엇이든 가능하다)

당신에게 잘 다듬어진 직관이 있다면, 좋은 해결책과 바보 같은 해결책을 잘 구분할 수 있을 것이다. 이것이 바로 소수에게만 직관적인 아이디어가 세상을 바꾸는 반직관적인 돌파구가 될 방법이다.

5부

도덕성

10장

틀린 것이 옳을 때

때로는 규칙을 어기는 것이 좋다

머리사 메이어는 그 아이디어가 단순히 싫은 정도가 아니었다. 생각만 해도 정말 소름이 쫙 끼쳤다. 하지만 폴 부크하이트가 조금 전 제안한 그 아이디어에는 소름이 돋을 만큼 훌륭한 점이 있었다.

수년 동안 부크하이트는 회사 내부적으로 카리부라고 알려진 새로운 서비스 개발 프로젝트팀에서 일했다. 회사 임원진 중 몇 명은 이미 그 서비스의 프로토타입 버전을 쓰고 있었다. 이 서비스는 잘 작동했지만, 구글은 이 서비스의 수익 구조를 찾지 못해 프로젝트는 지지부진한 상태였다. 일반인들에게 공개하려면 구글은 수조 원의 비용을 써야 할 터였다.

부크하이트는 해결방안을 내놓았지만, 그 방안은 굉장히 사악해 보였다. 구글의 유명한 좌우명인 "사악해지지 말라Don't be evil"를 제안한 사람이 바로 부크하이트이므로 더욱 아이러니했다.

이 서비스는 최종적으로 지메일Gmail이라 부르기로 했다. 그리고 부크하이트는 '구글'이 사용자의 수신 이메일을 읽고서 사회성이 떨어지는 데다 반쯤 취한 칵테일 파티 참석자가 대화에 불쑥 끼어드는 것 같은 광고를 내면 1기가바이트의 저장 공간을 무료로 제공하는 비용을 충당하고 수익도 상당히 올릴 수 있다고 제안했다.

당신의 친구: 오늘 밤에 같이 저녁 먹을래?

당신: 좋아. 어디서?

두 사람의 대화를 엿듣는 이상한 남자: 새롭게 출시한 커다란 버펄로 윙 메뉴를 단돈 19.99달러에 즐겨보세요.

기분이 오싹해지는데. 메이어는 확신했다. 그때 메이어는 '그렇게 된다면 정말 끔찍할 거야'란 생각이 들었다고 한다. 메이어는 부크하이트에게 그 아이디어를 통과시키지 못하겠다고 거절했고, 회의를 마칠 때도 그만 끝내라고 다시 한번 못 박았다.

"문을 열고 나갈 때 잠시 멈춰 섰어요." 메이어는 나중에 회상했다. "그리고 이렇게 확인했죠. '폴, 지금 우린 그 광고 건은 개발하지 않기로 동의한 거야. 그렇지?' 그랬더니 부크하이트는 '네. 맞아요.'라고 대답했어요."

부크하이트는 진심으로 약속한 듯했지만 불과 몇 시간 동안만이었다. 부크하이트는 광고가 게시된 걸 보면 상사가 마음을 바꾸리라 확신하고 그날 밤 미친 듯이 일하며 그 기능을 개발했다. 다음 날 아침, 메이어가 수신 이메일을 확인하자 한 친구가 그녀에게 같이 하이킹하러 가자고 초대한 메일이 와 있었다. 그런데 그 메시지 옆에 하이킹 부츠 광고가 보였다. 다음으로는 앨 고어의 스탠퍼드 대학교 연설초대장 메일이 와 있었는데, 그가 쓴 새 책 광고도 메이어의 눈에 들어왔다. 부크하이트가 장난기 어린 꿈을 실현하겠다고 밤새도록 일한 게 틀림없다는 생각이 든 메이어는 그에게 화를 내기 전에 먼저 잠을 충분히 자게 내버려두기로 했다. 부크하이트가 자는 동안, 메이어는 곰곰이 생각했다. 생각이 조금씩 바뀌기 시작했다. 광고는 사실 쓸모가 있었다. 부크하이트가 출근할 때쯤에는 구글의 창립자인 래리 페이지와 세르게이 브린도 그 광고를 보고 무척 마음에 들어 했다.

지메일은 1,000명을 초대하여 그들을 대상으로 2004년 4월 1일 출시되었다. 이날은 만우절이었는데, 이메일 용량으로 1기가바이트를 무료로 준다는 제안의 터무니없음을 장난스럽게 인정하는 의미에서였다. 1기가바이트는 주요 경쟁사인 핫메일Hotmail이 제공하는 용량의 500배였다. 그래서 이 발표가 농담이라고 생각한 사람들이 많았다. 하지만 광고 게시는 정말 잘못됐다는 메이어의 의견에 동의한 사람들은 더 많았다. 그들은 이 서비스가 자신들을 어떻게 타겟팅할지 알면 소름 끼치게 무섭겠다고 생각했다. 전문가, 정치인, 인권단체에서 비난이 쏟아졌다. 4월 6일까지 31개 단체와 그 지지자들이 지메일 서비스 중단을 요구하는 서한에 서명했다. 캘리포니아주 상원 의원인 리즈 피구에로아는 지메일이 "구글 그리고 구글의 모든 고객에게 엄청난 재앙입니다"라며 구글을 비난했다.

하지만 막상 서비스가 시작되자 사용자들은 지메일을 극찬했다. 얼마 안 있어 무료 지메일 계정을 얻을 수 있는 초대장이 이베이에서 200만 원 이상에 판매되었다. 오늘날 부크하이트의 비전대로 10억 명 이상의 사용자들은 지메일을 만족스럽게 쓰고 있으며, 수익성 측면에서 봐도 부크하이트의 소름 끼치는 발명은 대성공이었다.

더 나은 방법을 추구하려면 때로는 불복종, 즉 규칙을 느슨하게 적용하거나 어기고 현재 상태를 유지하려는 사람들을 불쾌하게 만들어야 할 때가 있다. 우리의 상사와 조직은 이러한 일부 규칙을 지키라고 노골적으로 강요한다. 부크하이트는 지메일을 만들기 위해 비즈니스에서 거의 보편적일 만큼 매우 중요한 규칙인, 우리는 상사가 직접 내리는 지시를 따라야 한다는 규칙과 싸워야 했다. 그리고 우리가 어린 시절부터 배워서 내면화한 규칙인 공동체의 규범과 교훈도 있다. 윤리를 중요하게 생각한 부크하이트는 자신이 제안한 획기적인 기능이 잘못되었고 타당하지 못하며 심지어 사악하다는 말까지 들었을 때, 이에 굴복하여 중단할 수 없다는 내면의 압박과 싸워야 했다. 다행히 그는 구글과 10억 명 이상의 사용자를 위해 단호하게 밀고 나아갔다.

많은 연구에 따르면 창의성이 뛰어난 것과 항상 규칙을 지키는 것은 서로 조화를 이룰 수 없다고 한다. 하버드대 연구원인 프란체스카 지노는 사람들을 연구실로 불러 세 가지 테스트에 참여하게 해서 이 관계를 연구했다. 첫 번째와 세 번째 테스트는 창의성 테스트였다. 참가자들에게 돈을 벌 수 있다고 알려준 중간 테스트는 숫자를 더하는 간단한 문제였다. 지노는 두 번째 시험을 치르는 사람들이 감독관 없이 자신의 점수를 매긴 뒤 성적을 자신이 보고하게 하여 부정행위를 쉽게 할 수 있는 환경을 만들었다. 사람들은 지노와 동료들이 그들의 수많은 부정행위를 남몰래 찾아내 기록할 수 있다는 사실을 몰랐다.

연구원들은 부정행위를 한 사람들이 부정행위를 하지 않은 동료들보다 창의적이라는 사실을 알아냈다. 아마도 그건 창의적인 사람들이 부정행위를 할 가능성이 더 크다는 의미일 것이다. 사실, 지노는 그렇게 결론을 내렸다. 지노는 동료 댄 애리얼리와 함께 "우리가 진행한 모든 연구 결과…… 창의성이 뛰어날수록 개인의 비윤리적인 행동을 정당화하는 능력이 향상되어 부정행위가 조장됩니다"라고 썼다.

그런데 더 놀라운 결과는, 참가자들이 중간 테스트에서 부정행위를 했다면 그들의 창의력 점수는 첫 번째 테스트에서 설정한 기준치보다 마지막 테스트에서 향상되었다는 점이다. 지노는 창의성을 발휘하려면 편법을 써야 할 때가 많아서 규칙을 느슨하게 지키는 연습을 하면 우리의 뇌는 다음 할 일에 대해 더욱 창의적인 생각을 할 수 있다고 결론지었다.

지노는 창의성이 있으면 우리는 정직하지 않을 가능성이 커질 뿐만 아니라, 정직하지 않으면 창의성을 발휘할 힘이 발달한다는 점을 알아냈다.

애리조나 주립대학교의 젠 장은 규칙을 어기는 경향 그리고 인생

후반에 거두는 창의적인 성공 사이에 일관된 상관관계가 있다는 점을 발견했다. 연구 결과, 그는 백인 남성 실험 대상자 중에서 청소년기에 짓궂은 장난을 치거나 기물을 더럽히는 등 가벼운 규칙을 위반한 사람들이 나중에 성공적인 기업가가 될 가능성이 훨씬 더 크다고 예측했다.

물론, 무분별하고 반사회적인 규칙 위반은 우리의 내부 자원이 빠르게 고갈되게 할 수 있다. 너무 많은 규칙을 자주 어기면 처벌을 피해 다니고 깨진 관계를 회복하느라 애쓰며 괴로운 양심을 다스리느라 귀중한 시간과 에너지를 소비해야 한다. 월러스 스테그너 작가는 우리가 추구해야 할 균형을 이렇게 요약했다. "당신이 할 수 있는 최선은 당신이 어떤 규칙에 따라 살고 싶은지 선택하는 것이라는 점을 인식하면 지혜가 발동합니다. 규칙 없이도 살 수 있다는 듯 행동하면 어리석어질 뿐입니다."

규칙을 느슨하게 지키거나 어길 때 창의성이 향상되므로, 그리고 다른 사람들이 감히 발을 들여놓지 않으려는 곳에서 찾을 수 있는 게 많을 때가 종종 있으므로 우리는 그렇게 할 기회를 적극적으로 찾아 성장한다. 물론, 문제는 그렇게 저항할 때 대가를 치르는 경우가 많다는 점이다.

창의성의 대가

학교와 회사, 정부는 예측 가능성을 높이고 위험을 최소화하며

언세이프 씽킹

조화를 이루기 위해 여러 가지 타당한 이유로 규칙을 설정한다. 이와는 대조적으로, 새롭고 획기적인 아이디어는 보통 예측할 수 없고 위험하며 기존의 패턴을 뒤집는다. 그래서 기업과 관리자들은 창의성을 얼마나 중요하게 여기는지 자주 이야기하긴 해도 일단 확인하고 나면 창의성을 거부하며, 창의적인 개인에게 아이디어를 실현하기 위해 거짓말하고 속이고 훔치도록 강요한다.

에릭 웨스트비와 V. L. 도슨 연구원들은 이 이상한 애증 관계가 우리의 어린 시절 경험에 영향을 미치는지 알고 싶었다. 즉, 그들은 교사가 무심코 어린아이들에게 창의적 사고의 가치에 대해 잘못된 신호를 주는지 궁금해했다. 교사들에게 창의성에 대해 어떻게 생각하는지 물어보면 그들은 창의성이 무척 중요한 기술이라고 바로 대답할 것이다. 한 조사 결과에 따르면 교사들의 96퍼센트는 창의성이 너무 중요해서 매일 수업 시간에 창의성을 가르쳐야 한다고 생각한다. 그런데 교사들은 창의적인 아이들을 실제로 좋아하고 소중히 여길까?

이에 대한 답을 알아보기 위해 웨스트비와 도슨은 창의력이 뛰어난 어린이에게 흔하게 나타나는 10가지 특성과 잘 나타나지 않는 10가지 특성을 골랐다. 창의적 특성에는 규범을 잘 따르지 않고 단호하며 개인주의적이고 진보적이라는 특성이 포함되었고, 잘 나타나지 않는 특성에는 참을성이 있고 현실적이며 확실하고 믿을 만하다는 특성이 포함되었다. 그런 다음 각 교사는 그 20가지 특성 모두를 평가해서 가장 좋아하는 학생과 가장 좋아하지 않는 학생을 정해달라는 요청을 받았다. 당신은 아마 이 평가 방향을 짐작할 수 있겠지만, 그 정도에 대해서는 짐작할 수 없을 것이다. 설문 조사에 참여한 모든 교사는 가장 좋아하지 않는 학생으로 창의성이 매우 뛰어난 아이를 선택했다. 그리고 한 명을 제외한 모든 교사는 가장 좋아하는 아이로 창의력이 부족한 아이를 선택했다. 교사에게서 부정적인 신호를 감지하고 그랬을 수도 있지만, 심지어 아이들도 창의적인 반 친구를 별로 좋게 생각하지 않았다. 또 다른 연구에 따르면 또래들은 매우 창의적인 학생을 가장 행실이 나쁜 학생으로 여겼다.

교사가 가장 좋아하지 않는 학생이 된다면 아이에게 정말 불리하다. 웨스트비와 도슨은 현대 사회의 교실에서 창의성은 바람직하지 않거나 용납될 수 없다는 메시지를 명확하지만 의도치 않게 아이들에게 전달되고 있다고 연구 결론을 내렸다.

우리는 독창성을 지니려면 대가를 치러야 한다는 사실을 어렸을 때부터 배우기 시작한다. 우리는 이 교훈을 마음에 새기되, 지나치게 휩쓸리지는 말아야 한다. 규칙 위반에 따른 두려움을 완화하려면 "이 규칙은 어떤 문제를 해결하기 위해 있는 걸까?" 그리고 "그 문제를 해결할 수 있는 좋은 방법이 또 있을까?"라고 묻는 습관을 들이면 된다. 이 간단한 사고 실험은 수치심과 불안을 유발하는 부정행위로 이어지지 않는 한 새로운 가능성을 열어줄 수 있다.

부크하이트는 구글도 대부분 직장과 마찬가지로 불량 제품이 시장에 출시되거나 직원들이 귀중한 시간을 낭비하는 일을 원치 않기 때문에 관리자가 아이디어를 폐기하라고 하면 직원들은 그 말을 따라야 한다는 걸 알고 있었다. 그래서 그는 이 장애물을 피해 갈 방법을 찾았다. 그는 밤새도록 혼자서 애드센스AdSense를 개발하여 그 서비스의 파일럿 버전을 쓰고 있는 소수의 사용자에게만 출시했다. 이런 식으로 그는 규칙을 어겼지만, 그의 관리자나 회사의 신뢰는 어기지 않았다. 하지만 때로는 훨씬 더 크고 위험하게 저항해야 할 수도 있다.

때는 1983년, 배리 마셜은 직감이 강렬하게 타오른다. 지금이다. 그는 어쩔 수 없이 깨닫는다. 그가 무슨 짓을 했는지, 왜 매일 아침 6시 30분이면 침대에서 뛰쳐나와 화장실로 달려가 물을 토해냈는지, 왜 그동안 입 냄새가 지독했는지, 왜 일을 거의 할 수 없었는지를 아내인 에이드리언에게 고백해야 할 때다.

마셜은 그가 진료하는 환자의 장에서 채취한 헬리코박터균 수십억 마리를 섞은 소고기 수프를 열흘 전에 일부러 먹었다고 아내에게 순순히 털어놓는다. 에이드리언은 그 박테리아에 대해 잘 안다. 사실 그녀의 남편은 유별나게도 지난 2년 동안 그 박테리아 연구만 붙잡고 있었다.

그 집착은 1981년 레지던트 3년 차였던 마셜이 그의 면허 요건을 충족할 프로젝트를 찾던 중에 시작되었다. 호주 서부의 한 외딴 병원에서 근무하던 마셜은 로빈 워런이라는 병리학자를 만났고, 그 사람은 젊은 의사인 마셜에게 어떤 흥미로운 연구 거리를 알려줬다. 워런은 그가 만난 궤양 환자들 모두에게서 특이하게도 나선형 유기체를 발견했으며, 왜 그 유기체가 환자들에게서 발견되는지 알고 싶다고 말했다.

마셜은 그 당시 모든 사람과 마찬가지로 건강에 좋지 않은 식사와 흡연 같은 나쁜 습관과 스트레스가 위궤양을 유발한다라고 알고 있었다. 직장에서 힘든 일을 겪었거나, 배우자가 짜증 나게 한다거나, 일주일에 다섯 번이나 과식하는 등 이런 일이 생기면 사람들은 "위궤양이 생기겠어"라며 자주 불평했다. 그런데 이 박테리아는 사람들의 몸속에서 뭘 하고 있었던 걸까?

궤양은 앓고 있는 모든 사람에게 극심한 고통을 안겨주었고, 그중에는 위암에 걸려 사망하는 사람들도 있었다. 당시 서양 세계 인구의 2~4퍼센트가 제산제로 치료를 받고 있었지만, 제산제는 치료제가 아니라 반창고 같은 임시방편 조치에 불과했다. 제산제가 효과 없는 사람들은 스트레스를 줄이기 위해 정신과 치료를 받거나 외과의를 찾아가 소화기관 일부를 절제하기도 했다. 궤양 치료는 배리 마셜이 가장 먼저 뛰어들게 될 수조 원 규모의 산업이었다.

마셜은 워런이 그에게 준 궤양 환자 20명 명단을 기억한다. 며칠 후 그 환자 중 80세의 러시아 남성이 절뚝거리며 마셜의 진찰실로 들어와 심한 장 통증을 호소했다. 마셜은 아직 경험이 부족한 의사였으므로 수술하기에는 너무 늙고 허약한 그 환자에게 할 수 있는 일이 많지 않다고 판단했다. 그래서 마셜은 워런이 알려준 정체불명의 박테리아를 떠올리고 그 환자에게 항생제를 처방했다. "2주 후에 그 환자는 다시 내원했어요"라고 마셜은 회상한다. "발걸음이 어찌나 힘이 넘치던지 공중제비를 풀쩍풀쩍 넘으며 진찰실로 들어오는 듯하더군요. 그 환자는 완치되었어요. 감염을 없앴더니 다 나았습니다."

마셜은 어쩌면 모두가 궤양의 원인을 잘못 알고 있을지도 모른다

언세이프 씽킹

는 생각이 강하게 들었다. 헬리코박터균이 궤양을 일으킨다면? 항생제를 써서 치료할 수 있다면? 그래서 마셜은 여느 훌륭한 의사처럼 자신의 가설을 검증하기 위해 정해진 방침을 따르기 시작했다. 그는 궤양 환자들 100명을 대상으로 임상 연구를 준비했고, 그 환자들 모두에게서 헬리코박터 박테리아를 발견했다.

"연구 결과를 제출했는데 전부 거부당했어요"라고 마셜은 회상한다.

마셜은 인내심을 가지려 노력했다고 말한다. 그는 과학적인 절차에 따라 새로운 아이디어를 공격하는 일은 그 업계의 다른 사람들이 해야 할 일이고, 그 회의론자들을 자신의 편으로 끌어들이기 위해 증거를 찾아야 했다. 그러나 반대가 계속되자, 마셜은 궤양 환자들을 일주일에 30명이나 진료하는 의사들이 진료 한 번에 100만 원 이상을 받고 있으니 그들이 값싼 치료법에는 결코 관심이 없겠다는 의심이 들기 시작했다.

"아주 절망적이었어요. 출혈성 궤양으로 죽어가는 환자들을 봤는데, 나는 그들에게 필요한 것은 항생제뿐이라는 것을 알았지만 그들은 내 환자가 아니었어요"라고 마셜은 나중에 〈디스커버〉에 밝혔다. "내가 본 어떤 환자는 출혈로 고통받으며 제산제를 복용했는데, 다음 날 아침에 보니까 침대가 비어 있더군요. 그래서 물었죠. '그 환자는 어디 있습니까?' 그랬더니 외과 병동에서 위 제거 수술을 받았다는 답이 돌아왔습니다."

당연히 다음 단계는 마셜이 자신의 환자뿐만 아니라 충분히 많은 환자를 대상으로 그 치료법을 임상시험을 해서 자신의 이론을 입증하거나 반증하는 일이었다. (그의 말에 따르면 이런 실험은 동물을 대상으로 할 수 없다고 한다) 하지만 의료계의 지원이 없으면 그는 절대임상시험을 할 수 없을 것이다. 규칙은 명확했다. 인간을 대상으로한 치료법을 테스트하고 싶다면 허가를 요청하고 승인이 될 때까지기다려야 한다. 원하는 대로 몇 번이고 요청할 수 있지만, 허가가 나지 않으면 결국 포기하고 만다.

질서를 유지하기 위해 고안된 수많은 규칙이 그렇듯, 마셜이 맞서 싸워야 했던 규칙은 양날의 검과 같다. 한편으로는 그 규칙은 치료제를 시장에 내놓는 과정을 늦추더라도 생명을 구한다. 그 반면, 힘 있는 자들은 자신의 이익을 위해 규칙을 악용할 수 있다. 이 경우, 마셜과 워런이 엄청나게 훌륭한 사실을 알아내리라는 수많은 징후에도 불구하고 기존의 약물과 치료법을 계속 판매할 수 있는 기득권을 가진 사람들은 이를 이용해 자신의 이익을 방어하고 있었다.

마셜은 이런 규칙을 그대로 따르고 싶지 않았다. 그래서 그는 많은 사람이 비윤리적이라고 비난하더라도 자신을 피험자로 삼아 임상시험을 진행하는 파격적인 조치를 했다. 그게 바로 마셜이 박테리아로 오염된 소고기 수프 국물을 마시고 아프게 된 이유다.

마셜은 그 국물을 마시는 순간의 느낌에 대해 내게 이렇게 말했다. "낙하산 점프나 번지 점프를 해본 적이 있다면, 그때 허공으로 뛰어내리기 직전의 느낌 같을 겁니다."

마셜은 아내에게 실험이 효과가 있었다고 알려준다. 박테리아가 마셜의 소화기관에 급속히 퍼졌으며, 그는 궤양 형성의 첫 번째 단계인 위염에 걸린다. 그는 스트레스나 흡연, 건강에 좋지 않은 음식

언세이프 씽킹

이 아니라 감염으로 인해 궤양에 걸렸다. 마셜은 의기양양하지만, 에이드리언은 그가 가족 모두에게 궤양을 감염시킬까 봐 겁이 난다. 그녀는 남편에게 지금 당장 실험을 끝내라고 요구한다. 마셜은 며칠만 더 시간을 달라고 요청한다. 그녀는 어쩔 수 없이 동의한다. 마셜은 그 주말에 항생제를 복용하고 완치된다.

"궤양이 사라진 건 운이 좋았던 것 같습니다"라고 마셜은 내게 인정했다. "한 친구는 1년 후에 나처럼 했더니 이후 3년 동안 궤양으로 고생했어요. 그런데 난 항생제를 딱 한 알만 먹고 나았지요."

자신의 몸에 균을 감염시킨 결과, 호주의 외딴 병원에서 일하는 의사였던 마셜은 드디어 세상의 주목을 받기 시작한다. 마셜이 바랐던 〈란셋〉이나 〈미국 의사협회 저널〉이 아니라, 〈내셔널 인콰이어러〉와 〈리더스 다이제스트〉는 마셜이 자신의 몸으로 임상 시험했다는 소문을 듣고 이 미치광이 같은 '기니피그 의사'가 벌인 우스꽝스러운 짓이 독자들을 즐겁게 하리라 생각해서 그에 관한 기사를 실었다. 그 기사를 통해 마셜은 미국에서 처음으로 주목받는다. 다음으로는 이 실험의 과학적 지식과 그 주인공에 흥미를 느낀 〈뉴욕 타임스〉의 의학 전문 기자인 로런스 알트먼은 마셜의 연구 가치를 알아본다. 알트먼은 마셜의 연구를 취재하고 긍정적으로 쓴 기사에 대한 의료계의 반응을 나중에 이렇게 회상했다. "의료계가 어떤 기사에 대해 이보다 더 방어적이거나 비판적으로 나왔던 때를 본 적이 없었어요." 하지만 흐름이 바뀌기 시작한다. 미국 식품의약국과 국립 보건원은 마침내 마셜의 데이터를 검토하고 그와 대화한 후 자체 시스템을 통해 임상시험을 신속하게 진행하기로 한다. 그 결과는 대부분 간단한 항생제 투여로 궤양을 치료할 수 있다는 반박할 수 없는 증거로 나타났다.

1996년이 되자 마셜의 엉뚱한 아이디어는 일반적인 통념이 되었다고 그는 말한다. "성공하면 비난은 금방 사라져요." 2005년 마셜과 워런은 노벨 의학상을 받았다. 환자를 평생 괴롭히는 재앙이었던 궤양은 이제 대부분 치료 가능한 골칫거리로 바뀌었고, 위암은 선진국에서 거의 사라졌다.

현명한 불복종

치료법을 알아내기 위한 대한 마셜의 이야기는 수백만 명의 고통을 끝내겠다는 더 고귀한 목표를 위해 규칙을 깨트린 한 남자의 모습을 보여준다. 이러한 접근법은 단순한 것 같지만, 마셜의 행동은 의료계에서 거의 유일하고도 특이한 것이다. '아니오'라는 대답을 거부한 것, 그리고 위험하지만 매우 창의적으로 대응한 그의 행동은 수십 년이 지난 지금까지도 의학계의 전설로 남아 있다.

규칙 위반에 대한 이러한 태도는 지능적인 불복종intelligent disobedience이라고 한다. 아이라 샬레프Ira Chaleff 작가는 안내견을 관찰하면서 지능적인 불복종이라는 개념을 제시했고, 비즈니스 세계의 주목을 받았다. 시각 장애인 여성과 안내견을 상상해보라. 안내견은 주인의 말에 즉시 반응해야 하고 주인의 목표를 자신의 목표로 삼아야 한다. 하지만 갑자기 그 둘에게 돌진하는 자동차를 안내견이 본다면 어떻게 될까? 주인은 길을 건너자고 지시한 상황이다. 하지만 안내견은 추상적인 생각이나 언어 없이도, 놀라운 행동을 할 것이다. 주인의 목숨을 구하기 위하여, 마셜처럼 더 고귀한 목적을 위하여, 현명한 불복종을 하는 것이다. 안내견은 팀의 최선의 이익에 어긋나는 직접적인 명령을 무시할 것이다. 그런 능력이 없으면 주인이나 안내견도 전혀 안전할 수 없다.

지능적인 불복종은 사람들의 이목을 끄는 강렬한 개념이고 실행하기도 쉽다. 하지만 실제로는 다음에 소개할 앱틴 부어가리 같은 사람이 더 많다.

부어가리는 로스쿨 학비를 마련하려고 전자증거개시electronic discovery 업무를 하는 회사에 취직했다. 이메일, 인스턴트 메시지 등 소송과 관련된 정보를 찾는 회사였다. 자료는 모두 전자 문서였지만, 이 회사를 포함한 업계 전반에서 쓰는 검색 방식은 이상하게도 기술 수준이 낮았다. 부어가리는 그 많은 문서를 일일이 다 읽으며 찾아야 했다.

그러던 중 한 고객이 찾아와 단순한 요청을 했다. "이 엄청난 양의 문서를 최대한 빠르게, 또 비용 효율적으로 처리해주세요." 부어가리는 간단한 해결책이 있다는 걸 깨달았다. 눈으로 찾을 때 속도가 느리고 실수할 수 있었지만, 컴퓨터로 데이터를 스캔하여 찾는 방법이 있었다. 이렇게 하면 분명히 시간을 절약하겠다는 생각에 흥분한 부어가리는 상사에게 자신의 아이디어를 설명했다. 하지만 이상하게도 상사는 부정적이었고 냉담했다. 부어가리는 아이디어의 가치를 증명할 만큼 충분히 구체화하지 못했다고 판단하고, 몇 가지 세부 사항을 보완한 뒤 다시 상사에게 보고했다.

하지만 또 거절당했다. 고객은 건당 평균 40억 원을 지출하기 때문에, 회사는 이 프로세스가 더 빨라져서 처리 비용이 저렴해지길 바라지 않는 눈치였다. 우울한 소식이었지만 그래도 부어가리는 기회를 찾았다. 만약 그가 직접 검색 도구를 만들고 하청업자가 된다면 어떨까? 그러면 그는 번개처럼 빠르게 작업을 끝내고, 수작업보다 훨씬 적은 비용을 회사에 청구할 수 있으며, 회사는 고객에게 웃돈을 얹은 비용을 청구할 수 있었다. 하지만 부어가리의 관리자들은 그 제안을 불편하게 생각했다. 부어가리는 즉시 해고되었고, 고객을 빼앗으려 했다는 이유로 고소당했다.

다행히도 부어가리는 그의 전 고용주의 공격에서 살아남았다. 그건 전자증거개시 비용을 지급해야 하는 사람들 모두에게도 잘된 일이었다. 나중에 그는 회사를 세워 전 세계에 12개 지사를 설립하고 200명의 직원을 두었다. 그는 성공했지만, 관료 조직이나 대기업에서 일해본 사람이면 공감할 그의 이야기는 직장 문화가 변화에 얼마나 저항하는지, 반대 의견이 있으면 얼마나 가혹하게 굴 수 있는지를 알려준다.

어떻게 하면 우리는 쫓겨나지 않고 우리가 속한 조직에 지능적인 불복종을 도입할 수 있을까? 연구에 따르면 지능적인 불복종은 서로 주고받는 관계다. 직원이라면 몇 가지 결정적인 전략을 써서 규칙을 어겨도 교묘하게 잘 넘어갈 수 있다. 리더라면 긍정적인 규칙 위반을 처벌하기보다는 거기서 이익을 얻도록 조직을 만들 수 있다.

당신도 만약 지능적인 불복종을 하려는 생각이라면, 처벌을 받지

언세이프 씽킹

않는다는 보장은 없다. 부어가리는 모든 일을 올바로 처리했어도 직장을 잃었다. 하지만 조직의 반대와 규칙 위반에 관한 많은 연구 결과를 살펴보면 감시자의 분노를 가라앉히고 규칙을 깨는 혁신을 달성 하는 데는 두 가지 접근법이 있다.

첫째, 창의성을 죽이는 규칙에 대한 불만을 솔직하게 밝혀라. 회사 정책에 반발하면 말썽꾼으로 낙인찍힐 수도 있지만, 비밀리에 저항하면 적을 만들 가능성이 훨씬 더 커진다. 조직 내 반대 현상을 연구해온 제프리 캐싱Jeffrey Kassing은 조직 내 저항자에는 두 가지 유형이 있다고 말한다. 반대한다고 목소리를 높이는 사람인 분명한 반대자, 그리고 조용히 반대하는 사람인 잠재적 반대자가 있다. 동료와 관리자들은 조용한 잠재적 반대자를 충성심이 떨어지는 사람으로, 또 놀랍게도 더 공격적으로 말하며 따지기 좋아하는 사람으로 볼 가능성이 더 크다. 반대로 분명한 반대자는 자신의 우려 사항을 노골적으로 드러냄에도 불구하고, 영향력 있으며 열성적이고 관리자와 잘 지내는 것으로 인식될 가능성이 더 크다. 따라서 직관에 반하여 규칙을 어기려면 비밀리에 하는 것보다 공개적으로 하는 편이 더 낫다.

다음으로, 규칙을 위반하는 것에 개인적인 이유보다는 공익적인 가치를 명확히 설명하는 것이 중요하다. 관리자는 직원의 개인적인 목표나 사적인 불만보다는 고객, 동료 또는 사회 전체의 이익을 위해 저지른 위반 사항을 용서할 가능성이 더 크다. 예를 들어, 궤양 치료법을 찾으려 한 배리 마셜의 행동은 의료 규범을 크게 위반했지만, 그의 이타적인 의도와 공헌은 너무나 명백했으므로 그는 빨리 용서받았다. 마셜은 주목받지 못하거나 자신이 하고 싶은 일을 못해도 절대 불평하지 않았다. 다만 궤양으로 고통받는 수백만 명의 환자를 도우려는 열정을 추구했다.

사소한 반항을 반기는 문화

신중한 저항에도 부어가리처럼 융통성 없고 비도덕적인 환경에서는 여전히 처벌받을 수 있다. 하지만 최종적으로 부어가리의 혁신이 업계를 바꾸자 그가 다녔던 회사는 패했다. 아이라 샬레프는 지능적인 불복종에 대해 이런 글을 남겼다. "잘못된 명령을 내리는 사람도 우리가 올바른 선택을 한다면 이익을 얻을 것이다." 그의 말이 옳다. 하지만 리더들이 저항을 약간 받아들일 수 있고, 불복종을 용인하고 때로는 반기는 문화를 만들어낼 만큼 사려 깊을 때만 가능하다. 구글의 문화가 아주 사소한 반항도 자주 처벌했더라면 폴 부크하이트는 지메일을 개발할 수 없었을 것이다.

물론, 반대 의견을 용인하는 것만으로는 충분하지 않다. 앞서 소개한 '총애하는 학생' 연구에 따르면 조직 내 사람들은 대부분 규정 준수를 중요시하고, 자유롭고 독자적인 생각을 처벌하는 문화에서 자랐다. 지능적인 불복종이 확고히 자리 잡으려면 안내견 훈련사 같은 리더가 이를 가르쳐야 한다.

샬레프는 몹시 권위주의적이었던 전임자의 뒤를 이어 새로 부임한 어떤 육군 대위의 일화를 생생하게 들려준다. 부임하고 얼마 되지 않아 그 신임 대위는 한 젊은 중위에게 명령을 내렸고, 그 중위는 재빨리 차려 자세를 한 뒤 "예, 알겠습니다!"라고 대답했다. 하지만 대위는 거기서 멈추지 않았다.

"방금 내 명령이 무슨 말인지 이해했는가?" 대위가 물었다.

중위는 아무 생각 없이 "예, 그렇습니다!"라고 대답했다. 하지만 그는 조금씩 긴장하기 시작했다. 사실, 그 명령은 중위가 스스로 생각할 수 있는지 알아보는 시험이었다. 하지만 권위주의적이었던 전임 지휘관 때문에 중위는 그런 능력이 없었다. 대위가 두 번째로 묻자 중위는 말을 더듬으며 잘 모르겠다고 대답했다.

"중위, 내 명령이 무슨 뜻인지 잘 모르거나, 현장 상황에 대한 지식으로 판단해볼 때 현명하지 않다고 생각한다면 자네가 내 이름을 대고 뭔가 하게 둘 수 없다."

중위가 다시 "예, 알겠습니다!"라고 대답하자 대위는 중위에게 이상한 훈련을 시켰다. 대위는 중위에게 명령을 내리면 "그건 말도 안 됩니다!"라고 대답하게 했다. 그가 큰 목소리로 단호하게 대답할 수 있을 때까지 훈련은 반복되었다.

다음 몇 주 동안 중위는 대위의 명령을 이해하는 연습을 했고, 이해가 되지 않으면 질문하는 연습을 했다. 그러던 어느 날, 그 기지의 대령이 대위와 중위를 사무실로 불렀다. 그 대령의 조카도 그 기지에 주둔 중이었는데 골치 아픈 문제가 생겼기 때문이었다. 대령은 중위에게 곤란한 상황에 빠진 그의 조카를 도와줄 수 있는지 물었다. 이번에는 시험이 아니었다.

"그건 말도 안 됩니다!" 중위는 단호하게 대답했다. 그 말을 듣고 놀란 대령의 두 눈은 휘둥그레 커졌고, 그가 뭔가 행동에 나서기 전에 대위가 끼어들었다.

"괜찮습니다, 이 일은 제가 처리하겠습니다"라고 대위가 말했다. 그리고는 중위를 사무실 밖으로 떠밀다시피 데리고 나갔다.

"잘했어." 대령이 들을 수 없는 데서 대위가 말했다. 그리고 그는 화난 상관을 달래기 위해 사무실로 다시 들어갔다.

이 이야기에 등장하는 대위는 조직에 생산적인 규칙 위반을 도입하려는 모든 리더가 고려해야 할 몇 가지 결정적인 일을 했다. 맹목적인 복종은 용납할 수 없다고 일부러 강조했고, 부하가 신중하고도 단호하게 저항하도록 했다. 그리고 위험이 큰 상황에서 부하가 저항했을 때 그를 보호했다. 대위는 필요할 때 부하의 지능과 창의성을 최대한 활용하여 상황을 유리하게 만들었다. 이는 궁극적으로 그에게 기계 같은 부하들을 통제하는 것보다 훨씬 더 강력한 힘을 줄 것이다.

부하 직원에게 순종하지 않도록 훈련하는 일이 너무 힘들게 느껴질 경우를 대비해 캐싱은 또 다른 해결책을 제시한다. 조직은 규칙이 생산적으로 잘 위반되었을 때 이를 칭찬해주는 것만으로도 생산적인 규칙 위반을 효과적으로 장려할 수 있다고 그는 말한다. 이른바 우리는 '긍정적인 일탈positive deviance'을 할 수 있다. 이 개념은 빈곤한 지역 사회에서도 상대적으로 행복하게 지내는 가족들이 종종 발견된다는 사실을 알아낸 공중 보건 업계에서 나왔다. 예를 들어, 그런 가족들은 식량 공급이 똑같이 제한되더라도, 하루 한 끼 식사 때 다 먹지 않고 조금씩 여러 번 나눠 먹거나 영양을 보충하기 위해

언세이프 씽킹

예로부터 널리 구할 수 있는 식물을 섞어 먹을 수도 있다. 이 아이디어는 직장에서도 찾아볼 수 있다. 회의, 근무 시간표, 기나긴 결재 단계로 창의성을 억압하고 있는 조직 안을 잘 살펴보자. 시스템 주변에서 혁신적이고 효과적으로 저항하는 직원 한두 명을 종종 찾아볼 수 있다. 계층 구조로 보면 이들은 지위가 낮은 개인일 때가 많다고 연구원들은 말한다.

우리는 이러한 반항아들을 발견하면 당연히 그들의 위반 사항을 조용히 숨기면서 그들의 성취를 칭찬한다. 그러나 이러한 일탈자들은 그들의 해결방안을 통해 중요한 교훈을 준다. 그들의 이야기를 찾아내 공유한다는 말은 지능적인 불복종이 받아들여지고 심지어 보상도 주어질 수도 있다는 점을 모두에게 알려준다. 물론, 우리는 먼저 긍정적인 일탈자들이 어겨야 했던 도움 되지 않는 규칙부터 없애려고 노력해야 한다.

규칙이 없다는 규칙

전 세계적인 예술 축제인 버닝맨Burning Man만큼 적당히 규칙을 어기는 반항아들의 창의성을 활용하는 데 성공한 조직은 없을 것이다. 이 축제에서는 매년 10만 명 이상의 사람들이 사막에 모여들어 여러 층으로 된 공공건물과 교통 시스템, 학교, 병원을 갖춘 임시 도시를 건설한다. 이 임시 도시는 거의 전적으로 참가자들이 설립하지만, 건물 붕괴나 폭력 범죄와 같은 재난은 외부 세계보다 드물다.

버닝맨 축제의 CEO인 마리안 구델Marian Goodell이 내게 말했다. 사전에 충분한 고민 없이 수백 개의 규칙을 도입하는 대다수 회사와는 달리, 그녀의 리더십 팀은 조직에 규칙을 거의 허용하지 않고 또 규칙을 얼마나 많이 없앨 수 있을지 고민하는 데 많은 시간을 할애한다.

"행사를 더 원활하게 진행하는 것만이 유일한 미션은 아니에요." 버닝맨 규칙 중 하나는 규칙의 최소화라며 이렇게 덧붙였다. "행사를 즐겁고 멋지고 예측할 수 없게 만드는 것이 의사결정 과정에 포함되어야 합니다. 나쁜 장난이 싫다는 이유로 길을 모두 막아야 할까요? 그러면 큰 실수를 하는 거예요."

구델은 이 축제가 원래는 아무런 규칙 없이 시작되었다고 말한다. 초기 참가자들은 총을 들고 트럭을 타고 사막을 질주했지만, 점점 축제 규모가 커지자 주최 측은 안전과 행사 정신을 지키기 위해 최소한의 규칙을 도입했다.

"전체적인 목표는 모두가 마음껏 실험할 수 있는 환경 조성입니다"라고 구델이 말한다. 계획을 과하게 짜지 않으면 커뮤니티가 자체적인 문제 해결책을 생각해낸다. 또한 사람들은 서로의 특별한 재능에 의존하며, 버닝맨이 무질서한 혼란 상태로 악화하지 않고 새롭고 독특한 축제를 만들어낸다는 점을 그녀는 알아냈다.

물론 모든 조직은 무정부주의자 같은 구성원이 과격하게 자기 마음대로 하겠다는 꿈을 펼치게 해줄 여유가 있는 것은 아니다. 하지만 어떤 조직이든 무엇이 실제로 팀을 미션을 향해 나아가게 하고 무엇이 창의적인 행동을 억압하는지 알아내기 위해 서면상의 규칙

언세이프 씽킹

과 관습상의 규칙을 검토한다면 도움이 된다. 규칙을 몇 가지 없애면 창의성을 실제로 자극할 수 있다.

우리만의 규칙을 깨라

우리 앞길을 가로막은 모든 관료주의적인 제약에 저항하고 극복하는 데 능숙해지더라도 우리는 대부분 원하는 만큼 폭넓고 창의적으로 생각할 수 없다. 우리는 살아가면서 일련의 규칙이 우리 마음속에 단단히 자리 잡을 때까지 옳고 그름에 대한 개념을 주입받았다. 이러한 규칙 준수는 우리의 정체성에 포함될 수 있다. 즉 우리 창의성의 한계는 위압적인 교사나 근시안적인 상사가 아니라 우리 자신에게서 비롯된다.

어떤 리더십 책이든 자기계발서든 강한 가치관과 그에 대한 헌신을 키우라고 조언할 것이다. 그러나 이 조언에는 진짜 위험이 숨어 있다. 우리의 가치관이 우리의 삶을 이끌어가게 하려면, 우리는 그 가치관을 검토하고 다른 사람들의 가치관을 접하며 우리의 가치관을 업데이트할 방법을 찾아야 한다. 우리 뇌는 이 작업에 저항하겠지만, 그렇게 하지 않으면 우리는 창의적인 사람이 될 가능성은 줄어들 것이다. 우리는 생각하고 말하는 데도 옳고 그른 방식이 있고, 귀 기울여 듣고 함께 일해야 할 사람 중에도 옳고 그른 사람들이 있다고 확신하게 된다. 이 모든 것이 필연적으로 우리를 훨씬 덜 창의적인 사람으로 만든다. 도덕적 경직성과 창의적 한계 사이의 이러한 연관성은 직관적으로 이해되는데, 많은 연구 결과도 이를 뒷받침한다. 예를 들어, 사회적, 정치적 또는 종교적 견해를 재검토할 준비가 되었다는 '경험 개방성openness to experience'이라는 성격 특성은 창의적인 성과와 밀접한 관련이 있다는 사실은 잘 알려져 있다. 반면, 독단주의는 창의성에 좋지 않다.

하지만 도덕성에 대해 진정으로 열린 마음을 유지하기는 쉽지 않다. 우리는 인지적 유연성이든 신체적 유연성이든 거의 모든 유형의 유연성을 환영하지만, 사람들은 도덕적 유연성을 끔찍하게 여긴다. 도덕적 유연성이란 말을 들으면 윤리는 필요 없다는 삶의 방식이 즉시 떠올라서다. 왜 그런 걸까? 자신의 도덕적 입장 변경을 부정적으로 보는 태도가 머릿속에 굳어져 있기 때문일 수도 있다.

2016년, 서던캘리포니아 대학교 연구원들은 도덕적 사고의 주요 측면 중 하나인 정치적 신념의 변화를 알아보려고 자신을 진보주의자로 여기는 사람들 40명을 모집했다. 연구에 참여한 각 참가자에게는 한 가지 문장에 이어 그 문장에 대한 참가자의 신념을 흔들 수 있는 사실이 연달아 제시되었다. 제시된 사실은 모두 사실은 아니었지만, 그래도 꽤 설득력이 있었다. 신념을 나타낸 문장 중 일부는 '일반적으로 말하면 가장 부유한 미국인에 부과되는 세금을 인상해야 한다'처럼 정치적인 내용이었다. 다른 문장들은 "거짓말 탐지기는 대개 신뢰할 수 없다"처럼 전혀 정치적인 내용이 아니었다. 당연히 참가자들은 자신의 신념에 문제를 제기하는 '사실'을 읽은 후 비정치적인 내용의 문장에는 상당히 많이 동의했지만, 정치적인 내용의 문장에는 훨씬 덜 동의했다. 결과가 이렇게 나온 건 말이 된다.

거짓말 탐지기에 관한 새롭고 놀라운 정보를 환영하지 않을 이유가 있는가? 그리고 물론, 우리는 뿌리 깊은 도덕적 신념에 대한 공격에 적대적으로 나올 것이다. 그런데 더욱 흥미롭게도 참가자들은 도전받는 신념이 도덕적 감수성에 영향을 미치는지에 따라 뇌의 완전히 다른 부분으로 그 정보를 처리했다. 정치적 신념을 향한 도전만이 내부를 바라보고, 외부 세계에서 분리되고, 자아의식을 구축하는 데 관여하는 기본 모드 네트워크를 형성하는 뇌 구조를 활성화했다. 연구원들은 우리의 도덕적 신념을 향한 도전이 우리를 외부 세계에서 멀어지게 만들며, 이는 머리 아픈 정보를 피해 숨어서 우리 정체성이 안전하다며 우리 자신을 안심하게 하기 위해서일 수도 있다는 점을 알아냈다. 우리는 우리 자신을 어떤 사람으로 생각하는지에 대해 핵심이 되는 신념을 바꿀 필요가 없다고 잠재의식 속에서 우리 자신을 안심하게 하고 있다.

연구원 중 한 명인 조나스 카플란Jonas Kaplan은 전구를 누가 발명했는지에 대한 믿음을 바꾸더라도 인생은 크게 바뀌지 않지만, 핵심적인 도덕적 신념을 바꾼다면 모든 것을 뒤엎을 위험이 있다고 설명했다. "가치관을 바꾸면 주변의 모든 사람과 대립하게 됩니다"라고 그가 말했다. "그럴 만한 가치가 있을까요?"

그래서 우리는 우리의 가치관과 도덕관념을 검토하고 때로는 수정하기를 거부하도록 머릿속으로 프로그램되었다. 그런데 나는 앞에서 창의적인 유연성을 유지하려면 가치관과 도덕관념을 검토하고 업데이트할 방법을 찾도록 애써야 한다고 제안했다. 하지만 그건 실현 가능한 목표일까? 그럴 수도 있다. 우리가 우리 자신에게 부과한 도덕적인 제한을 조금이라도 풀어줄 수 있는 비결이 있기 때문이다. 앞으로 알게 되겠지만, 그 비결을 배우는 것은 다른 사람들에게서 시작된다.

11장

적과 함께 창조하라

가끔은 적이 필요한 이유

2013년 어느 가을날 오후, 야외 티 파티에 그렇게 특이한 점은 보이지 않는다. 스콘이 놓인 커피 테이블을 사이에 두고 한 중년 여성과 그녀의 친구 두 명은 어떤 중년 남성과 그의 친구 두 명을 마주 보며 앉아 있다. 이 사람들은 친근하게 이야기를 나눈다. 그런데 자세히 보면 뭔가 약간 이상하다. 이 파티를 주최한 여성은 룰루레몬 요가 바지 그리고 보라색 셔츠 위에 파란색 셔츠를 겹쳐 입었는데, 이 파티를 주최한 남성은 커다란 카우보이모자를 썼고 허리에는 커다란 은빛 벨트 버클이 눈에 띈다. 그 모습은 무척 다른 두 문화가 충돌하고 있다고 알려주는 유일한 단서다.

"오늘 우리는 정실 자본주의(crony capitalism, 정치가가 기업에 혜택을 주고 보호하여 정치적, 경제적 후원을 받는 정경 유착의 경제 체제—옮긴이)에 관해 이야기하겠습니다." 미국 최대의 진보주의 행동가 단체인 무브온MoveOn.org의 공동 창립자이자 오늘의 파티를 주최한 여성인 조안 블레이즈가 말한다. 무브온은 선거 때마다 주류 좌파 후보를 지지하는 데 수십억 원을 쓴다. 블레이즈가 설립한 무브온은 2016년 대선에서 버몬트주 상원 의원 버니 샌더스Bernie Sanders를 열정적으로 지원했고 정치 자금을 쏟아부었다.

카우보이모자를 쓴 남자는 입안에 스콘이 가득해서 말을 많이 하지 않는 대신, 고개를 끄덕임으로써 그 주제에 찬성하고 동시에 스콘의 맛이 훌륭하다고 인정한다. 마크 메클러Mark Meckler는 티 파티 전문가다. 그는 2010년부터 공화당을 휩쓸기 시작한 포퓰리즘 혁명의 배후인 티 파티 패트리어츠Tea Party Patriots의 창립자다.

대화의 초반부는 예상대로 전개된다.

"정부는 방해만 되었고, 사람들이 일하지 못하게 했어요." 메클러의 초대를 받아 이 모임에 참석한 자영업자인 린다 길버트는 목소리를 높인다.

"어렸을 때 공립학교에 다녔나요?" 블레이즈의 친구 중 한 명인 엘리사 바티스타는 그녀의 말에 반응한다. "경찰은 당신 동네를 순찰하나요?"

크게 도움이 되지는 않아도 이들의 대화는 예상보다 훨씬 더 정중하다. 바티스타는 감정을 크게 드러내지 않고 차분하게 말한다. 길버트는 귀를 기울인다.

블레이즈는 미소 띤 얼굴로 이들의 대화에 주목한다.

"사람들은 인간적이지 않은 상황에서 훨씬 더 가혹해져요"라고 블레이즈는 나중에 내게 귀띔했다. "직접 만나면 서로 가까워지고 싶어 하죠. 그 사람들은 알고 있어요."

대화가 계속되면서 여기 모인 사람들은 서로를 더 신뢰하고, 또 놀랍게도 서로 동의하게 된다.

메클러는 많은 돈을 기부하는 후원자들의 편의를 봐주는 워싱턴 정치인들을 이렇게 평한다. "그 사람들은 우릴 신경 쓰지 않아요. 불쌍한 아이들에게 전혀 관심도 없어요. 자영업자들도 관심 밖이에요. 증오를 조장하는 정치를 하고 있을 뿐입니다." 모두 고개를 끄덕인다. 심지어 진보주의자들도 끼어들어 메클러의 의견에 동조한다.

이들의 대화는 교육, 교도소 제도, 재정 적자 등 여러 주제로 확대된다. 대화가 끝나기 전에 오늘의 행사 참가자들은 몇 가지 주요 정치 이슈에 동의했는데, 더 중요한 사실은 정치 성향이 정반대인 사람들끼리 처음으로 친해졌다는 점이다. 나중에 블레이즈와 공화당 전략가인 그로버 노퀴스트가 수감 제도 개혁에 관해 쓴 논평은 오늘 이 대화에서 시작되었다. 그리고 이 대화는 블레이즈가 주관한 조직(나중에 이 조직의 이름은 '거실에서의 대화'로 적절하게 명명되었다)이 미국과 전 세계에 퍼져나가게 한 수백 건의 '당파를 초월한' 대화 중 하나에 불과했다.

블레이즈는 메클러가 매력 있고 마음이 따뜻하며 함께 대화하면 즐거운 사람이라 평했다. 그 말을 듣고 나는 이러한 대화가 그녀의 도덕관념에 훨씬 더 큰 위협이 되리라 생각했다. 카리스마 있고 지적이지만 저 반대편 사람과 아주 가까워지고 싶어 할 사람은 누가 있을까? 그런 경험은 화면으로 잠깐씩 확인할 수 있는 사실보다 우리의 안정된 정체성에 훨씬 더 큰 위협이지 않을까?

블레이즈는 '거실에서의 대화' 구조는 이러한 인지적 저항을 피하게 해준다고 말한다. 그리고 "우리는 사람들에게 너무 설득하려 들지 말고 잘 들으라고 권장해요"라며 설명을 덧붙인다. "사람들의 마음을 바꾸는 게 아니라, 서로 생각이 통하고 마음을 여는 게 중요해요. 그리고 우리 모두 더 현명하고 창의적인 해결방안을 생각해내는 게 중요하지요."

블레이즈는 '거실에서의 대화'에서 보수적인 친구들을 그녀의 편으로 끌어들이려고 크게 노력하지 않았다고 말한다. 대신, 그 친구들은 그녀를 훨씬 더 많이 이해하게 되었다. 그리고 이제는 친구가 된 그녀를 아끼기 때문에 환경 문제처럼 평소에는 관심이 없던 문제에 가끔 신경 쓰고 있다. 이제는 서로서로 아낀다고 블레이즈는 말한다.

"나와 다른 사람들의 말을 경청하는 일은 퍼즐이나 까다로운 수학 문제와 같아요. 쉽지는 않아도 생각이 최대한 확장되죠. 우린 그렇게 해야 해요. 큰 문제, 심각한 문제를 해결하려면 우린 각자가 가진 최고의 아이디어 그리고 함께 해결책을 배우고 개선할 수 있는 유연성이 필요하기 때문이에요."

메클러와 블레이즈는 현재 과학적으로 그 가치가 확인되고 있는 뇌 해킹brain hack을 직관적으로 떠올렸다. 앞서 소개한 서던캘리포니아 대학교 연구에서 진보주의 성향 참가자들은 반갑지 않은 내용을

언세이프 씽킹

컴퓨터 화면을 통해 접했을 때 거의 영향을 받지 않았지만, 실제로는 생각이 다를 뿐만 아니라 성향이 반대인 이들과 오랫동안 사람 대 사람으로 가까워지면 우리 모두의 창의적인 문제 해결력이 향상된다. 미시간 대학교의 스콧 E. 페이지 그리고 로욜라 대학교의 루 홍이 실시했으며 학계에 널리 인용되는 이 놀라운 실험에서 구성원을 무작위로 선택한 그룹은 가장 뛰어나고 똑똑한 전문가를 선별해 구성한 그룹보다 비즈니스, 공공 정책, 교육 등 분야의 복잡한 문제들을 더 효과적으로 해결하는 경향이 있다는 사실이 밝혀졌다.

"그건 무작위로 선별한 그룹이 이 문제들을 처리할 접근법을 다양하게 알고 있을 가능성이 더 크기 때문입니다"라고 페이지가 설명한다. 전문가들은 모두 비슷한 전략을 따르는 데다 각자 작업 결과도 거의 똑같을 것이다. 하지만 무작위로 선별한 그룹은 구성원들의 관점과 이념이 각기 달라서 서로 같은 단점이 있어도 더 빨리 극복한다고 페이지는 말한다.

"이 세상에서 우리가 직면한 문제들은 매우 복잡합니다. 우리 중 누구라도 꼼짝없이 막힐 수 있어요"라고 페이지가 말한다. "모든 사람이 똑같이 생각하는 조직에 있다면 모두가 똑같은 데서 막히겠죠. 하지만 서로 가진 도구가 다양하다면 각자 다른 데서 막힐 겁니다. 한 사람이 최선을 다하면 다른 사람이 와서 개선할 수 있어요."

이러한 연구 결과는 능력보다 조직문화 적합성cultural fit을 기준으로 직원을 채용한다고 자랑스럽게 밝히는 많은 조직에 경고 신호가 되어야 한다(구글은 그들의 조직문화 적합성을 구글리니스Googliness로 부른다). 우리는 성격이 부정적이고 파괴적인 사람을 팀에서 제외하고 싫어 하는 건 당연하다. 하지만 조직문화 적합성이란 알고 보면 우리와 사고방식, 관심사, 마음가짐이 같은 사람들을 의미한다는 걸 언제쯤 받아들이게 될까? 블레이즈는 그녀의 진보적인 친구 중 다수는 아무렇지도 않게 도널드 트럼프 지지자들 모두 인종차별주의자라고 믿는다고 말한다. 누가 인종차별주의자와 함께 일하고 싶어 하겠는가? 그런 경우에는 확실히 '조직문화 적합성'이 없다. 하지만 자신과 다르다거나 위험하다고 생각되는 사람들을 피하고 거부하는 진보주의자(보수주의자도 마찬가지다)는 창의력을 확장할 기회를 스스로 박탈하고 있다. 걷잡을 수 없는 폭력으로 치닫던 동네에서 살인 사건을 79퍼센트나 감소시킨 제프리 브라운이라는 목사의 성취도 바로 그런 기회 덕분이었다.

예상치 못한 동맹

거대 왕국을 세울 꿈을 가진 청년이었던 브라운은 매사추세츠주 케임브리지에 있는 연합침례교회에서 목회를 시작했다. 브라운은 얼마 안 되는 신자들을 늘려 1만 5,000명이 예배를 드릴 대형교회를 세우겠다는 꿈을 꾸었다. 자신의 이름을 딴 TV 채널 그리고 누구나 아는 브랜드를 만들어, 하나님의 말씀을 온 나라에 전파하고 자신의 얼굴을 전국에 알리고 싶어 했다. 하지만 브라운은 그 꿈이 실현되려면 한참 있어야 한다는 걸 곧 깨달았다. 브라운이 목회 활동을 시작한 지역 사회에서는 길거리와 운동장, 또 그가 크게 키우고 싶어

언세이프 씽킹

했던 교회 문 바로 밖에서 젊은이들이 매주 총에 맞아 죽는 폭력사태가 발생하기 때문이었다.

브라운은 "1990년대 그때부터 사람들은 폭력 문제를 해결하자는 이야기를 더는 입 밖에 내지 않았어요"라고 내게 말했다. "폭력이 절대 사라지지 않을 테니 우린 잘 알아서 대처해야 한다고 하더군요." 총소리가 들리는 와중에 자주 설교해야 했던 브라운은 그렇게 순순히 받아들이려는 마음가짐은 미쳤다고, 부도덕하다고 여겼다.

브라운은 무분별하게 벌어지는 살인에 점점 더 분노했다. 그리고 가족을 총격 사건으로 잃고 충격에 빠진 유족을 돌보면서 전국에 알려진 유명한 목사가 되겠다는 생각은 훨씬 더 현실적인 소명으로 바뀌었다. 폭력사태를 해결하기 위한 그의 첫 번째 계획은 간단했다. 그는 불량배 집단과 어울릴 위험에 놓인 착한 아이들을 찾아다니기로 했다. 그는 돈 몇 푼 벌겠다고, 또는 냉혹한 사람이라는 평판을 얻겠다고 사람을 총으로 쏴서 죽이는 걸 아무렇지도 않게 생각하는 갱단과 마약상들과 엮여 결국 살해당하기 전에 아직 어떻게 할지 고민하는 아이들을 찾아내곤 했다. 브라운은 위험에 처한 이 청소년들을 교회로 오게 하고 보호하면서 삶의 방향을 바꿔주려고 노력했지만, 찾아온 아이들은 거의 없었고 살인 사건은 매주 발생했다.

1990년 어느 날 밤, 제시 맥키라는 청년이 친구와 함께 집으로 걸어가고 있을 때 동네 청소년 두 명이 다가왔다. 그 둘은 맥키에게 총을 겨누고 재킷을 벗어 건네라고 협박했다. 맥키는 재킷을 건넸지만 둘 중 한 명이 총의 방아쇠를 당겼다. 맥키는 인도를 따라 힘겹게 비틀거리며 도움을 구하려 했다. 그는 브라운의 교회에서 약 90미터 떨어진 곳에서 사망했다.

"하지만 맥키가 교회까지 간신히 왔더라도 그건 중요하지 않았을 겁니다"라고 브라운이 말한다. "한밤중이었고 아무도 없었으니까요."

브라운은 맥키의 죽음에 크게 괴로워했다. 그리고 그렇게 열정적으로 설교했어도 자신과 그의 교회는 밤이 되면 길거리에 도사린 위협에서 젊은이들을 구하는 데 도움이 되지 않았다는 메시지로 받아들였다. 이 점을 깊이 생각해보자 브라운은 살인이 일어나는 시간대에 길거리가 어떤 상황인지 전혀 모르고 있다는 사실을 깨달았다.

"매일 밤 총격이 벌어졌지요"라고 브라운은 회상한다. "나가보니 정말 끔찍했지만, 마음속으로는 반드시 나가봐야 한다는 생각이 들었어요." 그래서 브라운은 다른 목사 몇 명에게 도와 달라고 설득했다. 그들은 매일 밤 10시면 밖으로 나갔고, 새벽 3시까지 돌아오지 않을 때도 많았다. 어두컴컴한 주차장과 운동장에서 브라운은 나쁜 아이들과 어울릴 위험에 처한 착한 아이들을 찾아내지 못했다. 그 대신 마약 딜러와 총잡이들을 찾아냈다. 그들은 브라운이 예상했던 차갑고 무자비한 괴물과는 전혀 달랐다.

"공원에서 마약을 팔던 청소년들이 있었어요. 공원은 철망 울타리로 둘러싸였고, 울타리 문에는 누구를 들여보내고 내보낼지 결정하는 남자가 서 있었습니다. 그 남자는 총을 갖고 다니는 폭력배인데 우리에게 한 마디도 말을 붙인 적이 없었어요." 그러던 어느 날 밤, 그 청년은 브라운 일행에게 걸어와 브라운의 동료 중 한 명을 붙

언세이프 씽킹

잡더니 모퉁이로 데리고 갔다. 나머지는 크게 충격 받고 겁에 잔뜩 질린 채 동료가 돌아오기만 기다렸다.

"마침내 밥이 돌아왔고, 우린 모두 밥을 꼭 잡았습니다. '그 사람이 뭐라고 했어요?' 그 청년은 밥에게 질문이 있다고 했다더군요. 그는 자신이 저지른 모든 일로 인해 양심을 잃은 것 같다고 고백했고, 양심을 되찾을 수 있는지 알고 싶다고 했답니다."

이렇게 그들과 접촉하게 되자 엄격한 도덕주의자 같았던 브라운의 세계관은 무너지기 시작했다. 브라운은 자신이 만났던, 폭력을 저지르고 다닌 그 청소년들이 사실은 거리에 나가길 두려워한다는 걸 알았다. 그들은 어떻게 빠져나가야 하는지 모르는 상황에 갇혀 있었다. 브라운은 그들이 금목걸이와 값비싼 물건을 좋아하긴 했지만, 주말마다 쇼핑몰에 몰려가서 내키는 대로 쇼핑하는 그의 친구들만큼 물질만능주의에 빠져 있지 않았다. 어떤 사람이 브라운에게 이러한 생각을 받아들이도록 말로 설득하려고 했다면, 브라운은 그 생각을 자신의 핵심 신념 체계에 대한 위협으로 여기고 걸러냈을 것이다. 하지만 새벽 2시에 이 젊은이들을 직접 만나면서 그러한 저항은 사라졌다.

브라운은 "마약상과 신앙에 관한 대화를 하게 될 줄은 꿈에도 몰랐어요"라고 내게 말했다. "하지만 거리에서 저는 이 젊은이들과 제 인생에서 가장 심오한 대화를 나눴습니다."

수많은 사람이 시청한 테드TED 강연에서 브라운은 거리에서 이렇게 그들과 처음으로 접촉하며 얻은 깨달음에 관해 이야기한다.

"저는 설교할 때마다 폭력을 규탄했고 공동체 건설에 관해서도 이야기했습니다. 그런데 그 공동체의 정의에 포함하지 않은 특정 집단이 있다는 걸 문득 깨달았습니다. 그래서 이런 역설이 생겼습니다. 제가 설교하고 다니는 공동체를 제가 정말 원한다면, 그 공동체 정의에 제외했던 이 그룹 사람들에게 다가가 그들도 포함해야 했습니다. 그건 폭력범이 될 수 있는 사람들을 구할 프로그램을 만드는 것뿐만 아니라, 폭력을 저지르는 사람들에게도 다가가 그들을 받아들여야 한다는 뜻이었습니다."

하지만 이것은 어떤 한 사람이 다양한 인간을 존중하게 되었다는 기분 좋은 이야기만은 아니다. 이것은 범죄학자와 사회학자들이 나중에 '보스턴의 기적'이라고 부르게 된, 현대 미국 역사상 가장 성공적인 폭력 예방 캠페인 중 하나가 시작된 중요한 순간이다. 브라운이 살던 지역의 살인율이 70퍼센트 이상 떨어지고 미국 전역의 다른 도시에서도 급격히 감소한 계기가 되었다.

어쩌면 브라운이 폭력에 무감각해진 이 청소년들에게 설교를 시작할 때 이들이 어떻게 반응할까 하는 두려움 때문이었는지도 몰랐다. 어쩌면 과거에 브라운이 이 청소년들에게 고정관념을 가진 데 대한 약간의 죄책감 때문이었을지도 몰랐다. 이유야 어쨌든 브라운은 거리를 돌아다니면서 이 청소년들에게 뭘 하라고 지시하지 말고, 대신 이들의 말에 귀를 기울이자는 강한 충동을 느꼈다. 청소년들은 폭력을 줄이려면 무엇이 필요하다고 생각했을까?

"아이들의 대답을 듣고 깜짝 놀랐습니다"라고 브라운은 회상한

언세이프 씽킹

다. 폭력 조직원들은 바로 학교 방학 문제를 지적했다. 그들은 방학이면 갈 곳도 없고 할 일도 없으므로 방학은 통제할 수 없는 시기라고 브라운에게 말했다. 아니나 다를까 브라운은 방학 기간에 살인 사건이 급증한다는 사실을 발견했다. 경찰도 물론 그런 현상을 알고 있었지만, 예상할 수 있는 그 문제를 해결할 방안을 찾지 못했다. "청소년들은 놀 곳이 필요하다고 했는데, 학교 체육관은 어떨까요? 교장 선생님께 이 아이디어를 말씀드렸더니 아주 경악하시더군요. 그래도 우리는 농구 코트를 열고 배드민턴 코트를 준비하고 음악을 크게 틀어놓을 음향장비도 설치했습니다. 첫날 밤에는 청소년들이 1,100명이나 왔어요. 아무런 문제도 없었습니다." 그 주에는 범죄 발생 건수가 뚝 떨어졌다. 다른 아이들과 마찬가지로 이 아이들도 재미있게 놀고 에너지를 발산할 장소가 필요했다. 아이들에게는 서로 싸우고 죽이는 것 외에 다른 할 일이 생겼다.

폭력 조직원 중 일부는 합법적인 소규모 사업을 시작할 수 있도록 브라운에게 소액 금융 대출을 연결해 달라고 요청했다. "일단 마약상을 마약 사업에서 빼내면 젊은 사업가가 됩니다"라고 브라운은 주장한다. 몇몇 청년들은 성공적으로 사업을 시작했고 친구들을 고용했다.

"우리는 그 사람들을 해결해야 할 문제로 보지 않고 파트너이자 자산, 협력자로 여기기 시작했습니다"라고 브라운은 말한다. "한 테이블에는 목사가, 다른 테이블에는 마약상이 앉아서 교회가 지역 사회 전체를 도울 방법을 찾아낸 겁니다. 혼자서는 해결책을 찾을 수 없었지만, 함께 하니까 가능했습니다."

브라운의 노력은 '휴전 작전'이라는 치안 유지 프로그램으로 발전했고, 브라운은 그 프로그램에서도 계속 영향력을 행사했다. 휴전 작전은 경찰과 성직자, 지역 사회 활동가를 비롯한 지역 사회 사람들에게 폭력에 가장 많이 연루된 젊은이들을 파악한 뒤 그들이 대면 모임에 나오게 해달라고 촉구했다. 그리고 다음에 누군가를 총으로 쏘는 사람들은 즉시 강경 탄압하겠지만, 삶을 바꾸고 싶은 사람들은 도움을 받을 것이며 지역 사회를 위한 해결책을 만들어내는 과정에 참여할 기회가 주어진다는 두 가지 메시지가 젊은이들에게 전달되었다. 휴전 작전 이후 캘리포니아주 스톡턴의 총기 살인 사건은 42퍼센트나 감소했다. 인디애나폴리스는 34퍼센트 떨어졌다. 1990년부터 1999년까지 보스턴 내 연간 살인 사건은 152건에서 31건으로 줄어들었다.

나는 브라운에게, 그의 꿈을 가로막은 폭력적인 청소년들을 향한 분노와 경멸을 내려놓게 된 과정을 물었다. 텔레비전에 나와 하나님의 말씀을 전하는 사역자가 되려 했던 사람보다 더 능숙하게 선을 찬양하고 악을 비난하는 사람은 없다. 이 젊은이들과 함께하기 위해 분노와 비판을 제쳐두는 건 어렵지 않았을까? 브라운은 거리로 나가 그들을 직접 만나지 않았더라면 그렇게 하지 못했을 거라고 말했다. 조안 블레이즈의 '거실에서의 대화'와 마찬가지로, 자리에 앉아 적으로 여기는 사람들의 이야기를 경청하는 단순한 행위는 같은 가치관과 관점으로 굳게 뭉친 사람들에게 보이지 않던 창의적인 방법과 해결책을 가져왔다.

이 기발한 '휴전 작전'은 많은 사람의 생명을 구했지만, 이후 10

년 동안 힘을 잃고 말았다. 편협한 도덕적 기준으로는 이해하기 어려운 해결책을 받아들이는 일은 아무래도 사람들에게 맞지 않았기 때문이다. 도시마다 이 프로그램을 옹호하는 경찰 인력이 자리를 옮기고 새로운 체제가 들어서면 이 프로그램의 핵심 원칙은 관심 밖으로 밀려나곤 했다.

하버드 케네디 스쿨 연구원인 토머스 앱트는 〈프로퍼블리카〉에 "그 작전에는 당연히 있어야 할 지지층이 없습니다"라고 말했다. "너무 지나치게 단순화해서 말하는 감은 있지만, 진보주의자들은 예방 조치를, 보수주의자들은 집행을 더 많이 하길 바랍니다." 폭력적인 행동을 용납하지 않는 동시에 폭력적인 범죄자를 악마처럼 대하길 거부하는 접근법은 "양쪽의 정통적인 신념에 도전하고 모두를 불편하게 합니다"라고 앱트는 지적한다.

이러한 불편함은 옳고 그름에 대한 개념이 철저하게 구분되는 세상에서 자연스러운 현상이다. 하지만 불편하다는 이유로 기발한 아이디어를 고려 대상에서 제외한다면 그 불편함은 비극이 된다. 규칙과 확고한 가치관, 도덕 체계는 세상을 하나로 묶어주고 사람들이 가진 최악의 충동을 억제한다. 하지만 창의성을 발휘하지 못하게 하고 제한하기도 하므로 우리는 평소보다 훨씬 더 회의적인 태도로 그 세 가지를 대해야 한다.

계속하여 옳고 그름을 따지는 사고방식은 안전하지 않은 아이디어가 혁신가의 머릿속을 떠나 더 많은 사람에게 가닿는 과정에서 피할 수 없는 부분이다. 이제 곧 살펴보겠지만, 집단은 당연히 규칙을 집행하고 도덕과 안전을 추구하기 때문이다. 안전하지 않은 생각이 성공하려면 주변 사람들에게 더 유연하고 대담하게 생각하고 행동하려는 의지를 전파해야 한다. 다음 장에서 그렇게 할 방법을 살펴보겠다.

언세이프 씽킹

도덕성

● **순종하지 말 것**

항상 순종하면 창의력이 크게 제한된다. 사전에 충분히 고민하지 않고 불순종하면 팀에서 쫓겨나거나 조직에서 퇴출당할 가능성이 커진다. 아이라 샬레프는 안내견을 '지능적 불복종'의 모델로 제시하는데, 이는 대의에 절대적으로 헌신해도 맹목적으로 명령을 따르지 않는 좋은 사례다.

창의성을 제한하는 규칙을 발견하면 변경하자고 먼저 제안하라. 제안이 받아들여지지 않으면 규칙을 어기겠다는 의사를 솔직히 밝혀라. 다른 사람들은 당신에게 고마워할 것이다. 다른 사람들의 이익이 최대한 보장되도록 반항을 계획하면 용서받을 가능성이 가장 커진다.

● **불순종을 전파하라**

우리는 모두 창의성을 더 원한다고 하지만, 학교, 회사, 심지어 개인도 순종하는 행동에 보상하고 자신만의 길을 계획하는 사람들을 처벌하도록 설정되어 있다. 이제는 저항할 때다.

당신의 조직에 없어도 되는 규칙은 무엇인가? 도움이 되지 않는 규칙을 최소화하면 창의성이 발휘될 수 있다는 점을 기억하라. 당신은 일부러 반대편 의견을 제시하거나, 한계를 벗어났어도 팀에 도움이 된 사람들의 이야기를 들려주기도 하는가? 그러한 스토리텔링은 사람들에게 반대 의견이 받아들여질 뿐만 아니라 효과적으로 반대 의견을 내는 방법도 알려준다.

● 예상치 못한 동맹

우리 대부분은 의견이 다른 사람들과 함께 진지한 대화 나누기를 자연스럽게 거부한다. 그렇게 하면 우리의 정체성에 위협이 되고 우리가 속한 집단을 배신하는 것처럼 느껴지기 때문이다. 하지만 제프리 브라운이 보스턴에서 그랬듯이 우리는 인지 능력을 빠르게 키우고 이 예상치 못한 관계에 숨겨진 해결책을 찾을 수 있다.

당신은 당신과 반대 견해를 가진 사람들과 대화하는가? 그리고 더 중요하게는 그 사람들의 말을 경청하는가? 당신이 적이라고 생각한 사람이 실제로는 가장 생산적인 동맹이 될 수도 있다.

언세이프 씽킹

6부

리더십

12장

다수를 위한 안전하지 않은 생각

일치된 의견에서 벗어나라

2014년 10월, 미국 최대의 드럭스토어 체인점인 월그린스Walgreens 는 공개 성명을 냈다. "미국인의 흡연율 감소를 목표로 한다면, 체인 약국이 할 수 있는 가장 효과적인 일은 금연을 돕는 것이라고 저희는 믿고 있습니다"라고 이 회사는 발표했다. "저희의 목표는 지난 10년 동안 정체된 미국인의 흡연율을 다시 낮추도록 돕는 것입니다."

이 성명은 대대적이고 대담한 금연 캠페인의 시작처럼 들릴 수도 있지만, 사실 그렇지 않았다. 그보다는 매장 전면에서 매년 수백만 갑의 담배를 계속 판매하기 위한 회사의 이론적 근거였다. 건강

및 웰니스를 표방하는 회사가 흡연과 맞서 싸우겠다고 주장하면서 한편으로는 담배를 판매한다는 생각은 위선처럼 보일 수도 있지만, 이러한 결정은 그다지 놀라운 일이 아니었다. 담배 판매를 중단한다면 월그린스는 연간 1조 원 이상의 매출을 포기해야 한다. 또 그렇게 과감한 조치를 단행하더라도 월그린스 경영진은 고객들이 어디에서든 쉽게 니코틴 중독을 해소할 수 있다고 꽤 논리적으로 판단했다. 사실, 미국에서 두 번째로 큰 드럭스토어 체인이자 경쟁사인 CVS가 며칠 전에 담배 판매를 중단한다고 발표하지 않았더라면 담배 판매 중단이라는 생각 자체를 하지 못했을 것이다.

"우리는 그 결정을 내리기 2년 전부터 회사 내부적으로 우리의 조직문화와 목적을 중심으로 공감대를 형성하기 시작했어요." 논란이 많은 이 결정을 옹호하여 거대 기업에서 통과시킨 여성인 헬레나 폴크스Helena Foulkes는 회상한다. "우리 목표는 사람들이 더 건강하게 살도록 돕는 것이라고 정의했습니다." 이 목표 선언문은 간단하고 논쟁의 여지가 거의 없지만, 내부적으로는 곧 문제를 일으키기 시작했다.

당시 전략 및 업무 책임자였던 폴크스가 직원들과 이야기할 때마다 일부 직원들은 "그게 우리의 목표라면 우린 왜 담배를 팝니까?"라고 묻곤 했다. 그 질문은 폴크스를 점점 더 불편하게 만들었다. 그녀 혼자만 불편한 게 아니었다. 회사의 거의 모든 직원은 이 상황이 아이러니하다고 생각했다. 항상 그래왔고 앞으로도 늘 그럴 것이라는 암묵적인 공감대가 널리 퍼져 있었다.

어쩌면 폴크스는 달랐을 수도 있었다. 폴크스에게 그 불편한 마

언세이프 씽킹

음은 직업적일 뿐만 아니라 개인적이었기 때문이었다. 폴크스는 암을 극복했고, 5년 전에 어머니는 폐암으로 사망했는데, 폐암이야말로 그녀의 회사가 수백만 명의 고객에게 발병 위험을 안겨주고 있는 바로 그 질병이다.

물론, 개인적인 이유만으로는 CVS의 7,800개 매장에서 담배 판매를 단계적으로 폐지할 수 없었을 것이다. 당시 CVS 체인은 담배 판매로만 연간 약 2조 원의 매출을 올리고 있었다. 폴크스의 동료들로 구성된 대규모 사업부서들은 담배를 더 많이 판매해야 했기에 폴크스와 그녀의 조력자 팀은 설득력 있는 논거를 만들어야 했다.

폴크스의 혁명가 같은 조력자 팀이 주장한 내용은 다음과 같다. 미국 의료 서비스 제공은 큰 변화를 겪고 있었고, CVS는 건강보험 개혁법Affordable Care Act으로 창출된 새로운 시장에 진출하려고 이미 공격적으로 움직이기 시작했다. CVS는 현장에서 환자를 치료하기 위해 예약 없이 방문하는 건강 진료소를 확장하는 중이었다. 동시에, 본인부담금이 증가함에 따라 전략가들은 고객들이 약품 소비량이 증가하면서 쇼핑도 더 많이 한다고 예상했다. 폴크스와 동료들은 이 모든 상황을 볼 때 CVS의 사활이 걸린 기회는 헬스케어 사업이라고 판단했다. 청소 용품과 사탕, 담배 같은 소매 품목은 점점 더 부차적인 품목이 될 수밖에 없었다. 호황을 누리고 있는 헬스케어 시장에서 그 부수적인 품목이 회사의 경쟁력을 떨어뜨리게 둔다면 그건 미친 짓이지 않을까? 담배 판매를 중단한다면 CVS는 건강을 중시하는 진정한 기업이 되어 새로운 파트너십을 맺고 고객을 유치하여 손실을 충분히 만회할 수 있다고 폴크스는 주장했다.

단계별로, 또 약간의 거리를 두고 설명하면 폴크스의 주장은 타당해 보이고 심지어 반박하기 어려울 수도 있다. 하지만 확실히 자리 잡은 기존 조직에서 일해본 사람이라면 누구든 단기 이익과 일상 행동을 위협하는 건전한 아이디어가 얼마나 자주 폐기될 수 있는지 잘 안다. 월그린스도 폴크스의 팀이 보유한 모든 정보를 갖고 있었지만, 주요 경쟁사인 CVS가 담배 판매를 중단한 후에도 여전히 그 타당성을 부정할 이유를 찾고 있었다. 잠시 후에 살펴보겠지만, 그 이유에는 심각한 결함이 있었어도 월그린스의 전략은 여전히 바뀌지 않았다.

폴크스는 이 계획을 1년 넘게 옹호하면서 본격적으로 착수하는 데 필요한 추진력을 천천히 쌓았다. 그녀는 담배 판매가 드럭스토어 운영 업무의 일부에 불과하다는 일치된 의견을 깨려고 사람들과 끝없이 대화했다. 개인적으로는 기분 나빠 하는 것 외에는 아무도 이의를 제기하지 않았지만, 폴크스는 그 일치된 의견이 회사에 이제 더는 도움이 되지 않는다고 굳게 믿었다. 폴크스는 자신의 마음을 따를 것으로 생각되는 사람들에게는 도덕적 논거를 활용하여 설득했고, 자신의 머리를 따를 것으로 생각되는 사람들에게는 비즈니스 사례에 더 많이 의존하며 신중히 노력했다. 그녀와 뜻을 같이하는 사람들이 조금씩 늘어나면서 드디어 회사 고위 경영진의 지지를 얻었다.

CVS가 마침내 담배 판매를 중단하겠다고 발표하기 직전, 폴크스는 그동안 주장했던 담배 판매 중단의 긍정적인 효과를 직접 확인해야 하는 새로운 직책을 떠맡았다. 그녀는 소매사업 총괄 책임자로

언세이프 씽킹

승진했다.

폴크스는 〈포춘〉에 이렇게 말했다. "누가 저한테 '지금도 그게 좋은 생각이라고 생각해요?'라고 물었던 일이 지금도 생각이 나는군요." 그녀는 신념을 고수했지만, 회계장부에서 수조 원의 매출이 사라지면 공황 상태에 빠질까 봐 마음의 준비를 단단히 했다고 한다.

담배 판매를 중단한 지 일주일도 되지 않아 긍정적인 보도가 쏟아지면서 CVS의 주가는 올랐고 꾸준히 상승세를 이어갔다. 담배 판매를 중단하기로 하고 1년이 지난 후, 매장 전면에 배치한 상품 매출은 8퍼센트 감소했지만, 약국 처방 의약품 판매는 12퍼센트 증가했다. 또 CVS는 회사 평판이 크게 좋아져 총 15조 원에 달하는 신규 계약들을 체결했다고 밝혔다. 그리고 월그린스는 효과가 미미하리라 예측했지만, CVS 매장이 있는 지역 사회에서는 흡연율이 실제 감소했다. 시장 데이터 분석 결과에 따르면, 담배 판매 중단 첫해에 이들 지역 사회의 모든 소매점에서 판매된 담배는 9,500만 갑이 줄어들었다.

가지 말아야 할 이유가 수십억 가지나 있는데, 가지 않고 있던 거대하고 관료주의 조직을 이끄는 데 성공한 것은 규칙이 아니라 예외다. 대세와 거리가 있는 아이디어와 이를 추진하려는 열정을 품은 사람들은 대개 옆으로 밀려나거나 훈수를 듣거나 무시당하는 경우가 너무 많다. 폴크스의 이야기를 듣고 나서, 1년 넘게 개인적 차원의 안전하지 않은 생각을 연구해온 나는 다수의 사람이 안전하지 않은 아이디어를 생각해내고 받아들일 수 있으려면 무엇이 필요한지 질문했다. 변화는 혼자만의 노력이 아니므로 그 질문은 매우 중요하다. 조직과 지역 사회, 현장에 영향을 미치려면 우리는 다른 사람들에게서만 얻을 수 있는 자원과 창의성, 널리 전파하려는 열정이 필요하다. 헬레나 폴크스의 특별한 재능은 약국이 담배를 팔지 말아야 한다거나 약국의 사업 모델이 바뀌고 있다는 막연한 깨달음에서 비롯되지 않았다. 그건 누구나 알 수 있었다. 그 대신 그녀의 비범한 재능은 보수적인 대규모 조직을 이끌어 매우 안전하지 않은 도약을 하게 한 능력이었다.

물론 고독한 혁신가, 무심한 태도로 혼자서 세상을 바꾸는 자신만만한 반항아에 대한 신화도 있다. 하지만 사회학자 랜들 콜린스Randall Collins는 고대 이후 예술, 과학, 정치 분야의 주요 혁신가들을 철저하고 광범위하게 검토한 결과, 진정으로 혼자 행동한 혁신가들은 유교 형이상학자 왕충, 14세기 선사 밧스이 도쿠쇼, 14세기 철학자 이븐 할둔 이렇게 세 명에 불과하다고 밝혔다. 베토벤부터 아담 스미스, 찰스 다윈 그리고 엘비스, 비틀즈, 롤링 스톤즈, 비치 보이스를 합친 것보다 더 많은 1위 히트곡을 냈으나 세상에 잘 알려지지 않은 공동 작곡가인 제임스 제머슨James Jamerson에 이르기까지 나머지 주요 혁신가들은 서로의 아이디어를 나누고 비평하고 다듬어주는 동료들과 함께 했다.

우리에게는 타인이 필요하지만, 타인은 때로 위험하다. 타인의 존재만으로 창의성이 억압된다는 사실이 끊임없이 밝혀졌으며, 특히 집단은 우리가 극복할 방법을 모색해온 안전한 생각을 하게 만드는 사고방식을 강요하는 경향이 있다. 즉, 집단은 너무 빨리 합의에 이르고, 전문가 리더를 중심으로 뭉치며, 반대자를 처벌하고, 옳고 그룹에 대한 공통된 기준을 강화하며, 달리 지시하지 않는 한 효율성과 실용성 추구라는 명목으로 익숙하지 않고 위험한 아이디어를 억압한다.

다수의 사람들과 함께 안전하지 않은 생각을 하기 위한 두 가지 방향이 있다. 우리는 결국 좌절하여 목소리를 내지 못하고 그룹에서 외면당하거나, 헬레나 폴크스가 겪었듯이 상황이 더 좋아질 수도 있다. 우리는 조직의 상층부에 있든, 단순히 팀의 일원이든 창의성과 대담함을 그룹 전체에 전파할 기회가 있다. 궁극적으로 나는 우리가 이러한 결과를 얻는 데 도움이 되는 검증된 관행을 찾아냈다. 따라서 이 책은 개인의 자기 변화 여정으로 시작되었으나, 이제는 리더십을 키우고 다른 사람들의 성장을 위한 헌신을 다루게 되었다.

이 마지막 장에서는 모든 리더가 주변 사람들의 창의성과 유연성을 크게 향상하기 위해 적용할 수 있지만 서로 모순된 것처럼 보이는 두 가지 힘을 살펴보겠다. 하나는 파괴disruption이고, 다른 하나는 안전security이다.

파괴의 힘을 통해 우리는 집단이 상황을 완전히 이해하기 전에 제한적인 합의를 깨뜨린다. 그리고 여러 팀에게 받아들이기 힘든 진실을 직시하고 생산적인 갈등에 참여하도록 독려한다. 물론 파괴는 심리적으로 매우 부담스럽고 위협적이다. 사람들은 지치고 탈진하기 전까지만 파괴를 견딜 수 있다. 그러므로 안전이라는 저항력이 꼭 필요하게 된다. 리더로서 우리는 팀원들이 안전하지 않은 상태를 받아들일 때 최대한 안전하다고 느끼게 하면 성공할 수 있다. 자신이 궁극적으로 가치 있고 보호받고 있다는 사실을 알고, 위험을 감수하도록 독려받으며, 사소한 실수로 처벌받지 않는 사람들은 불안감으로 인해 창의력이 위축되지 않고 불편함을 받아들일 수 있다. 이제 우리는 그룹 창의성의 음과 양인, 이 두 가지 저항력을 살펴보겠다.

순응하지 말고 저항하라

스탠리 밀그램Stanley Milgram은 지금도 매우 유명한 복종 실험을 하기 전에 심리학자 40명을 대상으로 설문 조사를 했다. 권위자의 명령만으로 평범한 남성 중 몇 퍼센트가 무고한 피해자를 거의 죽일 수 있는 전기 충격을 할지 예상치를 조사한 것이다. 설문에 참여한 심리학자들은 약 1,000명 중 한 명만 그럴 것으로 예측했다.

하지만 실험 결과는 인류에 대한 비관적인 견해를 도출했다. 무려 실험 참가자의 3분의 2가 고통에 몸부림치며 살려달라고 비명을 지르는 사람에게 450볼트의 전기 충격을 가하라는 지시를 따른 것이다. 다행히도 고통의 비명은 연기였으며 전기 충격도 가짜였다.

밀그램은 이 무서운 결과에 대해 두 가지 설명을 했다. 첫 번째는 순응하는 경향이다. 특히 위험이 클 때 사람들은 자신의 판단이 집단의 의견에 어긋난다고 느끼면 재빨리 자신의 판단을 무시한다. 우리는 지금 추구하는 방향이 말도 안 된다는 걸 분명히 알면서도 주변 사람들, 특히 윗사람들의 판단에 저항하기보다는 우리 정신이 온전한 것인지 의문을 제기하는 경향이 있다.

두 번째는 복종하는 경향이다. 우리는 그룹 내의 다른 사람들이 우리보다 더 힘이 있으면 우리가 하는 행동에 대한 책임감을 내려놓는다. 그리고 다만 명령을 따를 뿐이라고 합리화하는데, 이는 불편하긴 하지만 저항보다는 두려움이 덜하다.

이 실험은 역사상 가장 잘 알려진 심리 실험일 것이다. 그런데 실험 결과의 요인이 무엇인지 알아보는 밀그램이 진행한 후속 연구는 덜 알려져 있다. 밀그램은 '실험 17'이라는 이 실험에 실험 참가자로 가장한 연기자 두 명을 추가했다. 이제 방 안에 있는 세 사람은 전기 충격을 가하라는 지시를 받았다. 모든 것이 바뀌었다. 연기자들이 지시를 따르길 거부하자 실험 참가자들은 이 공포 상황을 의식했다. 그리고 말도 안 되는 지시를 따르지 않고 그들도 전기 충격 통제 장치에서 손을 뗐다. 이러한 상황에서 실험 참가자의 10퍼센트만 지시에 따라 전기 충격을 가했다.

실험 17 결과는 용감한 행동을 통해 순응이라는 마법을 깰 수 있는 개인들의 잠재력을 보여준다. 노력이 많이 필요하지 않았다. 연기자들은 실험 참가자를 설득하거나 지시를 계속 따르면 어리석다고 지적할 필요가 없었다. 그들은 단호하게 목소리만 내면 되었고, 그러자 실험 참가자가 지시를 따르려는 의지는 사라졌다. 그 연기자들은 폴크스와 마찬가지로 내면의 불편한 속삭임을 더 나은 방식을 찾겠다는 분명한 헌신으로 바꿨다. 그리고 폴크스처럼 이 연기자들은 그 상황에서 지정된 리더도 아니었다. 실험복을 걸치고 클립보드를 든 권위 있는 '실험자'는 실험을 계속하라고 강력히 요구했지만, 파괴적인 행동을 목격하자 90퍼센트의 사람들은 실험을 계속하지 않았다.

물론 공식적인 리더에게는 부적절하게 일치된 의견을 받아들이지 않는 더 큰 권한이 있다. 1920년대 제너럴 모터스GM의 회장이었던 알프레드 P. 슬론 주니어는 회의를 이렇게 끝냈다고 한다. "모두 이 사안에 대해 이의가 없는 것으로 알겠네." 임원들은 다음 안건으로 빨리 넘어가고 싶어서 일제히 고개를 끄덕였다. "그러면 이 사안에 대한 추가 논의는 다음 회의 시간으로 연기하겠으니 그동안 다른 의견을 고민해서 생각해오도록. 그리고 가장 중요한 핵심이 무엇인지도 잘 파악해서 오면 좋겠군."

스탠리 밀그램, 헬레나 폴크스, 알프레드 P. 슬론 주니어의 사례를 보면 잘못된 방향으로 가고 있던 집단이 쉽게 방향을 바꾸는 것처럼 보인다. 하지만 대부분은 그렇지 않다. 하버드대 프란체스카 지노가 1,000명에게 의견 불일치를 허용하고 장려하는 회사에서 일하는지 묻자 900명이 아니라고 답했다. 목소리를 높여 파괴적인 아이디어를 주장하는 것은 권장되지도 않고 누가 가르치지도 않으며 오히려 처벌받을 때가 더 많다. 골칫덩이 또는 걸림돌로 낙인찍히지 않고 파괴할 수 있으려면 눈에 잘 띄지 않게 전략적으로 행동해야 하며, 좋아 보였던 그룹을 나쁘게 만드는 요소를 이해해야 한다.

의견 일치라는 함정

심리학자들이 개인의 성격을 설명할 때 흔히 쓰는 '다섯 가지Big

Five' 특성 중에서 '친화성agreeable'만큼 사람의 마음을 끄는 특성은 없다. 매우 친화적인 사람들의 멋진 특성 중 몇 가지를 소개하겠다. 그 특성들은 신뢰성, 사람들과 잘 지내고 협조적인 태도, 공감력, 이타성이다. 고등학생들은 친화적인 또래 친구가 더 호감 간다고 평가하고, 상사들은 가장 친화적인 직원을 팀 플레이어로 높이 평가하는 것은 놀라운 일이 아니다. 하지만 친화적인 사람들이 많이 모이면 가치 있는 성과를 내기보다는 서로를 기분 좋게 하는 데 더 집중할 때가 많다.

리치몬드 대학교의 데준 토니 콩은 42개 팀이 까다로운 변화 관리 컨설팅 프로젝트를 수행하는 과정을 20개월 이상 관찰했다. 그는 매우 친화적인 사람들로 구성된 팀들은 좀 더 불평불만이 많고 화를 잘 내는 사람들로 구성된 팀들보다 성과가 나빴을 뿐만 아니라 일이 잘못되고 있어도 모를 때가 많다는 사실을 알아냈다. 그들은 자신들이 한 일보다는 함께 일해서 얼마나 좋았는지를 기준으로 팀에 대한 만족도를 판단했다. 불쾌한 사람이 몇 명 있는 팀은 다른 패턴을 보였다. 그들은 성과가 더 좋았을뿐더러 만족도도 그 성과와 일치하는 경향이 있었다. 만족도는 사람들과 잘 지내는 데서가 아니라 일을 진전시키는 데서 나왔으므로 그런 팀들에게는 내부적인 나침반이 작동하여 그들을 성공으로 이끌었다.

여기서 중요한 첫 번째 핵심 내용은, 우리는 다른 사람들의 기분을 좋게 하려고 애쓰느라 에너지를 너무 많이 소비하지 말아야 하며, 우리가 속한 그룹의 다른 사람 중에 불쾌한 구성원이 없다면 우리가 가끔은 그런 구성원이 되도록 노력해야 한다는 점이다. 그런

데 데준 토니 콩의 연구는 팀에 대한 또 다른 중요하고도 미묘한 규칙도 강조한다. 즉 성공은 의견 불일치에서 비롯되지만, 그건 함께 일하는 팀의 만족도를 떨어뜨리게 하는 의견 불일치가 아니라는 점이다. 한번은 이런 일이 있었다. 아마도 내가 지금까지 만난 사람 중 가장 불쾌했던 어떤 남자가 인권단체 이사회 회의 중간에 어슬렁거리며 들어왔다. 그 남자는 우리에게 회의를 멈추고 지금까지 진행 내용을 설명하라고 요구했다. 우리가 설명을 마치자 그 남자는 거들먹거리며 이런 말을 던졌다. "글쎄, 난 당신네처럼 착한 일을 하는 사람은 아니지만, 기업 세계에서는 훨씬 더 엄격한 방법을 써요." 그 남자는 우리가 힘들게 구축한 모든 결과물에 이의를 제기했고 우리 개개인의 능력을 의심했다. 그런데 얼마 후 나는 그 남자가 타당한 일을 하려고 애썼다는 사실을 알았다. 그 남자는 우리가 일치된 의견에서 벗어나도록 회의 과정에 끈기와 열정을 약간 불어넣으려 했던 것이었다. 그러나 그 남자의 노력은 재앙을 불러왔다. 그룹 만족도가 땅에 떨어졌다. 이사회 의장은 그 남자에게 다음 날 회의에 참석하지 말라고 조용히 요청했고, 다시 뭉친 우리는 이 잔소리꾼이 우리 삶에 끼어들기 전에 하던 일을 다시 시작했다.

생산적으로 갈등하라

우리는 친화성의 함정에서 벗어나기 위해 팀원을 깎아내리거나 난처하게 하거나 적대시할 필요가 없다. 친절하고 인정 넘치는 사람

언세이프 씽킹

들도 그룹의 친화성을 낮출 수 있다. 사실, 그들은 그룹 만족도는 높게 유지하면서 그룹 친화성을 더 쉽게 낮출 가능성이 크다. 그렇다면 우리는 어떻게 하면 의욕을 떨어뜨리지 않되, 의견이 일치되지 않게 할 수 있을까? 한 가지 방법은 논쟁을 권장하는 동시에 논쟁에서 주관성을 배제하는 메커니즘을 찾아 의견 불일치를 게임화하는 것이다. 그 방법에 대한 몇 가지 사례를 소개하겠다.

스티븐 레빗과 스티븐 더브너는 그들이 진행하는 〈괴짜 경제학 라디오〉 쇼에서 중국에 첫 매장을 열 예정인 어느 회사의 이야기를 들려준다. 개점을 두 달 앞두고 이 회사의 CEO는 그 일을 담당하는 일곱 팀의 리더들을 사무실로 부른다. CEO는 매장을 일정대로 열 수 있도록 각 리더가 담당하는 일이 순조롭게 돌아가고 있는지 알고 싶어 한다. CEO는 빨간색, 노란색, 녹색 세 가지 신호 중 하나를 고르라고 한다. 더브너와 레빗은 이 회사가 친화성 있는 사람들을 높이 평가한다는 점에 주목한다. 회사나 회사의 미래에 대해 부정적으로 말하는 사람은 누구든 반대론자 또는 이도 저도 아닌 사람으로 간주한다. 그래서 각 팀 리더는 당연히 '녹색'을 고르고 회의가 끝난다.

몇몇 사람들은 회사의 예측이 종종 실패한다는 걸 알았으므로 그 매장이 제때 문을 열 가능성을 측정하려고 다른 접근법을 시도한다. 그들은 사내 예측 시장을 개설한다. 모든 직원은 약간의 돈을 들여 그 매장이 일정에 맞춰 개점한다고 예측하는 '주식'을 살 수 있다. 예측이 맞으면 주식은 현금화되어 지급된다. 예측이 틀리면 주식 가치는 0원이 된다. 직원들은 이 주식을 서로 동의한 가격에 익명으로 자유롭게 사고팔 수 있다. 그건 게임일 뿐이고 재미도 있다. 누군가의 기분을 상하게 하거나 골치 아픈 문제에 빠질 필요 없이 그 상황 분석을 솔직하게 할 수 있다.

사내 예측 시장에 따르면 이 매장이 일정에 따라 문을 열 확률은 8퍼센트에 불과했다. 사실, 오픈 날짜는 이미 지나가버렸다. 팀 리더들은 모두 프로젝트가 일정대로 진행되고 있다고 장담했는데도 매장은 준비조차 제대로 되지 않았다. 더브너는 그 CEO에게 상황을 전체적으로 파악하지 않고 앞으로만 나아가려는 위험한 결단력을 나타내는 용어인 '무조건 밀어붙이기go fever' 성향이 있었다고 생각한다. 무조건 앞만 보며 밀어붙이려는 CEO 앞에서는 누구도 진실을 전하거나 현실을 인식하기 힘들다. 하지만 게임 환경에서는 진실이 금방 드러난다. 예측 시장을 자주 활용하는 포드 자동차Ford Motors는 예측 시장이 전문가 예측보다 25퍼센트 더 나은 성과를 내는 경향이 있으며, 예측 시장에서 거래하는 사람들은 실제로 예측을 더 잘하는 법을 배운다는 사실을 알아냈다. 무료 온라인 서비스 몇 가지를 이용해 어느 팀이든 상황에 맞는 내부 예측 시장을 개설하는 일은 놀랄 만큼 쉽다.

단순한 기술을 써서 의견 불일치를 게임화하는 솔루션으로는 레드 팀을 활용하는 방법이 있다. 이 용어는 블루 팀이 우리 편을 나타내는 전쟁 게임 그리고 우리가 현실 세계에서 활용하는 군사 전략에서 유래했다. 레드 팀은 적의 역할을 맡으며, 당연히 그 임무는 블루 팀을 기분 좋게 해주는 것이 아니다. 레드 팀원들은 상대편의 계획에 있을 수 있는 모든 결점을 폭로하고 가능하면 상대편을 물

　　　　　　　　　　　　　　　　언세이프 씽킹

리쳐야 한다. 치열한 경쟁에도 불구하고 게임을 하는 모든 사람은 선택된 전략을 더 뛰어나게 만들겠다는 공통의 목표가 있고 실제로 같은 편이라는 사실을 알고 있다. 그리고 때때로 동료나 상사를 이기더라도 우수한 레드 팀을 운영하는 사람들을 존중하는 문화가 있다.

이런 접근법은 모든 그룹에 적용할 수 있다. 아이디어가 사람들의 관심과 지지를 받으면 우리는 잠시 진행을 중단한 뒤, 레드 팀에게 아이디어를 검토하게 하여 관련 있는 이의를 모두 제기하거나 실패 시나리오를 제시하는 임무를 배정할 수 있다. "당신은 늘 현실성 없는 아이디어를 내놓는군요" 같은 반대는 물론 금지된다. 작업 결과물에 이의를 제기해야지 사람을 비판해서는 안 된다. 반대 의견을 듣기 좋게 꾸며도 안 된다. "음, 아이디어는 마음에 드는데……." 라고 말할 필요는 없다. 반면, 팀원들의 감정이 격해져 우리의 말을 더는 듣지 않는 불상사가 생기지 않을 만큼 이의를 제기해야 한다. 레드 팀의 의견을 주의 깊게 들은 후, 아이디어 지지자들은 한발 물러나 가장 중요하다고 생각하는 반대 의견을 해결하는 데 집중한다. 이 연습은 힘이 들 수 있지만, 레드 팀 게임은 창의적인 프로세스에서 가장 지적으로 몰입하고 성장 지향적인 부분 중 하나일 때가 많다. 레드 팀 게임은 친화성을 떨어뜨리더라도 팀 유대감은 깨뜨리지 않는다.

변두리에서 아이디어를 모아라

헬레나 폴크스의 성공적인 담배 판매 중단 캠페인에는 두 가지 핵심 요소가 있었다. 첫 번째 요소는 약국에서의 담배 판매는 불가피하며 용인할 수 있다는 일치된 의견에 이의를 제기하는 것이었다. 폴크스는 주로 그러한 관행 그리고 널리 받아들여지는 CVS의 목적 선언문은 서로 엄청나게 단절되어 있다고 지적함으로써 이의를 제기하고 나섰다. 그런데 그녀의 계획을 성공으로 이끌려면 두 번째 핵심 요소가 꼭 필요했다. 그녀는 회사의 관심 밖에 있는 변화하는 의료 분야의 새로운 데이터에 관심이 쏠리게 해야 했다. 이 데이터는 궁극적으로 흐름을 뒤바꿨다. 하지만 그녀는 먼저 공유 정보 편향shared information bias으로 알려진 집단 심리의 특이점을 극복해야 했다. 공유 정보 편향은 안전하지 않은 생각을 하는 데 지나친 친화성보다 더 나쁠 수 있다.

이 시나리오를 상상해 보라. 사람들 다섯 명이 회사의 중요한 전략적 결정을 논의하기 위해 회의실로 들어간다. 우리 회사의 약국 매장에서 담배를 계속 판매해야 하는가? 이 팀원들은 회의 안건과 관련 있는 정보를 모두 합쳐 10가지를 알고 있다고 간단히 가정해 보겠다. 그중에서 모두는 8가지를 알고 있다. 그 정보들은 회사에서 널리 논의되었고, CEO는 전 직원에게 몇 번이고 강조했다. 지금 우리는 명확하고 타당하며 일반적으로 받아들여지는 정보에 관해 이야기하고 있다. 담배 판매로 연간 20억 달러의 매출을 올린다. 우리 회사가 담배 판매를 중단하면 고객들은 담배를 사러 다른 데로 갈

언세이프 씽킹

것이다. 우리는 이 사업을 완전히 포기하는 대신, 고객이 담배를 끊도록 도울 수 있다. 그러나 2가지 정보는 팀원 한 명만 알고 있다. 헬레나 폴크스가 그녀의 주장을 구체적으로 만들어내는 데 활용한 것과 같은 이 정보는 이 그룹 사람들의 일반적인 통념과 모순되거나 적어도 미묘한 차이가 있을 수 있다.

그렇다면 이 다섯 사람을 회의실에 모이게 한 이유는 무엇인가? 10명 모두가 10가지 정보를 모두 알고서 최선의 결정을 내릴 수 있도록 하기 위해서가 아닌가? 그리고 우리는 유일무이한 정보를 가진 사람들이 그 중요한 소식을 영웅처럼 전달하리라 기대할 것이다. 하지만 실제로는 정반대의 일이 벌어진다. 공유 정보 편향은 지속적이고 무의식적으로 모든 사람이 이미 알고 있는 정보에 집중하도록 그룹에 속한 사람들을 이끈다.

사람들은 확실한 것에 대한 논의가 안전하다고 느끼는 경향이 있으며, 여기에는 그럴 만한 이유가 있다. 널리 공유된 정보를 내놓으면 동료들은 그들을 유능하다고 평가할 가능성이 더 크며, 그룹 리더는 확실한 정보를 더 자주 선호한다. 실제로 일부 연구에서는 사람들이 권력을 더 많이 가질수록 변두리에서 얻은 정보 공유를 무심코 더 억제하고 심지어 외면한다고 나타났다. 그리고 지위가 낮은 구성원은 다른 구성원들이 알 수 없는 특이한 정보를 알고 있을 가능성이 가장 크다. 부분적으로 이는 지위가 높은 구성원들이 더 광범위하게 자주 소통하는 경향이 있으므로 모든 사람은 이미 리더가 알고 있는 정보를 알고 있기 때문이다. 반면에 지위가 낮은 사람들은 대개 입을 열지 않는다. 당신은 만약 수많은 회의가 시간 낭비라고 생각한 적이 있다면 공유 정보 편향이 그 핵심 이유일 것이며, 당신 생각이 옳았을 것이다.

우리 팀이 다르게 생각하게 하려면 우리는 변두리에서 아이디어를 수집해야 한다. 연구원들은 이를 위한 몇 가지 방법을 찾아냈다. 지위가 높은 사람들은 그들의 생각을 먼저 밝히지 말아야 한다. 그들은 중요한 외부 정보를 거의 알고 있지 못하며, 먼저 분위기를 조성함으로써 외부 정보를 아는 사람들을 더욱 소외시킨다. 리더는 이러한 습관을 바꾸기 힘들다는 점은 나도 잘 안다. 하지만 공유 정보 편향을 연구하는 사람들이 제안하는 효과적인 비결을 알려주겠다. 회의를 시작할 무렵 당신의 의견을 먼저 말하지 말고, 변두리에서 아이디어를 얻는 것이 중요하다고 밝혀라. 팀원들이 아직 모르는 내용을 듣고 싶다고 말하라. 다음으로는 모두 말을 시작하기 전에 팀원들에게 자신이 알고 있는 중요한 정보를 적어 놓으라고 요청하라. 이렇게 적어둔 외부 정보는 회의 중에 언급될 가능성이 훨씬 더 크다. 만약 우리는 리더가 아니라면, 우리 팀에 가장 필요한 것은 우리가 가진 특이한 정보이며, 별로 내키지 않아서 그 정보를 알려주지 않는다면 공동의 임무에 손해를 끼친다고 우리 자신에게 강조할 수 있다.

또한, 소수 집단에 속한 팀원이 침묵을 지킬 가능성이 더 크다고 나타났다. 우리는 문화적 편견으로 인해 일부 팀원이 잠자코 있을 수 있다는 걸 인식하고, 각자 모두 의견을 내도록 함께 노력할 수 있다. 마지막으로 이것은 전혀 예상하지 못한 발견이지만, 중요한 회의는 가능하면 더 오래 진행해야 한다. 주변부에서 나온 정보가 언

언세이프 씽킹

급되는 데 시간이 더 걸릴 때가 많으며, 속도와 효율성을 우선시하면 변두리에서 나온 아이디어를 얘기하기 전에 회의가 끝날 수도 있다.

생산적인 갈등이 활성화되고 변두리에서 얻은 정보가 받아들여지면 위험을 감수하고 참신한 아이디어가 나타나며 조직의 전체 문화가 변하기 시작한다. 담배 판매 중단 이후 몇 년 뒤 CVS 사장으로 승진한 폴크스는 그녀가 회사 내부에서 옹호한 그 캠페인이 공중 보건에 폭넓게 미친 영향에 관해 이야기하면서, 그 일을 계기로 회사도 크게 변화했다고 강조한다. "(그 일은) 우리 조직이 다르게, 더 대담하게 생각할 수 있도록 내부적으로도 외부적으로도 촉매 역할을 했어요."라고 폴크스는 말한다. "회사 사람들은 정말 대단한 베팅이었다고 하더군요. 이제 저는 제가 맡은 사업 분야에서 과감하게 베팅할 수 있어요." 2017년에 CVS는 매장 전면 판매 품목에서 사탕류를 없앴으며, 그건 회사의 목표를 달성하기 위한 다음 단계이자 확실한 조치였다.

폴크스의 파괴적인 혁신으로 회사가 위험을 감수하고 대담한 생각을 받아들일 여지가 생겼다는 그녀의 주장은 신뢰가 가지만 어쩌면 단순하게 표현한 듯하다. 모범을 보이는 것만으로는 여러 그룹을 위기로 몰아넣는 데 충분하지 않으며, 파괴적인 혁신 문화가 계속되면 사람들은 지쳐 탈진할 수 있다.

안전하지 않은 생각이 조직문화에 끊임없이 이어지게 하려면 균형을 잡는 힘, 즉 팀원들이 안전하다고 느끼게 하는 헌신이 필요하다. 그 방법을 알아내기 위해 나는 치열한 경쟁 환경에서 안전 문화를 조성하여 자신의 분야에서 최고의 자리에 오른 리더의 생각을 들어봤다.

안전하지 않은 생각을 위한 안전한 환경

스티브 커의 팬들은 그를 이기적이지 않은 선수로 생각했다. 한동안 리그에서 가장 정확하게 3점 슛을 던지는 선수였던 커는 경기가 위태로워지면 마이클 조던Michael Jordan이나 스카티 피펜Scottie Pippen에게 공을 패스해주는 역할에 만족하는 듯했다.

팬들은 커가 사실은 이기적이지 않은 게 아니라는 사실을 몰랐는데, 그건 부분적으로는 커가 패스한 공으로 그 두 선수가 워낙에 슛을 잘 성공시켰기 때문이었다. 커는 슛에 성공하지 못할까 봐 두려워했다.

"난 실수를 많이 해도 될 만큼 실력이 좋지 않았어요." 커는 많은 사람이 그를 NBA 경기에서 뛸 재목으로 인정하지 않은 초창기를 회상하며 내게 말했다. "그래서 잘하는 선수들에게 공을 넘겼지요."

커는 조용히 이런 식으로 플레이했다. 그러다가 1997년 어느 결정적인 날 밤에 커가 소속된 시카고 불스는 유타 재즈와 NBA 파이널에서 맞붙었다. 6차전 동점 상황에서 불스는 경기 종료를 얼마 남기지 않은 상황에서 타임아웃을 불렀다. 그날 밤 조던은 독감에서 회복 중이었는데, 그가 공을 잡으면 재즈 수비진이 벌떼처럼 몰려드는 건 경기장에 있는 누가 봐도 뻔했다. 그렇게 되면 정확한 슈팅력이 강점인 커에게 득점 기회가 열릴 수도 있었다.

그 순간 커는 두려움 때문에 자신이 빛날 기회를 놓칠 뿐만 아니라 팀에도 해를 끼치고 있다는 걸 깨달았다고 내게 말했다. "'제기랄'하고 욕한 기억이 나네요. 공을 잡으면 무조건 슛할 거야. 알 게 뭐야." 아니나 다를까 커는 공을 잡았다. 조금도 주저하지 않고 그는 슛을 성공시켜 불스는 경기에 이겼으며 시리즈 우승을 확정했다. "그 순간은 내 커리어의 전환점이었어요."라고 그는 회상한다.

거의 20년이 지나 신인 감독으로 골든스테이트 워리어스를 맡은 커는 선수들이 실수를 피해야 한다는 생각에 누구도 자신의 재능을 허비하지 않게 하겠다고 결심했다. 그리고 이를 보장하는 팀 문화를 구축했다.

3년 후, 사람들은 커가 맡은 워리어스팀에 벌어지는 두 가지 현상에 계속해서 주목한다. 첫째, 워리어스팀에는 장난기와 즐거움이 가득하다. 선수들은 경기 전에 춤을 추고 코트에서 웃으며 제멋대로 슛을 던진다(그런데 신기하게도 성공할 때가 많다). 그들의 행동은 커가 젊은 시절 뛰었던 시카고 불스 팀의 행동과 종종 비교된다. 조던이 이끄는 불스 팀은 격렬했고, 이기고야 말겠다는 거센 추진력으로 힘을 얻을 때가 많았다. 그와는 대조적으로 워리어스팀은 농구 경기 그 자체를 향한 즐거움으로 힘을 얻는다.

둘째, 워리어스는 승리로 유명하다. 커는 감독으로 부임한 첫해에 팀을 NBA 우승으로 이끌었다. 40년 만에 첫 우승이었다. 감독 2년 차에 워리어스는 1997년 불스가 세운 NBA 역사상 최고의 기록에 도전했지만, 결승전에서 르브론 제임스가 속한 클리블랜드 캐벌

리어스에게 패했다. 감독 3년 차에 워리어스는 클리블랜드에 당한 패배를 설욕하며 또 한 번 NBA 우승을 차지했다.

스티브 커는 위험이 크고 스트레스가 많은 환경에서 주로 형성되는 팀 문화와는 다른 팀 문화를 조성하려고 일부러 노력했다. 그는 선수들과 대화할 때 완벽함보다 성장을 강조한다. 그는 선수들을 패배에 두려워하기보다는 정서적으로 성숙하게 하여 경쟁력을 갖추려 노력한다고 말한다.

"NBA 선수가 되는 건 정말 힘들어요."라고 커는 내게 말했다. "물론, 사람들은 대부분 NBA 선수가 될 수만 있다면 죽기 살기로 노력할 겁니다. 하지만 이겨야 한다는 압박감과 야유하는 사람들을 생각해보면 이 선수들이 우리에게 바라는 것은 연민입니다."

커는 선수들이 오롯이 자기 자신이 될 수 있는 여지를 만들어 주었다. 커는 선수들이 경기에 온전히 집중하도록, 그가 현역이었을 때 시달렸던 불안감을 이 선수들은 겪지 않게 하려고 애썼다. 결과는 어땠을까? 경기하는 즐거움, 기본기 숙달(워리어스팀은 공격 부문에서 리그 선두, 수비 부문에서는 거의 1위를 차지한다), 그리고 실험 문화다. 농구계에서는 워리어스가 역대 최고의 팀인지에 대해 논쟁을 벌이지만, 나는 워리어스가 가장 창의적인 팀이라고 확신한다.

많은 연구 결과에 따르면 우리가 이끄는 사람들이 계속해서 안전하지 않은 생각을 하고, 그런 생각에서 나오는 혁신에서 이익을 얻게 하려면 우리는 위계와 전통을 덜 강조하고 위험 감수, 자기표현, 기존의 운영 방식에서 벗어나려는 의지를 직접 장려하는 환경을 의도적으로 만들어야 한다고 한다. 커는 유능한 리더들이 세상이 변했

　　　　　　　　　　　　　　　언세이프 씽킹

다는 사실을 완전히 이해하지 못해서 그런 접근 방식을 받아들이지 못하는 경우가 너무 많다고 말한다. "코치가 선수들을 엄격하게 훈련하던 구시대적 방식은 다 사라지지 않았고 지금도 일부 남아 있어요."라고 그는 내게 말했다. "젊은 선수들은 자기한테 악을 쓰며 소리를 지르는 감독을 거의 따르지 않습니다."

커 감독이 내게 모든 사람이 팀의 문화와 스타일을 만들어간다는 '숫자의 힘' 철학을 설파하고 며칠 후, 나는 리더뿐만 아니라 그룹 전체가 허심탄회하게 토론하고 규범을 정하게 하는 커 감독의 접근 방식이 확실히 효과가 있다는 증거를 분명히 제시하는 놀라운 연구 결과를 우연히 발견했다. 이 연구는 어떤 행동이 팀원들을 편안하게 상호 작용하게 하고 또 팀원들을 불편하게 하는지 미리 논의함으로써 그룹의 비범한 능력을 훨씬 더 많이 끌어낼 수 있다고 알려준다. 우리는 숫자를 통해 진정한 힘을 얻을 수 있다.

이 연구 결과를 설명하기 전에 정치적 올바름political correctness이라는 개념에 대해, 그리고 그것이 창의성을 촉진하는지 또는 억압하는지 잠시 생각해보라. 알겠는가? 캘리포니아 대학교 버클리 캠퍼스의 연구원인 제니퍼 채트먼은 사용할 수 있는 표현을 제한한다면 사람들의 창의력이 제한된다는 일반적인 통념을 잘 알고 있었다. 그녀와 동료들은 이 가설이 정말 맞는지 테스트하기로 했다.

연구원들은 연구 참가자들을 여러 그룹으로 나눴다. 남녀가 섞인 그룹도 있었고, 같은 성별로 구성된 그룹도 있었다. 각 그룹은 창의적인 브레인스토밍 과제를 받았다. 그런데 과제를 시작하기 전에 일부 그룹은 정치적 올바름의 가치에 대해 서로 대화하라는 요청을 받았다. 이 대화는 그룹 구성원들이 어떤 표현과 행동을 받아들일 수 있는지를 분명하게 하는 효과가 있었다. 연구에 참여한 많은 여성은 이 대화를 나누는 것만으로도 안전하다고 느끼는 수준이 높아져 창의적인 브레인스토밍 과제 작업이 시작되자 자기 생각을 자신감 있게 표현했다. 그 결과, 정치적 올바름에 대해 미리 논의한 남녀 그룹은 다른 그룹보다 훨씬 더 참신한 아이디어를 다양하게 생각해 냈다.

우리는 다양한 관점과 삶의 경험을 갖춘 그룹을 구성하는 일이 얼마나 중요한지 이미 살펴봤다. 하지만 이 다양한 그룹의 구성원 중에서 일부는 자신이 가진 더 엉뚱하고 특이한 아이디어를 공유하길 항상 불안해할 것이다. 모든 사람이 안전하다고 느끼게 하고 의견을 말하게 하는 방법에 대한 논의는 리더처럼 지위가 높은 팀원에게는 불편하게 느껴질 수 있다. 그러한 주제로 대화하면 이전에 잘 알지 못하고 그냥 넘어갈 정도로 리더가 둔감했다는 사실을 드러낼 수 있기 때문이다. 그렇지만 이러한 논의는 대개 변두리에 있는, 우리가 가장 귀 기울여 들어야 하는 사람들에게는 정반대의 영향을 미친다는 점을 기억해야 한다.

채트먼의 연구는 우리가 집단 내 의견 불일치에 대해 알게 된 내용과 충돌하는 것처럼 보일 수도 있다. 행동 규범을 미리 설정하는 것은 단순히 순응주의적 사고의 길을 열어주는 게 아닌가? 하지만 이 연구는 먼저 대인 관계 부문에서 안전감을 조성하여 우리는 그룹을 결속하는 유대감을 깨뜨릴까 봐 두려워할 필요 없이 서로에게 공개적으로 동의하지 않고 이의를 제기할 수 있다는 점을 강조한

언세이프 씽킹

다. 결국, 아는 사람들이 당신의 생각에 동의하지 않아도, 당신을 존중하고 인정할 그 사람들과 공개적으로 논쟁하는 편이 더 쉽지 않은가?

13장

눈에 띄지 않는 것도 보상하라

창의적인 팀에 활기를 불어넣는 방법

2015년 스티브 커가 골든스테이트 워리어스의 감독으로 왔을 때, 이 팀은 이미 리그 최고의 팀 중 하나였다. 전년도에 워리어스는 51승 31패라는 꽤 좋은 성적을 기록했지만, 플레이오프 1라운드에서 패하여 마크 잭슨 감독이 해고되었다. 커는 가장 먼저 해야 할 일은 워리어스가 잘하는 부분을 인정하는 것으로 생각했으므로, 팬들과 통계 전문가들이 주로 주목하는 멋진 슛, 놀라운 블로킹, 힘이 넘치는 가로채기에 초점을 맞춰 전년도의 하이라이트 영상을 선수들에게 보여주었다. 그는 선수들의 과거 성과를 중요하게 여긴다고 보여줌으로써 그들의 신뢰를 얻은 후, 보통 때는 간과되는 중요한 활동으로 팀의 관심이 쏠리게 했다.

"우리는 경기당 패스 횟수에서 리그 최하위였어요"라고 커가 말했다. "우린 선수들을 모두 참여시키지 않았던 거죠. 그래서 패스 횟수를 칭찬하고 보상하기 시작했습니다. 나는 매일 밤 선수들의 기록 정보를 읽으며 확인해주었고, 그러면 선수들은 정말 큰 관심을 나타냈어요. 패스 횟수는 경기당 245번에서 315번으로 늘었고, 이는 우리 팀 승리에 큰 영향을 끼쳤습니다."

2016년부터 NBA 통계 전문가들은 이전에는 기록되지 않았지만, 경기에서 이기는 데 절대적으로 중요한 요소인 슛 견제, 공격자 반칙 유도, 루즈 볼 탈취 등의 허슬 통계치hustle stats를 기록하기 시작했다. 어느 팀이 가장 많이 노력하고 재능 있는 젊은 선수들을 최대한 활용하고 있다고 금방 밝혀졌을까? 커가 맡은 워리어스였다. 득점하여 하이라이트 장면에 등장한 선수들뿐만 아니라 팀의 성공에 기여한 선수들도 칭찬함으로써 커는 감독으로 부임한 첫 시즌에 팀의 승리를 51승에서 67승으로 끌어올리고 NBA 타이틀을 획득했다. 유감스럽게도 많은 그룹, 사실 모든 분야에서는 계속해서 점수에 맞춰 칭찬하고 보상하고 있으며, 이는 불행한 결과를 초래할 때가 많다.

2011년 와튼 스쿨의 유리 시몬손은 자신이 그동안 꽤 훌륭한 경력을 쌓아온 학계가 불편하기만 했다. 그와 몇몇 동료들은 〈긍정 오류 심리학False-Positive Psychology〉이라는 재미있는 제목을 붙인 논문을 얼마 전 발표했는데, 그들은 이 논문에서 시몬손 같은 심리학 연구원들이 연구에서 놀라운 결과를 얼마나 쉽게 찾아내는지 보여주었다. 특정 음악을 들으면 나이가 들었다는 생각이 든다는 걸 증명하고 싶은가? 그건 간단하다. 여러 사람에게 테스트하면 된다. 결과가 마음에 들지 않으면 사람들을 더 많이 실험에 참여하게 한다. 또는 실험 대상자들을 여러 그룹으로 나눈 뒤 당신의 주장을 입증한 그룹만 논문에 싣는다. 이러한 전략은 우스꽝스럽겠지만, 사실 오랫동안 연구 분야의 표준 관행이었다. 성공을 내세우면서 실패를 묻어두는 건 이 분야에서 흔한 일이다.

그 논문은 흥미로웠지만, 근본부터 뒤흔들 정도는 아니었다. 해당 분야가 사기성이 있다거나 실제로 존재하지 않는 것을 '증명'하기 위해 연구원들이 일부러 결과를 조작했다는 증거는 거의 없었다. 그래도 조작의 여지가 너무 많은데 시몬손은 인간 행동 이해의 기초가 되는 수십 년간의 연구 결과를 우리는 정말 믿을 수 있는지 알고 싶었다. 그는 사실이라고 하기에는 너무 좋아 보이는 논문을 우연히 발견할 때까지 그 질문에 어떻게 대답해야 할지 확신하지 못했다.

어떤 주요 대학교의 심리학 연구원은 유리한 지위에 있는 사람들과 친사회적인 행동 경향 사이에 놀랄 만큼 강력한 상관관계가 있음을 알아냈다고 주장했다. 물론, 시몬손은 이런 상관관계가 있을 수 있다고 생각했지만, 데이터를 살펴보자 의심이 커졌다. 그 연구원이 알아낸 결과 분포는 현실 세계에서 얻은 데이터처럼 지저분하지 않았기 때문이었다. 그보다는 오히려 교사가 학생들에게 시험을 치르게 했더니 모든 학생의 백분위 점수가 종형 곡선을 따라 정확히 떨어진 것처럼 완벽해 보였다.

시몬손은 논문의 주 저자와 이메일을 주고받기 시작했다. 시몬손은 그 연구원을 일단 믿어보고 싶어서 처음에는 부드럽게 문제를 제기했지만, 머지않아 허점 많던 계획은 무너지고 말았다. 그 연구원은 '조사 오류'를 이유로 해당 논문과 또 다른 논문 5편을 철회했다.

이후 몇 년 동안 시몬손은 여러 유명한 연구 데이터로 시선을 돌렸고, 객관적인 진실 발견에 전념해야 하는 분야에서 데이터 조작이 이제는 만연한 문제가 되었음을 체계적으로 보여주었다.

나는 2016년에 시몬손을 만나 이야기를 나눈 적이 있다. 그는 학계에 퍼진 사기 행위에 맞서 싸우느라 지쳐 있었고, 이제는 부정행위를 하는 사람에게 망신을 줘서 문제를 좋게 해결할 수 있다고 믿지 않는다고 했다. 문제는 그보다 더 심각했다.

시몬손은 과학자들이 우리 이해의 주변부, 즉 급진적인 새로운 아이디어가 종종 막다른 길에 부딪히는 곳을 탐구할 때 인간의 지식은 발전한다고 설명한다. "틀릴 수도 있다는 마음가짐은 건강한 겁니다"라고 그는 말한다. 하지만 옳은 것에 마음이 끌리는 것도 인간의 본성이다. "어떤 아이디어를 바탕으로 경력을 쌓아오다가 그 아이디어에 반대되는 증거를 발견하는 것은 평생 성직자로 살다가 70세가 되어서야 지금껏 독신으로 살아온 게 바보 같았다고 후회하는 것과 같습니다."

옳고 싶은 것은 인간 본성의 특성일 뿐이지만, 이들 연구원이 일하는 분야에서는 문제를 해결하기보다는 오히려 확대하는 경향이 있다. 왜 그럴까? 경력은 유명한 학술지에 중요한 연구 결과를 발표함으로써 쌓을 수 있기 때문이다. 오랫동안 논문을 발표하지 않으면 매우 위험하다. 물론, 학술지는 잘 팔려야 하고 멋진 헤드라인을 뽑아내야 한다. 그건 (가설을 입증하는) 확실하고 긍정적인 연구 결과가 주요 학술지에 게재될 가능성이 40퍼센트인 이유라고 최근 실시된 설문에서 밝혀졌다. 실제로 보면 그 연구 결과가 어디에든 게재될 가능성은 60퍼센트다. 이는 엄청난 양의 지식, 즉 명확하고 긍정적인 결과를 내지 못한 흥미로운 연구는 지식의 저장고에 들어가 찾을 수 없게 된다는 뜻이다.

"우리는 학계가 흥미로운 것들을 보여주는 연구만 하지 말고 흥미로운 질문을 하도록 바꿔야 해요"라고 시몬손은 내게 말했다. 하지만 흥미로운 질문을 바탕으로 경력을 쌓을 수 있을 때까지, 아니오라는 결과가 나올 수도 있는 대담한 아이디어를 추구해도 안전해질 때까지 절대로 그렇게 바꾸지 않을 것이다. 그리고 사기 행위 그리고 찾을 수 없게 된 데이터는 인류의 이해 속도를 계속해서 늦출 것이다.

리더는 실패를 너그럽게 대해야 한다는 조언은 지난 10년 동안 널리 퍼졌다. 이러한 사상은 실패를 용인하겠다고 적극적으로 선전하고 또 실패한 사람들을 너무 심하게 비난하지 않음으로써 표면적으로 시행될 수 있다. 하지만 실제로 위험을 감수할 여지를 만드는 일은 그보다 훨씬 더 어렵다. 실험하고 객관적으로 대하고 한계를 뛰어넘으며 아이디어 말고 진실에 헌신하는 과학 혁명이 시작된 이래 과학은 실패를 너그럽게 받아들인다고 선전해왔다. 시몬손은 장려책이 뒷받침되지 않는 한, 그 사상이 얼마나 부적절한지 보여주는 가장 최근의 반항아일 뿐이다.

나는 리더들이 실제 어떻게 그 중요한 질문들을 안전하게 던지고 미지의 영역에 발을 들여놓을 수 있는지 알아내려고 애쓰던 중, 과학적인 방법으로 엄격하게 문제를 분석하는 오픈 사이언스 센터 COS, the Center for Open Science의 작업 방식을 알아냈다. 오픈 사이언스 센터가 장려하는 방침은 해결하려는 문제마다 독특하다. 주요 프로그램은 데이터 수집 편향을 줄이기 위해 연구 데이터를 분석하기 전에 질문과 연구 방법을 정의하고 공개하는 사전 등록이다. 또한, 오픈 사이언스 센터는 여러 학술지와 협력하여 연구 프로젝트가 시작되기 전에 학술지가 연구 프로젝트 계획을 '동료 검토peer-reviews' 하고 프로젝트가 통과되면 구체적인 성과와 상관없이 연구 결과를 발표하기로 동의하는 '등록 보고서registered reports'를 활용한다. 여러 과학자와 학술지가 오픈 사이언스 센터의 지침을 점점 더 많이 따르게 되면서, 연구원들은 무오류성을 나타내는 능력보다는 반짝이는 호기심과 대담한 아이디어로 평판을 쌓을 가능성이 점점 더 커지고 있다.

오픈 사이언스 센터의 운영 이사인 앤드루 살란스Andrew Sallans는 인센티브를 제대로 받으려면 수많은 시행착오 그리고 커뮤니티의 지속적인 피드백이 필요하다고 내게 말했다.

팀원들에게 위험을 감수해도 안전하다는 느낌을 심어주려면 결과뿐만 아니라 노력에 대해서도 보상하는 인센티브에 초점을 맞추는 일이 무척 중요하다. 어떤 조직이나 분야에서 사람들이 어떻게 존경받고 역량을 키우는지를 살펴보면, 그 조직이나 분야가 떠들썩하게 내세우는 어떤 사상보다 훨씬 더 많은 것을 알 수 있다. 리더가 과정이 아닌 성과에 대해 보상하는 것은 당연하다. 그건 대부분 기업은 이 말이 주는 메시지의 균형을 맞추려면 해야 할 일이 많다는 뜻이다. 오픈 사이언스 센터의 작업을 보면 적절한 인센티브를 제공하기 위해 미리 설정된 원칙은 없지만, 신중하고 파괴적인 실험을 추구하는 당사자에게는 (그 실험이 어떤 결과를 내든) 구체적으로 보상하는 것부터 시작한다. 우리는 자신의 부정적인 작업 결과를 공유하는 사람들에게 그들의 공로를 인정하고, 그렇게 함으로써 더 큰 그룹이 같은 실수를 반복하는 것을 방지한다는 점을 인정할 수 있다. 또한, 개인 성과가 아닌 그룹을 기준으로 인센티브를 제공함으로써 일부 구성원은 막다른 길에 부딪힐 위험을 감수하면서도 더 큰 그룹의 성공을 나누도록 할 수 있다.

몇 년 전 나는 꿈 많은 이들에게 미래를 만들어내는 과업을 맡기는 인큐베이터인 구글엑스GoogleX에서 일하는 친구를 만났다. 자율주행차량의 프로토타입이 윙 하는 소리를 내며 옆으로 조용히 지나갈 때 우리는 햇볕이 잘 드는 테라스에 앉아 있었다. 그 친구가 하는 일은 극비였으므로 우리는 그 친구가 무슨 일을 하는지 구체적으로 이야기할 수 없었다. 그 대신 우리는 무엇이든 자유롭게 추구할 수 있는 조직에서 일하는 건 어떤지 이야기를 나눴다.

MIT와 스탠퍼드를 졸업한 내 친구는 어깨너머로 주변을 잠깐 살피더니 이렇게 말했다. "이 회사에는 가면 증후군impostor syndrome을 앓는 사람이 너무 많아. 설문 조사를 해보니 우리 대부분은 자기가 동료만큼 똑똑하다고 생각하지 않는다는 거야. 난 멍청하게 보이고 싶지 않아서 아이디어를 내지 않을 때도 많아."

실험 그리고 의도적인 조직문화를 중점적으로 구축하는 것으로 유명한 데다, 세계에서 가장 똑똑하고 자신만만한 발명가들이 뭔가를 만들어내기 위해 모여드는 이 조직에서도 자신감 부족이 창의성을 제한한다는 사실을 나는 알 수 있었다. 나는 그 친구와 대화하면서, 조직은 안전의 한계를 넘어서도록 권장되고 인센티브가 주어져야 할 뿐만 아니라, 파괴를 허용할 수 있도록 끊임없이 육성되어야 한다는 점을 되새겼다. 그렇게 되려면 리더들은 지위 고하를 막론하고 끊임없이 집중해야 한다.

이러한 노력이 잘 이루어지면 그 보상은 엄청나다. 2017년은 스티브 커에게 매우 힘든 한 해였다. 허리 수술이 잘못되어 그 후유증으로 오랫동안 극심한 통증에 시달렸기 때문이다. 플레이오프가 시작될 무렵에는 경기장에 나오지도 못했다. 커는 어시스턴트 코치에게 팀을 넘겼다. 하지만 워리어스는 조금도 흔들리지 않았다. 플레이오프 시작과 함께 15연승을 거두며 16승 1패로 우승을 차지했다. 커 감독이 가능하게 만든 즐겁고 창의적인 접근 방식은 커 감독 한 사람에게만 의존하지 않았다. 팀 전체가 노력했으므로 가능했다. 워리어스의 모든 선수는 워리어스의 문화를 창의적으로 유지하는 데 기여한다.

리더십

● **너무 빠른 의견일치는 안 된다**

사람들은 집단이 되면 안전한 생각을 더 확대하는 경향이 있다. 리더의 생각을 지나치게 중시하고 특이한 자를 응징하며 서둘러 결론을 내리기도 한다. 하지만 불쾌할지라도 생산적인 갈등을 장려하는 사람들이 모인 그룹은 이러한 함정에서 벗어날 수 있다. 의견 충돌이 매끄럽게 해결되지 않으면 예측 시장이나 레드 팀과 같은 수단을 써서 게임화하라.

당신이 속한 팀의 일치된 의견에 반대의 뜻을 나타내려면 어떻게 하는가? 친절하고 상대방을 존중하는 태도로 반대해야 한다는 점을 기억하라. 당신은 주변부의 아이디어를 받아들이고 사람들과 공유하는가? 만약 당신이 리더라면, 리더가 먼저 귀를 기울이고 모든 사람이 발언하도록 할 때 공유 정보 편향이 약해진다는 점을 기억하라.

● 안전한 환경을 만들어라

사람들은 주변 환경이 안전할 때, 안전하지 않은 방식으로 행동하고 생각할 가능성이 더 크다. 정치적 올바름에 관한 연구 결과, 따뜻하고 보호적인 환경을 조성한다면 집단의 창의성은 떨어지지 않고 오히려 향상한다고 나타났다. 그리고 스티브 커는 압박감에 시달리는 NBA 선수들의 스트레스를 낮춰서 성공을 거두었다.

당신은 리더로서 모든 사람이 위험을 감수해도 충분히 안전하다고 느끼도록 노력하는가? 조직에서 지위가 낮은 사람들에게 그들을 주저하게 만드는 요인이 무엇인지 물어보라. 몇 가지만 바꿔도 창의성을 마음껏 발휘할 수 있다는 걸 알아낼 것이다.

● 위험 감수에도 인센티브를!

사람들이 조직에서 어떻게 지위와 돈, 존경을 얻는지를 보면 그 조직의 방침 또는 공식 사상을 살펴볼 때보다 더 많은 것을 알 수 있다. 오픈 사이언스 센터는 과학자들에게 행동 방법을 가르치지 않고 해당 분야의 인센티브를 변화시킴으로써 무너진 연구 문화를 고치고 있다. 결정적인 발견뿐만 아니라 탐구와 좋은 질문을 바탕으로 경력을 쌓을 수 있으면 위험을 훨씬 더 많이 감수할 수 있다.

당신은 당신이 이끄는 사람들에게 성공 이외의 것에 대해서도 보상하는가? 지적인 위험 감수, 실패 보고, 현명한 질문 제기 같은 기타 주요 활동에도 인센티브를 바로 제공하라. 이렇게 하면 팀은 보수적인 접근 방식에서 벗어나 미지의 영역으로 방향을 바꿀 수 있다.

에필로그

불안에서 힘을 얻는다

미국 대통령 선거 전날인 2008년 11월 3일, 뉴저지 중부에서 어떤 중년 여성이 책상에 앉아 있었다. 그녀는 유권자 등록을 마쳤는데, 그건 때가 되면 투표권을 행사할 의도가 있다는 뜻이었다. 하지만 데이터에 따르면 그 여성이 투표소에 나타날 확률은 47퍼센트에 불과했다. 한동안 그 여성은 딴생각에 빠진 채 페이스북 피드를 무심히 넘겼다.

설문 조사를 마쳐 달라는 모호한 안내를 보고 잠깐 정신이 든 그 여성은 마우스를 클릭했다. 그러자 요즘의 모든 설문 조사와 마찬가지로 이 설문 조사도 선거와 관련된 것임을 알았다. 10가지 질문은 평범했다. "곧 실시될 선거에서 투표하는 일은 당신에게 얼마나 중요합니까?"라는 질문이 표현만 살짝 바꿔가며 반복되었다. 그 여성은 각 질문에 답변했고, 설문 조사를 마치자 다시 페이스북 피드를 확인했다.

내일이 선거일이라고 알려주는 설문 조사 때문일 수도 있고, 투표하는 일이 얼마나 중요한지에 대해 생각해보라고 권유받았기 때문일 수도 있지만, 연구원들은 이제 그 여성이 투표할 확률은 79퍼센트라는 걸 알았다.

그것은 거의 예상치 못한 인상 깊은 영향이었다. 선거일 직전에 사람들에게 투표에 대해 생각하도록 유도하면 투표할 가능성이 커진다는 사실은 오래전부터 알려져 있었다. 연구원들은 그 효과를 훨씬 더 높일 수 있다고 생각했다.

같은 날, 그 설문 조사의 두 번째 버전이 소셜 미디어에 공개되었다. 똑같이 모호한 안내, 10가지 평범한 질문. 하지만 이번에는 표현이 약간 달랐다. 이번에는 "곧 실시될 선거에서 유권자가 되는 일은 당신에게 얼마나 중요합니까?"를 조금씩 변형한 질문이었다. 문구가 어떻게 바뀌었는지 보이는가? 이제 실험자들은 사람들에게 투표하는 일이 얼마나 중요한지 묻지 않고 '유권자가 되는 일'이 얼마나 중요한지 물었다. 문구를 세심하게 변경했더니 그 영향은 엄청났다. 이렇게 표현된 설문에 답한 사람 중 90퍼센트는 자리에서 일어나 투표소로 향했다. 표현 변화의 영향을 이렇게 생각해보라. 첫 번째 설문 조사에 참여한 사람 중 20퍼센트는 여전히 투표하지 않을 생각이었지만, 거의 똑같은 내용의 두 번째 설문 조사에서는 그 절반에 해당하는 사람들만 투표를 포기했다.

시카고 대학교, 하버드 대학교, 스탠퍼드 대학교에서 온 실험자들에 따르면, '투표하다'에서 '유권자가 되다'로 표현을 바꿨을 때의 결과는 "객관적으로 측정된 투표율에 대해 지금까지 관찰된 가장 의미 있는 실험 결과 중 하나"였다.

이 책은 낡은 생각과 행동 습관 바꾸기를 다룬 책으로, 습관을 바꾸기는 대단히 어렵다. 목표가 생각의 폭을 늘리든, 새로운 분야에 통달하는 것이든, 그저 운동하는 것이든, 우리는 모두 매너리즘에 빠진다. 하지만 이번 실험 그리고 이와 유사한 많은 실험처럼 우리는 자신에 대한 긍정적인 이미지를 만들고 그에 따라 살아가려고 노력할 때 행동을 바꿀 수 있다. 투표 실험자들은 우리의 자아감the sense of self이 우리가 행동하는 데 중요한 역할을 할 수 있으며, 자아the self는 끊임없이 변화한다는 점에 주목한다. 자신을 유권자라고 생각하도록 유도하면 자연스럽게 "유권자라면 이 상황에서 어떻게 행동할까"라고 질문한다. 그리고 불편하거나 힘들더라도 투표장에 가서 투표한다.

우리가 가장 필요할 때 우리 자신을 변화하게 할 수 있는 가장 강력한 도구 중에는 우리가 만들어내는 내면적인 역할 모델도 있다. 하지만 나는 안전하지 않은 생각에 관해 연구하면서, 나를 포함한 많은 사람은 이제 더는 도움 되지 않는 지나간 시대의 고정관념과 잘못된 역할 모델을 가지고 살아간다는 사실을 알았다.

나는 가장 용감한 리더들은 두려움과 불안을 느끼지 않는 게 아니라, 두려움과 불안을 느끼고 그로 인해 힘을 얻는다는 사실을 알아냈다. 가장 위대한 사상가들은 결코 오류를 저지르지 않는 전문가가 아니라, 자신이 틀리면 기꺼이 인정하고 새로운 증거가 나오면 생각을 업데이트하고 수정하는 열렬한 탐구자다. 통찰력이 있고 창의적인 사람들은 의심할 수 없는 직감에서 마법처럼 영감을 얻지 않는다. 그들은 직관에 의존하는 법을 배우긴 하지만, 분석적인 사고로 직관을 테스트하고 연마하여 직관적 감각을 더욱 예리하게 다듬는 법을 배운다. 세상을 더 나은 곳으로 바꾸기 위해 가장 효율적으로 싸우는 사람들은 자신을 반대하는 사람들을 비판하거나 피하지 않고, 자신의 영향 반경 내에 적을 포함하여 그들이 알려주는 불편한 견해에서 도움을 받는 방법을 배운다. 그리고 팀의 가장 소중한 기여자는 반드시 답변을 만들고 다른 사람들이 따르도록 영향을 끼치는 사람이 아니다. 그들은 가장자리에서 아이디어를 끌어내고 그룹이 가진 특별한 재능이 나타날 만큼 안전한 환경을 만드는 사람들일 때가 많다.

내 생각에 리더, 창작자 또는 파괴적 혁신가의 의미에 대한 기존의 많은 개념은 분명히 잘못된 듯하다. 우리는 변화하는 세상에 적응하려면 내면적인 역할 모델을 최신 학문과 현시대에 맞춰 조정해야 한다. 따라서 나는 당신이 안전하지 않은 생각, 즉 분명하지 않은 접근법을 실행할 수 있는 수십 가지 구체적인 통찰과 방법에 강조 표시하고 메모했기를 바란다. 그리고 아마도 당신이 할 수 있는 가장 중요한 일은 내면적인 역할 모델을 새롭게 정하고 도전적인 상황에 맞서는 것이다. 미지의 영역에 직면하면 당신 자신에게 이렇게 질문하라. 안전하지 않은 생각을 하는 사람이라면 어떻게 할까? 그리고 실행하라.

내가 나에게 그 질문을 했을 때 무슨 일이 일어났는지 알려주겠다. 그날은 크리스마스이브였다. 나는 회사에 창의성과 즐거움을 다시 불어넣을 목적으로 그동안 많은 시간과 노력을 쏟아왔던 일에서 잠시 벗어나 아내와 함께 로스앤젤레스 여행 중이었다. 전부터 연구했던 안전하지 않은 생각 원칙을 많이 실행했고, 나 자신의 리더십 개발을 위해 그 원칙에 의존했으므로 위기는 대부분 지나간 상태였다. 안정감과 자부심이 사무실로 돌아오고 있었다. 나는 거대한 바위를 언덕 위로 힘들게 굴려 올라간 사람처럼 녹초가 되었고, 모든 CEO가 그렇듯 조만간 또 그렇게 해야 할 것 같다는 생각이 들었다.

우리 부부는 해변에서 산책하고 우리 아이들은 파도가 몰려올 때마다 물장난을 치고 있을 때 휴대전화가 울렸다. 급히 해결해야 할 문제가 또 생겼다. 휴가가 끝날 때까지 기다릴 수 없는 상황이었다. 나는 휴대전화를 내려놓았다. 그리고 문제 해결 모드로 바로 들어가지 않고 "안전하지 않은 생각을 하는 사람이라면 어떻게 할까?"라고 나 자신에게 질문했다. 나의 즉각적인 대답은 내가 예상했던 대답이 아니었고, 방금 전화로 전달받은 문제와도 거의 관련이 없었다. 17년 동안 나의 핵심 정체성은 내가 설립한 회사를 중심으로 형성되었다. 회사의 성공은 나의 성공이었고, 회사의 실패는 나의 실패였다. 나는 다른 데서 일해본 적이 한 번도 없었고 그럴 생각도 하지 않았다. 하지만 이 간단한 질문을 나 자신에게 했을 때 대답은 명확했다. 이젠 내려놓자.

나는 아내에게 "할 수 있는 일은 이젠 다 한 것 같아"라고 말했다. 아내의 표정을 보자마자 아내는 이미 오래전부터 그렇게 알고 있었다는 것을 한눈에 알아볼 수 있었다.

지난 1년 동안 나는 사람들이 어떻게 도전하고 자신을 변화하게 했는지, 어떻게 자신의 가장 깊은 보수성과 자아감, 가장 강한 신념에 맞섰는지 연구하며 시간을 보냈다. 그리고 그들 각자에게서 외부 세계를 향한 도전은 우리 자신을 향한 도전이 익숙해질 때 가능해진다는 점을 그들 나름의 방식에 따라 배웠다.

그 질문을 던졌을 때, CEO 자리에서 물러나 새로운 리더들에게 회사를 넘기고 미지의 영역에 직면하는 것이 지금 내게 꼭 필요한 도전이라는 점이 분명해졌다. 새롭고 창의적인 기회가 저 밖에서 나를 기다리고 있다는 확신이 있었으므로, 내가 항상 있던 자리에 머무른 이유, 즉 안정성, 자존심, 연속성은 안전한 생각에 불과하다는 생각이 들었다.

새로운 내면적인 역할 모델을 채택함으로써, 안전하지 않은 생각을 하는 사람이라는 나 자신의 이미지에 부응하기 위해 노력함으로써 나는 창의적인 발전에 필요한 다음 단계, 한때는 절대 밟을 수 없다고 믿었던 단계를 밟을 수 있었다. 안전하지 않은 생각이 당신도, 당신만의 방식으로 그렇게 할 수 있게 하길 바란다.

감사의 글

《언세이프 씽킹》은 압박감 속에서도 창의성을 높이는 방법에 대한 모호한 질문과 인터뷰로 시작되었다. 2015년 나는 이 주제에 대해 추상적으로만 생각하지는 않았다. 당시 나는 압박감에 크게 시달렸지만, 이에 효과적으로 대응할 만큼 창의적이지 않다는 생각이 들었다.

운이 좋게도 에밀리 루스Emily Loose를 만나 이 질문들을 책의 개요로 만드는 데 도움을 받았다. 그녀는 진행 단계마다 나와 함께 했고, 생각의 폭을 넓히고 글을 쓰도록 나를 독려했으며, 글이 잘 써지지 않으면 나를 안심하게 했고, 가치 있는 읽을거리를 만들 때 필요한 것이 무엇인지 자세히 알려줬다. 그녀가 없었더라면 이 책은 세상에 나오지 못했을 것이다.

또한, 내 에이전트인 데이비드 블랙 에이전시David Black Agency의

조이 투텔라Joy Tutela 그리고 이 프로젝트를 현실로 만들 만큼 믿어주고, 내용이 훨씬 더 뚜렷해지도록 조언을 아끼지 않은 다 카포Da Capo의 편집자 댄 암브로시오Dan Ambrosio에게도 무한한 감사의 말씀을 전한다. 자료 조사를 도와준 메간 라드너Megan Lardner는 내가 준 모호한 과제를 훌륭하게 수행해 이 책에 담긴 지식을 생생하게 전달하는 흥미진진한 이야기를 찾아냈다.

이 책의 원고를 먼저 읽고 예리한 시각으로 비판적인 질문을 하고 통찰력 있는 제안을 한 아리 더펠Ari Derfel, 나이젤 윌콕슨Nigel Wilcoxson, 필 김Phil Kim, 메리 차일즈Mary Childs, 스테판 플로트만Stephan Flothman, 제프 커쉬너Jeff Kirschner, 시기 루빈슨Siggy Rubinson, 콜린 웨스트Collin West, 에밀리 삭스Emily Sachs, 낸시 칸터-호지Nancy Kantor-Hodge, 나이젤 호지Nigel Hodge에게서도 도움을 받았다.

나는 이 책을 쓰기 위한 조사를 시작했을 때만 해도 저명한 학자와 전문가들이 부디 시간을 내서 나와 대화해주기를 절실히 바랐지만, 그들이 그렇게 하리라 믿을 만한 이유는 거의 없었다. 그런데 기꺼이 시간을 내주신 수많은 사상가의 관대한 마음씨에 놀랐다. 그분들 중에는 제이슨 클라인, 테레사 애머빌, 존 맥키, 미카 화이트, 줄리 웨인라이트, 캠 매클리, 미하이 칙센트미하이, 크르틴 니띠야난담, 필립 테틀록, 에릭 데인, 로라 황, 캔디다 브러시, 트리시 코스텔로, 로빈 호가스, 클린트 코버, 에릭 스와츠, 배리 마셜, 아이라 샬레프, 조안 블레이즈, 제프리 브라운 목사, 제프리 캐싱, 스티브 커, 유리 시몬손, 앤드루 살란스, 미아 콘솔보Mia Consolvo, 에드 캣멀, 윌 레Will Le, 신디 오디암보Cindy Odhiambo, 마가렛 아도요 라추오

뇨, 윌프레다 아굴 오케치, 밥 버먼Bob Berman, 로히트 바르가바Rohit Bhargava, 우다야 파트나익Udaya Patnaik, 버트 도먼Burt Dorman, 에드워드 미겔Edward Miguel, 대니 프리드랜더Danny Friedlander, 마크 영블러드 Mark Youngblood, 제프 드그라프Jeff DeGraff, 로저 샹크Roger Schank, 매튜 페스케이Matthew Peskay, 비키 아벨레스Vicki Abeles, 마탄 야페Matan Yaffe, 카리사 카터Carissa Carter, 렉스 정Rex Jung, 저스틴 로젠스타인Justin Rosenstein, 칼 스파크스Carl Sparks, 토니 시에Tony Hsieh, 타일러 윌리엄스Tyler Williams, 대니얼 덩Daniel Deng, 대니얼 수와인Daniel Souweine, 랜디 헤이킨Randy Haykin, 마크 컬버트Mark Culvert, 피터 심스Peter Sims, 댄 코헨Dan Cohen, 에리카 버거Erica Berger가 있다.

마지막으로, 나의 창의적인 노력은 가족인 첼시Chelsea, 미라Mira, 오라이온Orion의 사랑과 지원 없이는 불가능했을 것이다. 내가 질문에 대한 답을 따르는 데 필요한 공간과 확신, 기반을 제공해준 가족에게도 감사의 마음을 전한다.

프롤로그

하트퍼드 야드 고츠 팀 이름에 관한 이야기는 제이슨 클라인과의 대화 그리고 크리스틴 허시가 쓴 기사를 참고했다. Kristin Hussey, "Hartford Yard Goats? The Name Isn't a Hit Yet," New York Times, June 28, 2015, https://www.nytimes.com/2015/06/29/nyregion/hartford-yard-goats-the-name-isnt-a-hit-yet.html.

들어가며

의료 관련 설문 조사에 따르면, 의사가 사람들에게 생활 방식을 반드시 바꾸라고 권고해도 그들의 최대 70퍼센트는 건강에 해롭지만 편안한 생활 방식을 고집한다. Leslie R. Martin et al., "The Challenge of Patient Adherence," Therapeutics and Clinical Risk Management, September 2005, https://www.ncbi.nlm.nih.gov/pmc/articles/PMC1661624/#b17.

갤럽은 미국인의 3분의 2 이상이 직장에서 업무에 집중하지 않는다고 발표한다. "Employee Engagement in U.S. Stagnant in 2015," Gallup, http://www.gallup.com/poll/188144/employee-engagement-stagnant-2015.aspx.

테레사 애머빌의 창의성 구성 이론에 대해 자세히 알아보려면 다음 자료를 참고하라. Teresa Amabile, "Componental Theory of Creativity" (Working Paper 12-096, Harvard Business School, April 26, 2012), http://www.hbs.edu/faculty/Publication%20Files/12-096.pdf.

1장

홀푸드. "PETA Sues Whole Foods over 'Humane Meat' Claims," PETA, September 21, 2015, https://www.peta.org/blog/peta-sues-whole-foods-over-humane-meat-claims; Stephanie Stromjune, "Whole Foods Accused of Overcharging in New York City Stores," New York Times, June 25, 2015, https://www.nytimes.com/2015/06/25/business/whole-foods-accused-of-overcharging-in-new-york-city-stores.html.

테스트할 때마다 약 3퍼센트의 사람들만이 이 '값싼 목걸이' 문제를 해결한다. E. Fioratou, R. Flin, and R. Glavin, "No Simple Fix for Fixation Errors: Cognitive Processes and Their Clinical Application," Anaesthesia 65 (2010): 61-69.

토머스 에디슨은 기발하게도 극도로 낮은 각성 상태에서 창의력을 활용하는 방법을 찾아냈다. Jeffrey Kluger, "The Spark of Invention," Time.com, November 14, 2013, http://techland.time.com/2013/11/14/the-spark-of-invention.

사회적 따돌림을 겪었던 사람들을 인터뷰한 결과, 거의 모든 사람이 사회적 따돌림 말고 차라리 신체적 학대를 받겠다고 대답했다. Beth Azar, "Singled Out: Social Rejection and Ostracism Are Emerging as Powerful Psychological Forces That Shape Human Behavior in Positive and Negative Ways," Monitor on Psychology 40, no. 4 (2009), http://www.apa.org/monitor/2009/04/social.aspx.

2장

나는 주로 다음 자료를 활용해서 간디의 이야기를 재구성했다. Eknath Easwaran, Gandhi the Man: How One Man Changed Himself to Change the World, 4th ed. (Tomales, CA: Nilgiri Press, 2011); Mahatma Gandhi, The Essential Gandhi: An Anthology of His Writings on His Life, Work, and Ideas (New York: Vintage, 1983); Mohandas Karamchand Gandhi, Gandhi: An Autobiography: The Story of My Experiments with the Truth (Boston: Beacon Press, 1993).

스티븐 헤이즈 그리고 그의 경험 회피 이론에 대해 자세히 알아보려면 다음 자료를 참고하라. Steven C. Hayes, Get Out of Your Mind and Into Your Life: The New Acceptance and Commitment Therapy (Oakland, CA: New Harbinger Publications, 2005).

불안감을 느끼지 않으려 애쓴 사람들은 불안감을 피하는 데 실패했을 뿐만 아니라, 그 두려워했던 사건이 실제로 일어났다는 더 나쁜 경험을 했다. Michael J. L. Sullivan et al., "Thought Suppression, Catastrophizing, and Pain," Cognitive Therapy and Research 21, no. 5 (October 1997): 555-568, http://link.springer.com/article/10.1023/A:1021809519002.

미카 화이트는 '월가를 점령하라' 운동의 공동 설립자다. Eric Westervelt, "Occupy Activist Micah White: Time to Move Beyond Memes and Street Spectacles," National Public Radio, March 28, 2017, http://www.npr.org/2017/03/28/520911740/occupy-activist-micah-white-time-to-move-beyond-memes-and-street-spectacles.

언세이프 씽킹

3장

줄리 웨인라이트에 관한 이야기는 그녀와 나눈 대화 그리고 미셸 퀸이 쓴 기사를 참고했다. Michelle Quinn, "From Pets.com's Sock Puppet to Lightly Worn Prada, CEO Makes a Comeback," San Jose Mercury News, October 3, 2016, http://www.mercurynews. com/2016/10/03/from-pets-coms-sock-puppet-to-lightly-worn-prada-ceo-makes-a-comeback.

런던 정경대는 성과별 지급 제도를 도입한 51개 회사를 연구한 결과, 이러한 보너스 제도가 실제로는 직원들의 업무 효율성을 떨어뜨린다는 사실을 밝혀냈다. "When Performance-Related Pay Backfires," London School of Economics, http://www.lse.ac.uk/website-archive/newsAndMedia/news/archives/2009/06/performancepay.aspx.

미술가들을 대상으로 한 연구에 따르면, 고객이 비용을 내고 의뢰한 작품은 의뢰받지 않은 작품보다 창의성이 현저히 떨어졌다. Teresa Amabile, Creativity in Context: Update to The Social Psychology of Creativity (Boulder, CO: Westview Press, 1996).

해리 할로우의 동기 부여 실험 이야기는 다니엘 핑크의 《드라이브》에 실린 사례를 참고했다. Daniel Pink, Drive: The Surprising Truth About What Motivates Us (New York City: Riverhead Books, 2011).

애틀랜타 공립학교에서 벌어진 시험 부정행위 이야기는 다음 자료를 활용해서 썼다. Dana Goldstein, "How High-Stakes Testing Led to the Atlanta Cheating Scandal," Slate, July 2011, http://slate.com/human-interest/2011/07/atlanta-cheating-scandal-how-the-teacher-incentives-in-high-stakes-testing-situations-lead-to-cheating-outbreaks.html; Rachel Aviv, "Wrong Answer: In an era of High-Stakes Testing, a Struggling School Made a Shocking Choice," New Yorker, July 21, 2014, http://www.newyorker.com/contributors/rachel-aviv.

내재적 동기에 대해 사전 지식을 주입받은 아이들은 외재적 동기의 악영향을 받지 않았다는 내용의 연구에 대해 자세히 알아보려면 다음 자료를 참고하라. Beth A. Hennessey and Susan M. Zbikowski, "Immunizing Children Against the Negative Effects of Reward: A Further Examination of Intrinsic Motivation Training Techniques," Creativity Research Journal 6, no. 3 (1993).

창의성에 관한 존 클리즈의 이야기는 다음 동영상을 참고하라. "John Cleese on Creativity in Management," video posted to YouTube by Video Arts on June 21, 2017, https://www.youtube.com/watch?v=Pb5oIIPO62g.

4장

나는 캠 매클리와의 대화 내용, 그가 쓴 일기 그리고 다음 보도기사를 바탕으로 나일강 발원지 탐험대 이야기를 썼다. Stefan Lovgren, "Nile Explorers Battled Adversity, Tragedy to Find River Source," National Geographic News, April 19, 2006, http://news.nationalgeographic.com/news/2006/04/0419_060419_nile_2.html.

내가 쓴 몰입 이론의 주된 출처는 이 책이다. Flow: The Psychology of Optimal Experience (New York: HarperCollins, 2009).

존 어빙이 글쓰기 작업에 대해 한 말은 테레사 애머빌이 쓴 글에서 확인할 수 있다. Teresa Amabile, "How to Kill Creativity," Harvard Business Review, September 1998, https://hbr.org/1998/09/how-to-kill-creativity.

참가자들에게 호출기를 제공하여 몰입 정도를 측정한 실험에 대해 자세히 알아보려면 다음 자료를 참고하라. R. Larson and M. Csikszentmihalyi, "The Experience Sampling Method," New Directions for Methodology of Social and Behavioral Science 15 (1983): 41–56.

조슈아 포어가 오케이 고원에 관해 설명한 내용은 다음 동영상을 참고하라. Joshua Foer, "Step Outside Your Comfort Zone and Study Yourself Failing," 99U, http://99u.com/videos/7061/joshua-foer-step-outside-your-comfort-zone-and-study-yourself-failing.

참가자들은 전기 충격을 가했다. Timothy D. Wilson et al., "Just Think: The Challenges of the Disengaged Mind," Science 345, no. 6192 (July 4, 2014): 75–77.

최근 연구에 따르면 밀레니얼 세대는 나이 든 사람들보다 건망증이 더 심하다고 나타났다. "Survey Shows Millennials Are More Forgetful Than Seniors," Business Wire, http://www.businesswire.com/news/home/20130801006048/en/Survey-Shows-Millennials-Are-More-Forgetful-Than-Seniors.

일하는 중에 소셜 미디어 때문에 발생하는 비용 관련해서는 다음 자료를 참고하라. "Social Media Distractions Cost U.S. Economy $650 Billion [INFOGRAPHIC]," Mashable, http://mashable.com/2012/11/02/social-media-work-productivity/#zLi_pIKfqEqt.

카네기 멜런대에서 실시한 집중 방해 실험에 대해 자세히 알아보려면 다음 자료를 참고하라. Bob Sullivan and Hugh Thompson, "Brain, Interrupted Gray Matter," New York Times, May 3, 2013, http://www.nytimes.com/2013/05/05/opinion/sunday/a-focus-on-distraction.html.

조너선 프랜즌의 집중력 유지 방법은 다음 자료를 참고했다. Lev Grossman, "Jonathan Franzen: Great American Novelist," Time, August 12, 2010, http://content.time.com/time/magazine/article/0,9171,2010185,00.html.

E. 폴 토런스, "무엇인가와 사랑에 빠지는 것의 중요성". E. Paul Torrance, "The Importance of Falling in Love with Something," ResearchGate, January 1, 1983, https://www.researchgate.net/publication/232474524_The_importance_of_falling_in_love_with_something.

5장

시험 관련 악몽의 더 자세한 내용은 다음 자료에서 확인할 수 있다. Janice Paskey, "Exam Nightmares," McGill, http://news-archive.mcgill.ca/f95/4.htm.

최근 노벨상 수상자들을 대상으로 한 설문 조사 기획자들은 수상자들이 노벨상을 받을 만한 업적을 이룬 연령대가 30대에 집중되었다고 설명했다. 평균 연령은 36세였다. Benjamin Jones, E. J. Reedy, and Bruce A. Weinberg, "Age and Scientific Genius" (Working Paper 19866, National Bureau of Economic Research, January 2014), http://www.nber.org/papers/w19866.pdf.

니띠야난담이 발견한 알츠하이머병 치료 관련 획기적인 돌파구에 관한 이야기는 그와 직접 나눈 대화와 다음 자료를 기반으로 한다. "Scientific American Innovator Award—Krtin Nithiyanandam—Google Science Fair 2015," video posted to YouTube by Google Science Fair on February 13, 2016, https://www.youtube.com/watch?v=c67HkyQfr78 ; Sarah Knapton, "15-Year-Old Schoolboy Develops Test for Alzheimer's Disease," Telegraph, July 13, 2015, http://www.telegraph.co.uk/news/science/science-news/11734666/15-year-old-schoolboy-develops-test-for-Alzheimers-disease.html

에릭 데인이 주장한 고착화에 관한 연구를 요약한 글은 여기서 확인할 수 있다. E. Dane, "Reconsidering the Trade-off Between Expertise and Flexibility: A Cognitive Entrenchment Perspective," Academy of Management Review 35, no. 4 (October 1, 2010): 579–603.

지그문트 프로이트: "이 책에 요약한 여러 개념을 처음엔 잠정적으로 제시했지만, 시간이 흐르면서 나는 그 개념에 단단히 사로잡혀 더는 다르게 생각할 수 없다." Sigmund Freud, Civilization and Its Discontents (New York: W. W. Norton & Company, 2010).

전문가적 직관에 대한 게리 클라인의 통찰은 여기서 확인할 수 있다. Gary Klein, Seeing What Others Don't: The Remarkable Ways We Gain Insights (New York: Public Affairs, 2013).

전문가들의 지식에 대한 필립 테틀록의 통찰은 그와 나눈 대화 그리고 다음 자료를 참고했다. Philip E. Tetlock, Expert Political Judgment: How Good Is It? How Can We Know? (Princeton, NJ: Princeton University Press, 2015); Louis Menand, "Everybody's an Expert:

Putting Predictions to the Test," New Yorker, December 5, 2005.

해외 거주 비경험자/경험자의 창의성 비교 실험. W. W. Maddux and A. D. Galinsky, "Cultural Borders and Mental Barriers: Living in and Adapting to Foreign Cultures Facilitates Creativity" (Working Paper No. 2007/51/ OB, INSEAD, Fontainebleau, France, September 2007).

믹 피어스의 이스트게이트 센터 설계에 대한 정보는 여기서 확인할 수 있다. Abigail Doan, "Biomimetic Architecture: Green Building in Zimbabwe Modeled After Termite Mounds," Inhabitat.com, 2012, http://inhabitat.com/building-modelled-on-termites-eastgate-centre-in-zimbabwe/; Tom McKeag, "How Termites Inspired Mick Pearce's Green Building," Greenbiz, 2009, https://www.greenbiz.com/blog/2009/09/02/how-termites-inspired-mick-pearces-green-buildings.

아브라함 왈드의 이야기와 그의 수학적 통찰력에 관한 더 자세한 이야기는 다음 자료를 참고하라. Jordan Ellenberg, How Not to Be Wrong: The Power of Mathematical Thinking (New York: Penguin, 2014).

6장

비니트 나야르의 자신을 낮추는 춤에 관한 이야기의 출처는 다음과 같다. Vineet Nayar, "How I Did It: A Maverick CEO Explains How He Persuaded His Team to Leap into the Future," Harvard Business Review, June 2010, https://hbr.org/2010/06/how-i-did-it-a-maverick-ceo-explains-how-he-persuaded-his-team-to-leap-into-the-future; "Vineet Nayyar @ Directions 2011 HCL," video posted to YouTube by Kalyan Maruvada, November 10, 2010, https://www.youtube.com/watch?v=S0N1UkUgefc.

자신을 전문가라고 믿으면 오류를 범하기 쉬워진다는 점을 보여주는 연구 결과는 다음을 참고하라. Stav Atir, Emily Rosenzweig, and David Dunning, "When Knowledge Knows No Bounds: Self-Perceived Expertise Predicts Claims of Impossible Knowledge," Psychological Science 26, no. 8 (July 14, 2015): 1295-1303.

'평균보다 낫다고 생각하는 효과'에 관한 연구는 다음과 같다. Studies on the better-than-average effect include Ezra W. Zuckerman and John T. Jost, "What Makes You Think You're So Popular? Self-Evaluation Maintenance and the Subjective Side of the 'Friendship Paradox,'" Social Psychology Quarterly 64, no. 3 (September 2001): 207-223; Constantine Sedikides et al., "Behind Bars but Above the Bar: Prisoners Consider Themselves More Prosocial Than Non-prisoners," British Journal of Social Psychology 53, no. 2 (December 23,

2013); C. E. Preston and S. Harris, "Psychology of Drivers in Traffic Accidents," Journal of Applied Psychology 49, no. 4 (August 1965): 284-288.

베어 스턴스 붕괴로 이어진 지미 케인의 발언에 대해서는 다음 자료를 참고하라. Malcolm Gladwell, "Cocksure Banks, Battles, and the Psychology of Overconfidence," New Yorker, July 27, 2009.

노키아의 종말에 관한 이야기는 다음 자료를 참고했다. Roger Cheng, "Farewell Nokia: The Rise and Fall of a Mobile Pioneer," CNET, April 25, 2014, https://www.cnet.com /news/ farewell-nokia-the-rise-and-fall-of-a-mobile-pioneer.

2013년 워싱턴 대학교와 뉴욕 주립대학교 버펄로 캠퍼스에서 실시한 연구에 따르면, 겸손한 리더는 직원들에게 불확실하고 지침이 없다는 느낌을 주지 않으며, 직원들은 적극적으로 참여하고 만족하며 충성할 가능성이 훨씬 더 크다. Bradley P. Owens, Michael D. Johnson, and Terrence R. Mitchell, "Expressed Humility in Organizations: Implications for Performance, Teams, and Leadership," Organization Science 24, no. 5 (2013): 1517-1538.

컨설팅에 관한 짐 마치의 이야기는 다음 자료를 참고했다.

Jim March's account of his consulting comes from Diane Coutu, "Ideas as Art," Harvard Business Review, October 2010, https://hbr.org/2006/10/ideas-as-art.

일레인 브로마일리의 사망 그리고 그녀의 남편이 이끈 개혁 운동에 관한 이야기 출처는 다음과 같다. Ian Leslie, "How Mistakes Can Save Lives: One Man's Mission to Revolutionise the NHS," New Statesman, June 4, 2014.

흐릿한 이미지 인식 실험에 관한 더 자세한 내용은 다음 자료를 참고하라. Jerome S. Bruner and Mary C. Potter, "Interference in Visual Recognition," Science, n.s., 144, no. 3617 (April 24, 1964): 424-425.

'붙잡기와 얼어붙기' 성향에 관한 이야기는 다음 자료를 참고했다. Arie W. Kruglanski and Donna M. Webster, "Motivated Closing of the Mind: 'Seizing' and 'Freezing,'" Psychological Review 103, no. 2 (1996): 263-283.

처음 판단을 뒤집는 것이 얼마나 어려운지 보여주는 흥미로운 연구 중 하나는 다음과 같다. Barbara O'Brien, "Prime Suspect: An Examination of Factors That Aggravate and Counteract Confirmation Bias in Criminal Investigations," Psychology, Public Policy, and Law 15, no. 4 (2009): 315-334; Barbara O'Brien, "A Recipe for Bias: An Empirical Look at the Interplay Between Institutional Incentives and Bounded Rationality in Prosecutorial Decision Making," Missouri Law Review 74, no. 4 (fall 2009): 999.

7장

로버트 스턴버그의 창의성 투자 이론에 대한 자세한 내용은 다음을 참고하라. Robert J. Sternberg, http://www.robertjsternberg.com/investment‑theory-of-creativity.

1,000명 이상의 경영진을 대상으로 한 2014년 설문 조사에 따르면 비즈니스 리더들은 데이터나 다른 사람의 조언보다 직관에 가장 많이 의존한다고 나타났다. Economist Intelligence Unit, "Guts and Gigabytes," PWC, 2015, https://www.pwc.com/gx/en/issues /data-and-analytics/big-decisions-survey/assets/big-decisions2014.pdf.

직관의 무의식적 분석에 대한 논의는 여기에서 찾을 수 있다. Alden M. Hayashi, "When to Trust Your Gut," Harvard Business Review, February 2001, https:// hbr.org/2001/02/when-to-trust-your-gut.

휴리스틱 그리고 시스템 1/시스템 2 사고에 대한 카너먼과 트버스키의 연구 관련 자세한 내용은 다음 자료를 참고하라. Daniel Kahneman, Thinking Fast and Slow (New York: Farrar, Straus and Giroux, 2013).

직관의 비범한 능력에 관한 사례 출처는 다음과 같다. the Formula One race car driver: University of Leeds, "Go with Your Gut—Intuition Is More Than Just a Hunch, Says New Research," ScienceDaily.com, March 6, 2008, www.science daily.com/releases/2008/03/080305144210.htm; quote from Wolfgang Amadeus Mozart: Irving Singer, Modes of Creativity: Philosophical Perspectives (Boston: MIT Press 2010); the Tel Aviv numeric averaging study: "Going with Your Gut: Decision Making Based on Instinct Alone 90% Accurate of the Time, Study Shows," ZME Science, November 2012, http://www.zmescience.com/research/studies/decision‑making-intuition-accurate-42433.

로라 황의 연구에 관한 내용은 로라 황과 나눈 대화 그리고 다음 자료를 참고했다. Laura Huang and Jone L. Pearce, "Managing the Unknowable: The Effectiveness of Early-stage Investor Gut Feel in Entrepreneurial Investment Decisions," Administra tive Science Quarterly 60, no. 4 (July 16, 2015): 634‑670, http://journals.sagepub.com /doi/pdf/10.1177/0001839215597270.

Allison Woods Brooks et al., "Investors Prefer Entrepreneurial Ventures Pitched by Attractive Men," PNAS 111, no. 12 (March 25, 2014): 4427‑4431, http://www.pnas.org/content/111/12/4427.full.pdf.

투자 시 성별 편향에 대한 통계는 캔디다 브러시와 나눈 대화 그리고 다음 자료를 참고했다. Candida G. Brush et al., "Diana Report: Women Entrepreneurs 2014: Bridging the Gender Gap in Venture Capital," Arthur M. Blank Center for Entrepreneurship, Babson College,

September 2014.

8장

응답자의 3분의 2 이상이 영어 단어에서 k는 세 번째 글자보다 첫 번째 글자로 더 자주 나타난다고 답했다. 사실은, 일반적인 영어 텍스트를 보면 k가 세 번째 위치에 있는 단어 수가 두 배 더 많다. mos Tversky and Daniel Kahneman, "Availability: A Heuristic for Judging Frequency and Probability," Cognitive Psychology 5 (1973): 207 – 232, http://msu.edu/~ema/803/Ch11-JDM/2/TverskyKahneman73.pdf.

투자 검토 시 친숙성 편향에 대해 더 자세한 내용은 다음 자료를 참고하라. Gur Huberman, "Familiarity Breeds Investment" (New York: Columbia University, 2000).

여성 사업가를 투자자의 아내와 비교하지 말라는 사라 나다브의 호소는 여기서 찾을 수 있다. Sarah Nadav, "VCs—Don't Compare Me to Your Wife, Just Don't," Beyourself, February 2016, https://byrslf.co/vcs-don-t-compare-me-to-your-wife-just-don-t-9dc2c8c1ac93.

안 왕, 그리고 그의 회사의 붕괴에 관한 내용의 출처는 다음과 같다. Bart Ziegler, "Once-Booming Wang Laboratories Failed to Heed the Changing Market," Associated Press, August 23, 1992, http://community.seattletimes.nwsource.com/archive/?date=19920823&slug=1508984; Dennis Hevesi, "An Wang, 70, Is Dead of Cancer; Inventor and Maker of Computers," New York Times, March 25, 1990, http://www.nytimes.com/1990/03/25/obituaries/an-wang-70-is-dead-of-cancer-inventor-and-maker-of-computers.html; Myrna Oliver, "An Wang; Founded Computer Com pany," Los Angeles Times, March 25, 1990, http://articles.latimes.com/1990-03-25/news/mn‑214_1_wang-laboratories.

감정이 우리를 잘못 이끌 수 있는 위험은 판단을 내릴 때 우리의 감정과 조화를 이루는 것이 우리 행동에 어떤 영향을 미치는지에 대한 최근 연구를 통해 더욱 분명하게 드러난다. Barnaby D. Dunn et al., "Listening to Your Heart: How Interoception Shapes Emotion Experience and Intuitive Decision Making," Psychological Science 21, no. 12 (November 24, 2010): 1835 – 1844.

로빈 호가스의 직관력 연마에 대한 아이디어는 우리가 나눈 대화와 이 자료를 참고했다. Robin Hogarth, Educating Intuition (Chicago: University of Chicago Press, 2010).

무의식적 편견을 효과적으로 줄이는 방법 연구에 대한 자세한 내용은 다음을 참고하라. Nilanjana Dasgupta and Anthony G. Greenwald, "On the Malleability of Automatic Attitudes: Combating Automatic Prejudice with Images of Admired and Disliked Individuals," Journal of Personality and Social Psychology 81, no. 5 (2001): 800 – 814, https://faculty.washington.edu/agg/pdf/Dasgupta_Gwald._JPSP_2001.OCR.pdf.

무의식적 편견을 연구해온 하버드대 심리학자 마자린 바나지가 만들어낸 기발한 방법이 있다. 그녀는 '대머리이고 키가 작은 대기업 남성 임원'처럼 고정관념에 반하는 사람들의 이미지를 바꿔가며 보여주는 화면 보호기를 자신의 컴퓨터에 설치했다. Mahzarin R. Banaji and Anthony G. Greenwald, Blindspot: Hidden Biases of Good People (New York: Random House 2016).

기부자들에게 기부에 따른 특정 결과를 알리지 않는 사유에 대해 더 자세한 내용은 다음을 참고하라. Paul Niehaus, "A Theory of Good Intentions," University of California, San Diego, June 21, 2014, http://econweb.ucsd.edu/~pniehaus/papers/good_intentions.pdf.

9장

안타나스 모쿠스 이야기의 출처는 다음과 같다. "Cities on Speed: The Inspiring Story of Antanas Mockus," video posted to YouTube by Duval Guimaraes, April 3, 2013, https://www.youtube.com/watch?v=33-4NRpowF8; Ray Fisman and Edward Miguel, Economic Gangsters: Corruption, Violence, and the Poverty of Nations (Princeton, NJ: Princeton University Press, 2010); Antanas Mockus, "The Art of Changing a City," New York Times, July 17, 2015, https://www.nytimes.com/2015/07/17/opinion/the-art-of-changing-a-city.html.

마릴린 보스 사반트, 몬티 홀 문제에 대한 더 자세한 내용은 다음을 참고하라. Zachary Crockett, "The Time Everyone 'Corrected' the World's Smartest Woman," Priceonomics, https://priceonomics.com/the-time-everyone-corrected-the-worlds-smartest; "Game Show Problem," Marilyn vos Savant, http://marilynvossavant.com/game-show-problem.

아인슈타인이 시각화를 통해 통찰을 찾은 방법에 대한 더 자세한 내용은 다음을 참고하라. Walter Isaacson, "The Light-Beam Rider," New York Times, October 30, 2015, https://www.nytimes.com/2015/11/01/opinion/sunday/the-light-beam-rider.html.

케네스 부이의 비극에 대한 더 자세한 내용은 다음을 참고하라. For the tragic story of Kenney Bui, see Lee Carpenter, "Kenney Bui: The Life and Death of a High School Football Player," Guardian, October 14, 2015, https://www.theguardian.com/sport/2015/oct/14/kenney-bui-high-school-football; Jabarnett13, "Kenney Bui of Evergreen (Wash.) Dies of On-Field Football Injury," USA Today, October 5, 2015, http://usatodayhss.com/2015/seattle-football-injuries-tackling-head-neck.

미식축구는 늘 위험한 스포츠였다. 1960년대에 미식축구가 전국에서 명성을 얻기 시작함에 따라, 선수들은 더 힘이 세고 빨라지고 또 유명해지려는 의지가 강해지면서 뇌 부상으로 인한 사망자 수는 이미 감당할 수 없을 만큼 높은 수준이었는데 더 늘어나기 시작했다. 1965년부터 1969년까지 100명 이상의 선수들이 사망했다. 이는 매년 약 20명씩 사망했다는 얘기다. Whet Moser, "A Brief History of Football Head Injuries and a Look Toward the Future," Chicago Magazine, May 2013, http:// www.chicagomag.com/Chicago-Magazine/The-312/May-2012/A-Brief-History-of - Football-Head-Injuries-and-a-Look-Towards-the-Future.

나는 에릭 스와츠가 미식축구 안전에 개입했다는 사실을 그와 나눈 대화 그리고 다음 자료를 보고 알았다. Terrence McCoy, "The Counterintuitive Idea That Could Drastically Reduce Head Injuries in Football," Washington Post, January 8, 2016, https://www.washingtonpost.com/news/inspired-life/wp/2016/01/08/the-counter - intuitive-idea-that-could-drastically-reduce-head-injuries-in-football.

최소한으로 반직관적인 개념에 대해 학술적인 토론을 풍부하게 진행하고 싶으면 다음 자료를 참고하라. M. Afzal Upal, "On Attractiveness of Surprising Ideas: How Memory for Counterintuitive Ideas Drives Cultural Dynamics," Academia.edu, http://www.academia.edu/12852275/On_Attractiveness_of_Surprising_Ideas_How_Memory_for_Counter intuitive_Ideas_Drives_Cultural_Dynamics.

10장

폴 부크하이트 그리고 지메일 개발 과정에 관한 이야기는 주로 이 자료를 참고했다. Harry McCracken, "How Gmail Happened: The Inside Story of Its Launch 10 Years Ago," Time, April 1, 2014, http://time.com/43263/gmail-10th-anniversary.

부정행위가 어떻게 우리를 더 창의적으로 만드는지를 다룬 프란체스카 지노의 연구에 대한 더 자세한 내용은 다음을 참고하라. Francesca Gino and Dan Ariely, "The Dark Side of Creativity: Original Thinkers Can Be More Dishonest," Journal of Personality and Social Psychology 102, no. 3 (2012): 445 - 459.

애리조나 주립대학교의 젠 장은 규칙을 어기는 경향 그리고 인생 후반에 거두는 창의적인 성공 사이에 일관된 상관관계가 있다는 점을 발견했다. 연구 결과, 그는 백인 남성 실험 대상자 중에서 청소년기에 짓궂은 장난을 치거나 기물을 더럽히는 등 가벼운 규칙을 위반한 사람들이 나중에 성공적인 기업가가 될 가능성이 훨씬 더 크다고 예측했다. Jenna Pincott, "Are These Rules Worth Breaking?," Psychology Today, November 2014, https://www.psychologytoday.com/articles/201411/are-these-rules-worth-breaking.

창의적인 학생에 대한 교사의 태도에 관한 연구는 다음을 참고하라. Erik L. Wesby and V. L.

Dawson, "Creativity: Asset or Burden in the Classroom?," Creativity Research Journal 8, no. 1 (1995), http://www.tandfonline.com/doi/abs/10.1207/s1532 6934crj0801_1.

배리 마셜의 이야기는 그와 직접 나눈 대화 그리고 다음과 같은 언론 보도를 참고했다. Alex B. Berezow, "Mad Scientists of the Modern Age: Barry Marshall," Real Clear Science, October 2012, http://www.realclearscience.com/blog/2012/10/mad-scientists-of-the-modern-age-barry-marshall.html; Vikki Hufnagel, "Why I Elected to Give My Stories to the National Enquirer," Drvikki.com, October 2015, http://www.drvikki.com/why-the-enquirer.html; Lawrence Altman, "New Bacterium Linked to Painful Stomach Illness," New York Times, July 31, 1984, http://www.nytimes.com/1984/07/31/science/new-bacterium-linked-to-painful-stomach-ills.html; Pamela Weintraub, "The Dr. Who Drank Infectious Broth, Gave Himself an Ulcer, and Solved a Medical Mystery," Discover, March 2010, http://discovermagazine.com/2010/mar/07-dr-drank-broth-gave-ulcer-solved-medical-mystery.

규칙 그리고 규칙 위반에 대한 이러한 태도는 아이라 샬레프가 만든 용어인 '지능적인 불복종'이라고 불린다. 그는 안내견이 어떻게 행동하도록 훈련받는지 관찰하면서 영감을 얻었다. Ira Chaleff, Intelligent Disobedience: Doing Right When What You're Told to Do Is Wrong (Oakland, CA: Berrett-Koehler, 2015).

앱틴 부어가리의 이야기는 이 자료를 참고했다. Julie Bort, "This Guy Was Fired and Sued by His Employer, So He Launched a Startup and Got Sweet Revenge," Business Insider, April 2014, http://www.businessinsider.com/modus-ceo-from-jobless-to-success-2014-4.

조직 내 반대 의견에 대한 제프리 캐싱의 연구 이야기는 우리가 나눈 대화 그리고 이 자료를 참고했다. Jeffrey Kassing, Dissent in Organizations (Cambridge, UK: Polity Press, 2011).

서던캘리포니아대학이 뿌리 깊은 도덕적 신념과 관련 있는 신경학적 과정에 관해 실시한 연구의 더 자세한 내용은 다음을 참고하라. J. T. Kaplan, S. Gimbel, and S. Harris, "Neural Correlates of Maintaining One's Political Beliefs in the Face of Counterevidence," Nature.com, December 23, 2016, https://www.nature.com/articles/srep39589.

11장

'거실에서의 대화' 이야기는 조안 블레이즈와 나눈 대화 그리고 다음 자료를 참고했다. Joe Garofoli, "MoveOn Founder, Tea Party Figure Meet," SFGate, January 17, 2013, http://www.sfgate.com/politics/joegarofoli/article/MoveOn-founder-Tea-Party-figure-meet-4204384.php#photo-4047180.

제프리 브라운의 이야기는 우리가 직접 나눈 대화 그리고 다음 자료를 바탕으로 구성했다. Jeffrey Brown's story came to me through direct conversations we had and from Nik DeCosta-Klipa, "How Preachers Cut Violence—by Not Preaching," Boston.com, May 2015, https://www.boston.com/news/local-news/2015/05/31/how-preachers-cut -violence-by-not-preaching; Jeffrey Brown, "How We Cut Youth Violence in Boston by 79 Percent," TED, March 2015, https://www.ted.com/talks/jeffrey_brown_how_we _cut_youth_violence_in_ boston_by_79_percent; Lois Beckett, "How the Gun Control Debate Ignores Black Lives," ProPublica, November 2015, https://www.propublica.org /article/how-the-gun-control-debate-ignores-black-lives.

12장

CVS에서 담배 판매 중단을 주도한 헬레나 폴크스의 이야기 출처는 다음과 같다. Sources for Helena Foulkes's crusade to end tobacco sales at CVS include Bruce Jaspen, "Why Walgreen Won't Stop Selling Tobacco Like CVS Health," Forbes, September 2014, http://www. forbes.com/sites/brucejapsen/2014/09/04/why-walgreen-wont-stop -selling-tobacco-like-cvs-health/#6f167ed2484e; Hiroko Tabuchi, "How CVS Quit Smoking and Grew into a Health Care Giant," New York Times, July 12, 2015, http://www.nytimes.com/2015/07/12/ business/how-cvs-quit-smoking-and-grew-into-a-health-care-giant.html; Phil Wahba, "The Change Agent Inside CVS," Fortune, September 2016, http://fortune.com/2015/09/11/cvs-health-helena-foulkes.

사회학자 랜들 콜린스는 고대 이후 예술, 과학, 정치 분야의 주요 혁신가들을 철저하고 광범위하게 검토한 결과, 진정으로 혼자 행동한 혁신가들은 세 명에 불과하다고 밝혔다. Randall Collins, The Sociology of Philosophies: A Global Theory of Intellectual Change (Cambridge, MA: Harvard University Press, 1998).

스탠리 밀그램의 순응에 관한 비교적 잘 알려지지 않은 추가 실험에 관한 이야기는 아이라 샬레프의 글을 읽고 알았다. Ira Chaleff, Intelligent Disobedience: Doing Right When What You're Told to Do Is Wrong (Oakland, CA: Berrett-Koehler, 2015).

리치몬드 대학교의 데준 토니 콩Dejun Tony Kong은 42개 팀이 까다로운 변화 관리 컨설팅 프로젝트를 수행하는 과정을 20개월 이상 관찰했다. 그는 매우 친화적인 사람들로 구성된 팀들은 좀 더 불평불만이 많고 화를 잘 내는 사람들로 구성된 팀들보다 성과가 나빴을 뿐만 아니라 일이 잘못되고 있어도 모를 때가 많다는 사실을 알아냈다. D. T. Kong, L. J. /Konczak, and W. P. Bottom, "Team Performance as a Joint Function of Team Member Satisfaction and Agreeableness," Small Group Research 46, no. 2 (2015): 160 – 178, http://journals. sagepub.com/doi/abs/10.1177/1046496414567684.

〈괴짜 경제학 쇼〉에서 예측 시장을 다룬 에피소드는 다음 자료를 참고하라. "Failure Is Your Friend: Full Transcript," Freakonomics, June 4, 2014, http://freakonomics.com/2014/06/04 /failure-is-your-friend-full-transcript.

공유 정보 편향의 위험과 해소 방안에 대해서는 다음 자료를 참고하라. Gwen M. Wittenbaum and Jonathan M. Bowman, "A Social Validation Explanation for Mutual Enhancement," Journal of Experimental Psychology 40, no. 2 (March 2004): 169 – 184, https://scholars.opb.msu.edu/en/publications/a-social-validation-explanation-for-mutual-enhancement-3.

정치적 올바름에 관한 논의가 창의성에 끼치는 영향에 관한 연구는 다음 자료를 참고하라. Jack Goncalo et al., "Creativity from Constraint? How Political Correctness Influences Creativity in Mixed-Sex Work Groups," Cornell University, ILR School, August 18, 2014, http://digitalcommons.ilr.cornell.edu/articles/910.

13장

사회과학 분야의 데이터 조작에 관한 이야기는 유리 시몬손과의 대화 그리고 다음 자료를 참고했다. A. Franco, N. Malhotra, and G. Simonovits, "Social Science: Publication Bias in the Social Sciences: Unlocking the File Drawer," Science 345, no. 6203 (September 19, 2014): 1502 – 1505; Joseph P. Simmons, Leif D. Nelson, and Uri Simonsohn, "False-Positive Psychology: Undisclosed Flexibility in Data Collection and Analysis Allows Presenting Anything as Significant," Psychological Science 22, no. 11 (October 2011): 1359 – 1366; Christopher Shea, "The Data Vigilante," Atlantic, December 2012, https://www.theatlantic. com/magazine /archive/2012/12/the-data-vigilante/309172.

에필로그

사전 등록을 마친 유권자의 정체성에 호소하여 투표율을 높이는 실험에 대해서는 다음 자료를 참고했다. Christopher J. Bryan et al., "Motivating Voter Turnout by Invoking the Self," Proceedings of the National Academy of Sciences 108, no. 31 (August 2, 2011): 1265312656, https://www.ncbi.nlm.nih.gov/pmc/articles/PMC3150938.